英吉利法律学校覚書

明治前期のイギリス法教育

山崎利男 著

中央大学出版部

装幀　道吉　剛

目次

英吉利法律学校覚書

第一章　はじめに

英吉利法律学校　本書の課題

中央大学は一八八五年（明治一八年）九月一〇日に開校した英吉利法律学校にはじまる。この学校は、校名が示すように、イギリス法を教えた学校である。そこでは、わが国で最初にイギリス法を修得した若い法律家たちが、イギリスの契約法、不法行為法から国際法や法理学まで、それぞれ得意の科目について熱意をもって教育した。この教育はわが国の法と司法の体制の確立に向かって有為な法律家を育成することを目指したのである。校舎は官庁街に近く、学校が多かった神田錦町に設けられ、そこに全国から数百、数千の学生が集まった。その講義は筆記されて印刷に付され、講義録として校内生の勉学に資するとともに、通信教育の校外生に頒布された。そのうえ、英米法の書を収集して図書館をつくり、英文法律書を多く翻刻した。こうして法律学校として名声を博し、卒業生には弁護士、裁判官、中央および地方の官吏となる者が多かった。この学校のイギリス法教育は、明治期の法律教育のうえで顕著な特色をもったばかりでなく、イギリス法の受容の歴史において特筆されるものである。

英吉利法律学校については、『中央大学二十年史』をはじめとする中央大学の記念誌に述べられている(1)。このたび（二〇〇一年）、『中央大学百年史』通史編上巻が刊行され、最近の調査で知られた多くの資料にもとづいて新たな視点から記されており、イギリス・アメリカに留学した創立者たちの研鑽、学校の創立事情、教育と運営について、それまでの大学史の叙述を一新して詳しく物語られている(2)。

本書では、この大学史の記述に対して屋上に屋を架するのではなく、同時期のイギリスやイギリス法が導入されたインドの歴史と考え合わせて、英吉利法律学校をめぐって、わが国におけるイギリス法の教育と受容の歴史の問題について述べてみたい。はじめに、英吉利法律学校創立のころまで、わが国がどのように西欧の法を摂取して、法と司法の体制を樹立するために努めたか、法の担い手となる法律家を養成したかについて見ておこう。

法制度の樹立　西欧法の導入

周知のように、明治維新以後、わが国は欧米列強の圧迫のなかで独立を全うして、近代国家の建設、資本主義経済体制の樹立に向かって歩んだ。このため、欧米の制度と文物の摂取が急がれた。その摂取にあたっては、わが国に最も適したものを選択することに努め、イギリス、アメリカ、フランス、ドイツから外国人の専門家を招き、また留学生を欧米に派遣した。

一八八〇年代には、憲法をはじめとする諸法典を整備し司法制度を確立することがわが国の課題のひとつであり、それが不平等条約を撤廃するための要件とされていた。当時、わが国が外交・貿易などで最も密接な関係をもった国は、世界の最強国イギリスとアメリカであったから、この両国を模範として法と司法の制度を導入したとしても、なんら不思議ではなかったであろう。イギリス法とアメリカ法は合わせて英米法といわれ、フランス、ドイツなどのヨーロッパ大陸諸国の法と区別される。英語では、両者を対比して、英米法はコモン・ロー（Common Law）、大陸諸国の法はシヴィル・ロー（Civil Law）とよばれる。英米法と大陸法はともに西欧の近代法であり、フランスの比較法学者ダヴィド（René David）氏がいうように、キリスト教の道徳的基礎、自由主義的デモクラシーの政治・社会原理、および資本主義経済構造のうえに基礎づけられている。(3)

英米法の特質は判例法主義、大陸法のそれは制定法主義といわれている。イギリスでは、(4)ロンドンに設けられた国王の裁判所が判例によって国内の共通の法をつくり、地方に巡回して裁判をおこなって法を統一し、その過程で裁判官と弁護士の専門家集団が確立していったので、大陸諸国とちがって、一五・一六世紀にローマ法を継受することなく、中世以来の法と司法を継続しながら、新しい社会に適応した法をつくって発展させてきた。そのうえ、一九世紀には、議会が多くの法律を制定し、刑法などの法改革をおこなったが、大陸諸国のように民法や刑法といった主要な法について法典を編纂することがなかったので、裁判所でつくられた判例が引き続いて第一次法源であった。こうして、イギリス法と大陸諸国の法との間にいちじるしい相違が生まれた。一九世紀後半には、イギリスは議会政治の模範と仰がれた国であり、司法の独立と「法の支配」（Rule of Law）が確立し、自由の権利が保障されていた。法律家たちはこのイギリス法の卓越した点について自負心を抱いており、イギリス法が島国的ではあるが、大陸法と比べて決して遜色のない合理的でかつ体系的な法であると説いたのである。(5)

アメリカはイギリス人が多数移住して、イギリス法を継受した国である。一七七六年の独立建国のときに連邦制、共和制を採用して憲法を制定し、権力の分立、民主主義、自由主義を謳って、違憲立法審査権などのイギリスとは異なった法を発展させた。一八六〇年の南北戦争後、アメリカ法はしだいにイギリス法から離脱し、それが顕著になっていったが、一九世紀後半では、両国の法は大きな相違があるとは考えられていなかった(6)（わが国でも、そのころはイギリス法とアメリカ法を英米法としてひとつに考えていたので、本書では両者をいちいち厳密に区別して記述しなかった。）

わが国では、明治維新以来、イギリスの立憲君主制、議会政治、自由主義思想は福沢諭吉などによって熱心に紹介されたが、政府が法典編纂にあたって注目したのは、イギリス法ではなく、フランスのナポレオン民法典をはじめとする諸法典である。(7) この諸法典が整備された法制度はわが国にとって最も適切な模範であると考えられた。(8)

ナポレオン民法典の翻訳は一八七〇年（明治三年）から箕作麟祥によって進められ、(9) 七二年五月に江藤新平が司法卿に就任すると、その訳文をもとにして、わが国の法を制定することが企てられた。それとともに、司法省はフランスの制度に倣って裁判所を設ける方針を立てて、司法職務定制の長文の規定によって司法制度の全般にわたる枠組を定めた。(10) そのうえで、七五年には大審院を設置して最終審裁判所とし、その下級の裁判所をしだいに全国にわたって設置し、裁判所機構をピラミッド型に構成していった。裁判所では、判事は行政官から分離した独立した職とし、訴訟審理や訴訟書類の方式を定め、民事裁判を公開にして、多くの弁護士を認許し、司法体制を急速に整えていった。こうして八〇年一一月末には、大審院から区裁判所まで二四三の裁判所が設置され、判事は二〇五人、判事補は六二六人、検事は二六人、検事補は六八人を数えるに至った。(11)

司法制度の樹立とともに、政府は法体制の整備に努めて、民法と刑法の編纂が進められた。刑法については、早くも六九年に新律綱領が制定され、七三年にそれを補足して改正律例が制定されたが、それは日本・中国の旧来の法を基礎としたものであった。(12) それが時勢に適合しないため、それに代わってフランス法を導入して刑事法を制定することを意図して、七三年に雇用したフランス人法学者ボアソナード(13)（G. E. Boissonade）に草案をつくらせた。元老院はかれの草案をかなり修正して、八〇年七月に刑法と治罪法（刑事訴訟法）を制定し、罪刑法定主義を定め、身分による刑罰の差別などの古い要素を除き、大逆罪などの刑罰規定を設けた。(14) それは八二年一月に施行された。

民法については、司法省、ついで七五年に設けられた元老院で、箕作麟祥を中心としてフランス法を母法として草案がつくられたが、七九年からはボアソナードに民法の草案を起草させることにした。かれは精力的にこの仕事に励み、条文と註釈ができるごとに元老院で検討が重ねられ、かれの仕事は八六年には一応完成した。[15] こうして裁判所が最初に設置されてから一五年ほどで、急速に法と司法の体制が整えられていった。

法学教育(一)　司法省法学校と東京大学

このようにフランス法を模範として法典編纂をはじめたので、それに対応して、裁判官の養成のため、司法省はフランス人によって本格的にフランス法を教育する学校を設けた。[16] この司法省法学校は七二年九月に開校し、学生には官費が給され、卒業後に一五年間にわたって司法省に勤務することが義務づけられた。そこでは、ブスケ(G. H. Bousquet)やボアソナードなどが教え、ボアソナードはかれが起草した刑法、刑事訴訟法、民法の草案や、自然法(性法 natural law)について講義した。第一期生は四〇名であって、大学南校でフランス語を履修した者が多かった。七五・七六年には優秀な学生をフランスに留学させ、七六年七月に留学生を含めて二五名が卒業した。その三月に第二期生が入学し、フランス語からはじめて、予科四年、本科四年の課程の教育を受け、八四年に三六名が卒業した。そのあと八〇年と八四年にも七五名の学生を入学させた。このように毎年学生を入学させるのではなく、学生の履修が終わると、つぎの学生を入学させたので、卒業生の数は限られていた。

これに対して英米法を教育したのは、七三年に開設された開成学校とその後身の東京大学である。[17] 開成学校は七四年に専門学科を設けると、外国語としては、英語で教育する方針を定め、法律科ではイギリス人が英語でイギリス法を教えた。[18] 七七年に東京大学が創立されると、その法学部については、「本部ハ本邦ノ法律ヲ教フルヲ主トシ、旁ラ支那、英吉利、法蘭西等ノ法律ノ大綱ヲ授クル事トス。但シ本邦ノ法律未タ完備セサルヲ以テ、現今専ラ英吉利法律及法蘭西法律ノ要領ヲ学修セシム」と定められた[19]。実際には、司法省官吏によって日本の現行法と訴訟実務が教えられ、日本の古法やフランス法も講義されたけれども、アメリカ人とイギリス人を教師として英語で英米法が教えられ、その時間数が多かったので、学生は英米法の修得に力を注いだのである。

開成学校で学んだ学生がアメリカやイギリスに留学し、実地で法とその運用を習得して、八〇年から帰国すると、かれらは母校の教壇に立って後進を指導した。八二年以後には、英米法の多くの科目は日本人が教えるようになったが、その授業は英語でおこなわれた。大学法学部の卒業生は八五年までにわずか六四名であり、かれらが最初に英米法を修得した人たちであった。そのなかから、英吉利法律学校を創設して英米法を教える人たちが現われたのである。

このように法学教育は政府の手によってはじめられ、外国人を教師として学生を本格的に教育した。この教育は裁判官、行政官の養成を主眼としたのであり、イギリスのように、弁護士を養成し、弁護士から裁判官を任用することを考える余裕がなかった。新しい司法体制の樹立にともなって多数の法律家が求められたが、少数の官立学校卒業生ではその需要に応えることができなかった。外国語による教育は長い履修期間が必要であったから、多数の学生に対して短い期間で法律を履修させるには、日本語で教育しなければならなかった。

西欧の法の用語を日本語に翻訳し、日本語で西欧の法を十分に表現することは、きわめて大きな事業である[20]。幕末から津田真道、西周などの先駆者たちは非常な苦心をして法律用語の翻訳を試みた。とりわけ箕作麟祥はフランスの刑法、民法、憲法、民事訴訟法、商法、刑事訴訟法を訳し、それとともにボアソナードの講義などのフランス法律書が大量に翻訳されたことは、この事業を格段と進めたのであり、法典編纂が進行するなかで、日本語の法律用語が定められていって、法律学を日本語で教育できる素地が築かれていった。

この背景のうえで、最初に日本語でフランス法を教育したのは、七七年に開設した司法省法学校の速成科であった。[21] それはフランス法に通じた裁判官の不足を補うために設けられた二年課程の学科であり、すぐに三年課程に延長された。はじめはフランス人が通訳を通して授業したが、まもなく前述の第一期の卒業生が教師となってフランスの民法、刑法、商法などを教えた。その卒業生は、七九年に四七名、八三年に一〇一名という多数にのぼった。

東京大学でも、七七年度以後、フランス法は日本語で黒川誠一郎、岸本辰雄、木下広次によって教えられたが、イギリス法が日本語で教えられたのは、本科ではなく、八三年七月に設けられた別課法学科である。[22] これは一八歳以上の青年を入学させて、三年課程で、日本語で法律を教育する学科であった。ここでは、イギリス法だけでなく、フランス法や日本の刑事法を教え、多数の法律家を養成しようとした。しかし、この科はわずか二年後の八五年四月に廃止が決定された。

このように英米法とフランス法の教育が競っておこなわれたのに対して、ドイツ法の教育は遅れた。医学以外の分野でも、ドイツの学問が際立って発展していることが注目されたのは八一年ごろである。このころ政府内では伊藤博文などがプロイセン憲法に注目し、かれがドイツに赴いてそれを参考として憲法を作成する決心をしたことはよく知られている。こうしてドイツ法は急速に重要視されるようになり、八三年九月、東京大学でドイツ法教育がはじまることになった。[23]

法学教育(二)　五大法律学校

この時期は、自由民権と国会開設の運動、憲法論議などを通じて、法律に対する国民の関心が急激に高まった時期である。[24] 民間で法律を青年たちに教えたのは、弁護士（代言人）たちであって、七五年に元田直の法律学舎、七七年に大井憲太郎と北畠道竜の講法学社、七八年に大井憲太郎の明法社が設けられた。[25] こうした法律を教える学舎はしだいに全国の主要都市で生まれ、そこで学んだ青年のなかから自由民権運動に参加する者が多く現われた。

自由民権運動が頂点に達して退潮するころ、青年たちは「身を立て、名をあげ、やよはげめよ」と、勉強して立身出世することが奨励されて、士族の子弟だけではなく豪農・豪商の子弟も、故郷を離れて東京へ勉強に出る者が多くなった。かれらの間では、法律は最も役立つ実用の学問であり、とくに官途に就くためには法律の修得が不可欠であると考えられた。しかし、官立学校は門戸が狭く、外国語が必修の科目であったため、かれらは日本語で法律を教える学校を求めた。この状況のなかで、八〇年以後、私立の法律学校はつぎつぎと開設された。[26]

この私立法律学校は、フランス法や英米法を教える学校であった。フランス法の学校としては、八〇年に東京法学社（翌年に東京法学校と改称）（法政大学の前身）が司法省法学校の卒業生である岸本辰雄、宮城浩蔵、矢代操によって創立され、また同年末に明治法律学校（明治大学の前身）が司法省法学校の卒業生である岸本辰雄、宮城浩蔵、矢代操によって創立された。これに対して、英米法の学校としては、専修学校（専修大学の前身）がアメリカで勉学した相馬永胤、目賀田種太郎らによって八〇年に創設され、法律学と経済学を教育して、私立専門学校の先駆となった。東京専門学校（早稲田大学の前身）は、「明治一四年の政変」で下野した大隈重信が八二年に創設した学校であって、イギリスに留学して『国権論綱』などのすぐれた論説を著わした小野梓が中心となって、政治学と法律学の二学科を設けて、イギリス流の学問を教えた。英吉利法律学校が創設されたのはそれらのあとである。これらは五大法律学校とよばれた。[27]

これらの法律学校では、履修期間が三年であって、学費も安く、日本語で授業がおこなわれたので、多数の学生が集まり、数百人から三千人を超す盛況となった。そこで教えたのは外国留学生や司法省法学校と東京大学の卒業生であって、かれらは官吏や弁護士の職に就き、その余暇に無報酬で熱意をもって教えた人たちであった。かれらは自分たちが修得した学問を後進の学生に教えて、国恩に報い、(28)権利思想を普及し、法と司法の体制の確立に寄与しようとしたのである。

英吉利法律学校は五大法律学校のうち最後に設立された学校であり、政治学や経済学の学科を設けず、もっぱら法律学を教える学校であった。その創立者たちは英米法がわが国で「実地応用」に適切な法律であるという信念をもち、英米法を全科目にわたって教育することを目指した。この学校には多数の学生が集まり、明治法律学校と並んで、弁護士・裁判官・官吏に多くの卒業生を送ったのである。

英吉利法律学校が創立されたとき、わが国の法律教育は転換期を迎えていた。司法省法学校は八四年一二月に文部省に移管され、八五年九月には東京大学法学部に合併された。大学は英米法・フランス法・ドイツ法を含めて法律研究・教育を一本化して体制を整えたのである。翌年の八六年には政府は国家主義的な教育体制を樹立するため、東京大学を帝国大学と改称して、小学校から大学までの学校を政府の強力な管理のもとに置いた。私立法律学校に対しても、学生の入学資格を厳格にして、三年間の授業科目を定めて、その教育と運営に強い規制を加えたのである。

本書の構成

本書では、まず、英吉利法律学校の創立者たちがどのように英米法を学び、法律家として活動したかを述べて、この学校が弁護士が中心となって創設され運営されたことを説明する。ついで創立者たちがイギリスの法と司法をどのような点で礼賛したかを考察して、学校の教育理念を探ることにする（第二章）。この学校は開校当初から通信教育をはじめたので、今日、その講義録を一六〇点ほど見ることができ、また教科書として翻刻した二八点の英文法律書が残されている。この講義録と英文法律書にもとづいて、この学校の教育の特徴を説明する。そのうえで、私立法律学校に対する政府の規制を述べ、それに対応した学校側の変化と学生の問題について述べる（第三章）。ついでいくつかの科目の講義録の内容を検討して、わが国の事情に対応して、どのようにイギリス法の受容を図ったかについて考察したい（第四章）。しかし、この学校は八九年一〇月に東京法学院と改称して、イギリス法の名は校名から消え、翌九〇年には民法、商法などの諸法律の公布にともなって、九月の新学年度からこれらの新法律を教えることになり、英米法の教育は背後に退いた。ここに英吉利法律学校は名実ともに終息し、東京法学院として新たな発展を遂げるのである。開校から五年間、この学校の教育がわが国の法と司法の体制の確立においてどのような貢献を果たしたのであろうか。最後にこの問題について考えてみたい（第五章）[29]。

（1）『中央大学二十年史』（川島仟司・高野金重編、一九〇五年）、『中央大学三十年史』（天野徳也編、一九一五年）、『中央大学五十年史』（一九三五年）、『中央大学七十年史』（一九五五年）、『図説 中央大学 1885-1985』（一九八五年）。

（2）『中央大学百年史』通史編上巻の第一編「草創期」は、英吉利法律学校の時期を扱っており、「若き創設者の研鑽と理想」「英吉利法律学校の設立」「私立法律学校特別監督条規と英吉利法律学校」の三章、一八〇頁にわたって、松尾正人・本間修平両氏が分担執筆している。一八八九年一〇月に東京法学院と改称した以後については、金原左門氏が第四章「東京法学院の時代」で記述している。

（3）René David, *Major Legal Systems in the World Today*, translated by J. E. C. Brierley, 3rd ed., London, 1989. 英米法と大陸法の比較については、多くの書に論じられているが、ここでは、F・H・ローソン『イギリス法の合理性』（小堀憲助・船越隆司・真田芳憲訳）、日本比較法研究所、一九六九年、同『英米法とヨーロッパ大陸法』（小堀憲助・真田芳憲・長内了訳）、日本比較法研究所、一九七一年、P・C・ヴァン・カネヘム『裁判官・立法者・大学教授——比較西洋法制史論——』（小山貞夫訳）、ミネルヴァ書房、一九九〇年、René David, *English Law and French Law* (Tagore Law Lectures), (Calcutta and London, 1980) をあげておきたい。

（4）本書でイギリス法というのはイングランドの法（Law of England）である。それはウェールズでも適用されるが、スコットランドはローマ法を継受したので、一定の分野でイングランドとは異なった法もおこなわれている。

（5）この法律家のひとりはポロック（Frederick Pollock）であって、かれは、一八八二年のロンドン大学の開講講義をはじめとして、イギリス法の合理性・体系性を説いた。その論説はかれの *Oxford Lectures and Other Discourses* (1890), *The Expansion of the Common Law* (1904), *The Genius of the Common Law* (1912) に見られる。また前注（3）にあげたローソンの書も、この合理性を強調している。

（6）アメリカ法については、伊藤正己・木下毅『新版アメリカ法入門』、日本評論社、一九八四年、田中英夫『アメリカ法の歴史』、上巻、東京大学出版会、一九六八年、パウンド（内田力蔵訳）「アメリカ法の発展とイギリス法からの離脱点」、社会科学研究、第三巻第二〜三号、一九五一〜二年、P. S. Atiyah and R. S. Summers, *Form and Substance in Anglo-American Law, A comparative study of legal reasoning, legal theory, and legal institutions*, Oxford, 1987 参照。

（7）山口俊夫『概説フランス法』、上巻、東京大学出版会、一九七八年、四五〜七三頁、江川英文編『フランス民法の一五〇年（上）』、有斐閣、一九五七年参照。二〇〇四年にフランス民法制定二〇〇年を迎えて、わが国でも記念論文集が出版された。そこにはわが国の民法に対する影響を論じた論文が載せられている。

（8）明治期の立法・司法の歴史については、石井良助『明治文化史』、第二巻　法制編（洋々社、一九五四年）、利谷信義「近代法体系の成立」（『岩波講座日本歴史』、第一六巻、一九七六年）、石井紫郎編『日本近代法史講義』（青林書院新社、一九七二年）、山中永之佑編『新・日本近代法論』（法律文化社、二〇〇二年）、伊藤正己編『外国法と日本法』（岩波講座『現代法』、一四、岩波書店、一九六六年）の概説・概論書がある。近年、新資料の発見・検討などによって、この分野の研究はめざましく進んでおり、福島正夫編『日本近代法体制の形成』（二巻、日本評論社、一九八一〜二年）、日本近代法制史研究会編『日本近代国家の法構造』（木鐸社、一九八三年）、利谷信義・吉井蒼生夫・水林彪編『法における近代と現代』（日本評論社、一九九三年）などの論文集が刊行されている。この時期の法学教育については、利谷信義「日本資本主義と法学エリート——明治期の法学教育と官僚養成——一・二」（思想、第四九三、四九六号、一九六五年）と、天野郁夫「近代日本における外国法の受容と法学教育の成立」（名古屋大学教育学部紀要、第一八号、一九七二年）の二編の論文は先駆的論文である。

（9）山中永之佑「箕作麟祥」（潮見俊隆・利谷信義編『日本の法学者』、日本評論社、一九七五年）参照。フランス法の受容については、野田良之氏の「明治初年におけるフランス法の研究」（日仏法学、第一号、一九六一年）などの一連の論文参照。

（10）福島正夫「司法職務定制とその意義――江藤新平とブスケの功業――」、『福島正夫著作集』、第一巻、勁草書房、一九九三年参照。

（11）明法志林、第六号、一八八一年六月三日。

（12）石井紫郎・水林彪編『法と秩序』（日本近代思想大系 七）、岩波書店、一九八九年参照。

（13）大久保泰甫『日本近代法の父 ボワソナアド』、岩波新書、一九七七年参照。

（14）吉井蒼生夫「近代日本における西欧型刑法の成立と展開――立法過程から見た一考察――」、『近代日本の国家形成と法』、日本評論社、一九九六年参照。

（15）大久保泰甫・高橋良彰『ボワソナード民法典の編纂』、雄松堂出版、一九九九年参照。

（16）手塚豊「司法省法学校小史」、『明治法学教育史の研究』（『手塚豊著作集』、第九巻）、慶應通信、一九八八年、三～一五四頁、大久保泰甫、前掲書、五〇～七二頁、『東京大学百年史』、通史一、一九八四年、七〇〇～七三四頁、『明治大学百年史』、第三巻、通史編Ⅰ、一九九二年、四三～五三頁参照。

（17）開成学校と東京大学法学部については、『東京大学百年史』、通史一と、部局史一、法学部（一九八六年）を参照して記した。

（18）開成学校では、法律科などの専門の学科を設けると、南校時代のように英・仏・独語の外国語別に教育することは財政的に不可能であるという理由から廃止して、法律科では学生が多く履修していた英語で教育することにしたので、イギリス人教師グリグビー（W. E. Grigby）（一八四七～九九年）が英米法を教えた。これは東京大学でも引き継がれて、英米法が主として教えられることになった。しかし、英米法が大学の法学教育において最も適切であるという認識はなかった。

（19）この文については、七八年に但書が除かれ、八〇年には「支那・英吉利・法蘭西等ノ大綱ヲ授クル」の文から「支那」の文字が削られた。そのあと八三年にはこの「法蘭西」のあとに「独乙」が加えられた。

穂積陳重は一八八二年一〇月二八日の東京大学法学部卒業学位授与式で学部長として演説し、かれが抱いていた大学の法学教育の理念と実情を述べた。法典が完備していない現在、法学部では、イギリスとフランスの法を教育しており、両国の法はそれぞれすぐれているが、その目的と精神では徹頭徹尾法理にもとづいてわが国の法律を教育するのを主旨としており、わが国の法と司法については実務家によって教えられていると述べている。そして、卒業生に対して、法学とあわせて法学を「事実に適用する」法術に通暁する真正の法律家となることを望み、おわりに、「諸君にして真正の法律家たらば、我輩の最も厭ふ所の治外法権を廃棄して、国権を拡張するを得べし。諸君をして真正の法律家たらしめば、我輩の最も熱望する司法独立の佳域に進むを得べし。諸君をして真正の法律家たらしめば、代言社会の位地を高め、之をして社会の高等に位するを得せしむべし」と述べた。『穂積陳重遺文集』、第一冊、一七五～八四頁。

(20) インド憲法では、最高裁判所と高等裁判所での審理と判決には英語を用語とすることが定められている（第三四八条）。山崎利男「インドの裁判所制度」（大内穂編『インド憲法の基本問題』、アジア経済研究所、一九七八年、二六三～七頁）参照。インドは二〇〇年にわたってイギリスの植民地支配のもとにおかれ、裁判所の弁論・判決は英語が使用された。これに対して、インド人の間では、一八三〇年代に英語に熟達した知識階級が現われ、しだいに英語教育が普及して、多数の法律家が活躍するようになった。一八六二年にはインド人の高等裁判所判事が現われ、その判事の数は増加して、独立時には七つの高等裁判所とそれに準ずる裁判所の判事全員一〇三人のうち、インド人が六二人を占めるようになり、またガンディーやネルーをはじめ、弁護士が独立運動や社会改革運動の指導的役割を果たしたことは注目される。独立後、インド憲法はヒンディー語を公用語として定めたが、ヒンディー語を母語としない地域の人口が多いことと、人びとが英語に熟達したことから、法律用語を英語からヒンディー語へ切り替えて裁判することは、高等裁判所・最高裁判所ではなかなかできない。インドと比べて、わが国で明治初年から日本語によって西欧の法を摂取したことの意義はきわめて大きい。これについてはすでに法学者によって注目されている。三ケ月章「法と言語の関係についての一考察」（『民事訴訟法研究』、第七巻、有斐閣、一九七八年）参照。

(21) 手塚豊「司法省法学校小史」、一〇八～五四頁参照。

(22) 『東京帝国大学五十年史』、一九三二年、五九四～六一五頁、『東京大学百年史』、通史一、四五九～六二二頁参照。八六年に帝国大学が発足すると、別課法学科の二年生三六名と三年生二四名は司法省に移されて、司法省法学校速成科の学生と一緒にされた。

(23) ドイツ法の教育と受容については、穂積陳重「独逸法学の日本に及ぼせる影響」(一九一三年)、『穂積陳重遺文集』、第三冊、六一七〜二四頁、井上久雄「明治十四年政変とドイツ学の振興」、『近代日本教育法の成立』、風間書房、一九六九年、七六三〜八〇八頁、堅田剛『独逸学協会と明治法制』、木鐸社、一九九九年参照。東京大学では、八二年にラートゲン(Karl Rathgen)が国法学を教え、翌年にはルドルフ(Otto Rudolf)がローマ法と国法学を教えた。ついで八四年には、斯波淳六郎が公法、宮崎道三郎が沿革法理学・民法総論、末岡精一が国法学、穂積八束が政治学の研究のためドイツに留学した。

(24) 『明治文化全集』の第九巻法律篇(一九二九年)には、尾佐竹猛作成の「法律学文献年表」が掲載され、明治初年から二二年までに刊行された法律書が年度ごとに列挙されている。同様に第八巻政治篇所載の吉野作造作成の「政治文献年表」には、憲法・政治の論著のリストが掲載されている。ともに先駆者の労作である。(『明治文化全集』は戦後の一九五七年に改版され、法律篇は第一三巻、政治篇は第三巻として編集、刊行された。)国会図書館は明治期の多数の法律書を所蔵し、法務省図書館はボアソナードの講義の翻訳などフランス法関係の法律書を多数所蔵しており、最高裁判所図書館もその収集に努めている。その目録は、『国会図書館蔵書目録　明治期　第三編　社会科学』(一九九四年)、『法務図書館所蔵貴重書目録(和書)』(一九七三年)、最高裁判所図書館『明治文庫目録』(一九七四年)である。西村捨也編著『明治時代法律書解題』(酒井書店、一九六八年)は、これらの法律書を分類して解説したものである。

(25) これらの法律学舎については、奥平昌洪『日本弁護士史』(一九一四年)、復刻版、巌南堂書店、一九七一年参照。この書は弁護士の歴史についての一、三〇〇頁を超す大著で、その後の研究の基礎となった書である。

(26) 『専修大学百年史』上巻には、私立法律学校勃興の背景として、(1)刑法、治罪法が公布施行され、他の諸法律の編纂がはじまって、法律の知識の必要が広く痛感されたこと、(2)官立学校のほか、日本語で法律を教える学校が社会的に要請されたこと、(3)これを教える人材として外国留学生や官立学校卒業学生が多く現われたこと、(4)官僚となった者が無報酬で法律を講ずる機運が高まったこと、(5)士族や豪農富商の子弟が官途に就くため法律学校に集まったことをあげている(一六八〜九頁)。倉沢剛『教育令の研究』、講談社、一九七五年、七〇二頁参照。

(27) これらの法律学校の創立から百年を迎えて、その後身の各大学で百年史が編纂された。『早稲田大学百年史』、第一巻(一九七八年)、『法政大学百年史』(一九八〇年)、『専修大学百年史』、上巻(一九八一年)、『明治大学百年史』、第三巻、通史編Ⅰ(一九九二年)には、各法律学校の創立者たちがそれぞれの理念と理想を抱いて法学教育をおこなったことが詳しく記されている。なお、天野郁夫『大学の誕生　帝国大学の時代』（上・下、二〇〇九年）は、一九一八年（大正七年）の大学令の成立までの大学・高等教育の歴史について総合的に叙述した書であって、そのなかに法律学校の役割と当面した問題を記している。

(28)　「国恩に酬いる」ということばは明治法律学校の開校広告に見え、設立趣旨書には、「上ハ国恩ノ万一ニ酬ヒ下ハ同胞相愛スルノ責ヲ塞クニ在リ」と記されている（『明治大学百年史』第一巻、史料編Ⅰ、七一頁）。英吉利法律学校の開校式に、高橋一勝は、「生等相互ニ学ヒ得タル学術ヲ以テ世間ヲ裨益スル所アラントスルコト茲ニ年アリ。蓋シ此事タル生等大学ニ養ハレ若クハ英米ニ遊ヒタル同窓学士ノ責任ト信スレハナリ」と述べているのも、同じであろう（明法志林、第一〇五号、一八八五年九月）。この思いは明治期の人びとに強く抱かれていたものである。

(29)　わたくしがこれらの法律学校の歴史に関心を抱いたのは、中村雄二郎氏の「草創期における明治法律学校──創立の意味と役割──」（『近代日本における制度と思想　明治法思想史研究序説』、未來社、一九六七年）を読んだときである。大学史が歴史研究のなかで重要な問題であることは、旧制水戸高等学校時代の恩師、ヨーロッパ大学史研究の先駆者である島田雄次郎先生から教わった。

第二章　創立者たち

一　イギリス法法律家の誕生

創立者たちの経歴

英吉利法律学校は、一八八五年（明治一八年）九月、東京大学およびその前身の開成学校で英米法を修得した卒業生たちによって創立された。創立に参加したのは、校長の増島六一郎をはじめとする一八名であって(1)、創立者といわれている。かれらは弁護士（代言人）、官吏、大学教師であって、開校後に授業を担当した。そのなかには、学校の設立と運営のために中心となって尽力した人がおり、その一方で授業を担当しただけの人もいるのであって、学校との関わりは一様ではなかった。かれら以外にも、松野貞一郎や伊藤悌治のように、学校の教育ばかりでなく、運営も担当した人がいたことは留意しておくべきであろう。一八名の創立者たちについて、アイウエオ順に、生没年、出身地・藩、東京大学卒業年、創立のときの職業、その後の主要な経歴を記すと、第一表のとおりである。

この表から知られるように、開校のときには、創立者たちは三二歳から二五歳までの若さであり、少年や幼年時代に維新の変革を経験した人たちであって、藩の秩禄から離れて貧しい生活のなかで苦学した人が多かった。かれらは開成学校や大学で勉強して、イギリス人・アメリカ人から英語で法律の本格的な教育を受け、英米法を修得した最初

第一表　英吉利法律学校創立者　18名

氏　名	生没年	出身地	東大卒業年	職　業	のちの経歴
合川正道	1859-94	美　濃	1881卒	元老院権少書記官	法務局参事官　弁護士　東京高商教授
磯部　醇	1859-1936	美　濃	1883卒	弁護士	大審院判事　弁護士
江木　衷	1859-1925	岩国藩	1884卒	警視庁御用掛	外務・内務省参事官　弁護士
岡村輝彦	1855-1916	鶴舞藩	1876留学	大審院判事	横浜始審裁判所長　弁護士　中大学長
岡山兼吉	1855-94	花房藩	1882卒	弁護士	弁護士　代議士
奥田義人	1860-1917	鳥取藩	1884卒	太政官御用掛	農商務省次官　中大学長　司法大臣　東京市長
菊池武夫	1854-1912	盛岡藩	1875留学	司法省少書記官	司法省民事局長　弁護士　中大学長
渋谷慥爾	1854-95	佐賀藩	1885卒	弁護士	弁護士　初代幹事
高橋一勝	1853-86	川越藩	1879卒	弁護士	弁護士
高橋健三	1855-98	曽我野藩	1878中退	太政官権少書記官	官報局長　大阪朝日新聞客員　内閣書記官長
西川鉄次郎	1854-1932	斗南藩	1878卒	文部省権少書記官	大審院判事　長崎控訴院長
土方　寧	1859-1939	高知藩	1882卒	東大助教授	東大教授　法科大学長　貴族院議員
藤田隆三郎	1856-1930	宇和島藩	1878卒	外務省権少書記官	名古屋控訴院長
穂積陳重	1855-1926	宇和島藩	1876留学	東大教授　法学部長	法科大学長　学士院長　枢密院議長
増島六一郎	1857-1948	彦根藩	1879卒	弁護士	弁護士
元田　肇	1858-1938	杵築藩	1880卒	弁護士	弁護士　代議士　逓信相　鉄道相　衆議院議長
山田喜之助	1859-1913	大　阪	1882卒	司法省権少書記官	弁護士　代議士　司法次官　衆議院書記官長
渡辺安積	1859-87	岩国藩	1882卒	農商務省権少書記官	第2代幹事

の世代の人たちである。

かれらのうち、菊池武夫は自費で、[2] 穂積陳重、[3] 岡村輝彦[4]は貢進生に選ばれて大学南校で学び、七四年九月、開成学校の法律科に進学して、最初の英米法の学生となった。七五年七月に菊池は同級の鳩山和夫や小村寿太郎とともにアメリカに留学し、翌七六年六月には穂積と岡村が向坂兌とともにロンドンに留学した。菊池はボストン大学で法学士の称号を取得し、そのあと弁護士事務所で実務を勉強した。穂積と岡村はミドル・テンプル[5]（Middle Temple）で勉強し、法律家の個人指導を受け、インズ・オブ・コート（Inns of Court 法学院）が設けた講義に出席して、星亨についでバリスター（barrister 法廷弁護士）となった。[6] 二人はロンドン大学のキングズ・カレッジ（King's College）でイギリスの法理学やイギリス史を聴講したが、大学では弁護士の資格を得られないし、訴訟実務を学べないので、バリスター養成機関の四つの法学院のひとつミドル・テンプルで修業したのである。[7] 留学中、穂積は法理学に関心を抱いて、そのあと二年間ベルリン大学で勉学して法学者の道を歩み、岡村は訴訟実務を勉強して、巡回裁判[8]に随行したり、また海事裁判所[9]を視察して海事法を修得した。このように三人はアメリカやイギリスで法の実際のあり方を見て、非常な努力を重ねて法律を修得して、裁判官、弁護士、法学者としてそれぞれの道を歩み、わが国の法制度の樹立に寄与したのである。

七七年四月に開成学校が東京大学となったあとも、法学部では英語による英米法の授業がおこなわれ、[10] アメリカ人テリー[11]（H. T. Terry）などの教師によって授業内容がしだいに充実した。英米法の授業では、英文の法律書で適切なものがあれば、教師はそれを教科書として用いて講義し、それがない場合には、法の内容を口述して筆記させた。英米法の修得には判例を理解することが重要であるので、ハーヴァード大学のラングデル[12]（C. C. Langdell）の契約法などの判例選集を学生に読ませて、教師が判例の読み方を説明した。さらに訴訟演習では、模擬裁判をおこなって、学生に対して裁判の実務を教育したのである。[13]

東京大学では、留学生の帰国を待って、かれらが修得した専門の学問を教えさせた。法学部では、鳩山が八〇年八月にアメリカから帰国して、英米法・国際法を教えたが、八二年一月に辞職した。[14] 穂積は八一年六月にイギリス、ドイツから帰国して講師となり、翌年二月には二五歳で教授、法学部長となった。かれは、自ら語ったように、[15] 実に多くの科目を教えた。八二年度の授業科目を見ると、穂積は法学通論、私犯法（不法行為法）、刑法、海上法、法理学、テリーはローマ法、イギリス古代法律、財産法、契約法、衡平法、海上保険法、講師となった司法省官吏の菊池も、[16] 代理法、組合法（合名会社法）、物品委託法、売買法、弁護士の高橋一勝が訴訟法を教えた。ついで八四年八月には土方寧が助教授に就任し、八四年度に裁判官の岡村輝彦、弁護士の増島六一郎が講師となって、証拠法、訴訟法を講義した。

こうして日本人による英米法の授業が多くなったが、その授業は英文の教科書を用いて、英語で講義したのであり、学生は英文で試験の答案を書いた。英米法を日本語で講義するのは、八七年（明治二〇年）ごろであった。穂積は、「先ず法学通論より始めて、年々一二科目ずつ邦語の講義を増し、明治二十年の頃に至って、始めて用語も大体定まり、不完全ながら諸科目ともに邦語をもって講義することが出来るようになったのであった」と語っている。[17]

この英米法の授業は今日われわれが想像する以上にむずかしかったのであろう。英米両国はわが国とちがった裁判所制度をもっており、その裁判のあり方を知り、判例から生まれた法を理解するのは、辞典や参考書が揃っている今日でも容易なことではない。当時は、フランス法の用語の翻訳は相当に進んでいたけれども、イギリス法の用語については、創立者たちの世代が非常に苦心して訳語を考案していたときであって、訳語はしばしば改められていた。しかも契約の consideration を約因とするように、英語の法律用語を日本語に置き換えてみても、その意味を知ることができない。長い歴史をもつ判例法のイギリス法は、法典が整備されたフランス法よりも一段と学習が困難である。

英米法の過度の勉強のために結核などの病気に罹り、あるいは家庭の事情で、中途で退学・留年する学生が多かった。七九年に法学部に入学した一九名は、進級ごとに減少して、八二年に第四学年へ進級したのは八名であって、半分にも達しないほどであった。(18)

七八年八月に東京大学が文部省に提出した報告書には、大学の学生一四一名のうち九〇%が給費生であり、学生は「概ネ富裕ナラザル士族ノ子弟」であるので、給費制を存続すべきことが要請されている。学生の出自については、華族が一人、士族が一一六人、平民が四〇人であって、士族は七三・八%強である。そのうえ平民の大半は士族から変わった者であると記されている。(19) この学生の出自はその後しばらくは大きく変わらなかったと思われる。

創立者たちを見ると、大阪船場の薬種砂糖商人の子で大阪の給費生となった山田喜之助を除いて、全員が旧藩士の子である。かれらの父の禄高については、川越藩の六百石の高橋一勝、宇和島藩の二百五十石の穂積陳重や、彦根藩の弓術指南の二百石の増島六一郎は多い方である。この高橋でも、秩禄を離れたあと、資産を売却して東京の学校で勉強したが、学費が続かなかったため、学校を再三変え苦学して、開成学校に入ったという。(20)

かれらのなかでは、川越藩、盛岡藩、鶴舞藩、彦根藩のように、譜代の藩や佐幕派の藩の出身が多かった。(21) とくに弁護士（代言人）となった者の大部分がこのような藩の出身者である。幕藩体制が崩壊してあまり歳月を経ていないこの時期には、人びとは自分の出身の藩や階層を強く意識したし、また意識せざるをえなかった。したがって、薩長政府のもとでは、これらの藩の出身者は官途に就いても出世がおぼつかないし、かれらの経綸を発揮できないと考えたことであろう。(22)

創立の事情

創立者たちのなかで、設立準備委員として活躍したのは高橋一勝、増島六一郎、岡山兼吉、高橋健三の四人であり、初代の校長となったのは増島である。[23] 幹事として学校の運営の実務にあたったのは、開校直前に大学を卒業した渋谷慥爾である。高橋健三は官報編集の官吏であったが、他の人たちは弁護士である。弁護士たちが学校の設立を準備して、開校後にはその運営にあたったのである。そのことは学校の設立事情からも知られる。

高橋一勝は七九年に東京大学を卒業して、法学士として最初の弁護士となり、[24] 同級の山下雄太郎、磯部計と一緒に東京攻法館という法律事務所を錦町一丁目に設け、[25] 弁護士の活動のかたわら、若者たちに法律を教えた。かれと同級の増島は大学予備門講師となり、[26] まもなく攻法館の教育活動を助けたが、八〇年一〇月に岩崎弥太郎の資金でミドル・テンプルに留学し、八三年六月にバリスターとなった。そのあと、バリスターやソリシター（soliciter 事務弁護士）の法律事務所で実務を学び、帰途アメリカに渡って法律事務所を見学した。八四年六月に帰国すると、弁護士となって攻法館の後身の審理社に加わった。審理社は高橋一勝や岡山などが創設に参加した法律事務所であり、[27] 渋谷も卒業後に加わり、英吉利法律学校設立の仮事務所となった。

校舎となったのは錦町二丁目二番地の旧旗本屋敷の三菱商業学校の建物である。この商業学校は七八年三月に三菱の社員の子弟のために近代的商業を教える目的で設けられ、岩崎弥太郎の従弟である豊川良平が経営にあたった。[28] 一時は広く生徒を集めて盛況であったが、やがて生徒数が激減したといわれ、八四年五月に閉校となった。その前に、自由民権運動の高まりのなかで、豊川らはこの建物で政治、法律、経済を教育する明治義塾を設立し、ついで八三年六月には明治義塾法律学校を開校して、かなり高度の法学教育をはじめ、そのうえ講義録を刊行して通信教育をおこなった。しかし、馬場辰猪などの自由民権家が集まって論議し、薩長政府を攻撃して政府の抑圧を受けたといわれ、経営不振に陥り衰退して、八五年七月に廃校届を出した。増島と高橋一勝は明治義塾で教えたが、この衰退を見て、審理社の同僚と相談して、八五年四月二七日、増島の名義で、この学校の敷地と建物を三菱から四、一一八円で購入

岡山兼吉

高橋一勝

高橋健三

増島六一郎

設立準備委員

四人は設立準備委員であって、審理社という弁護士の法律事務所で学校の設立準備をおこなった。

した。この購入の前後に、増島たちは東京大学で英米法を修得した人たちの協力を獲得して、六月二七日に英吉利法律学校設置を申請したのである。[29]

学校設立の申請に名を連ねた一八人の創立者たちは多士済々である。かれらは、弁護士が六人、官吏が一〇人、大学教授が二人というように職業がちがっており、出身地がさまざまで、イギリス法への憧憬も法学教育への熱意も一様ではなかった。このような人たちが英米法の教育のために協同して学校を創設し、無報酬で授業をおこない、学校の法学教育を発展させたのである。

校長・幹事・弁護士　開校後の運営

開校後、校長の増島と経理を担当した岡山は中心となって活動し、日常の事務は幹事がおこなった。幹事は八六年四月に渋谷から渡辺安積に代わった。[30] 渡辺は病身にもかかわらず、創立まもない時期に学校の規則の制定、職員の監督、図書の購入などの多忙な仕事を果たし、そのうえ『万国法律週報』を発刊して編集を担当したが、[31] 八七年二月に病死した。そのあと、教務、会計、出版、図書、庶務等の監督は、伊藤悌治、岡山兼吉、高橋健三、山田喜之助、松野貞一郎、菊池武夫、土方寧の七人の委員によって分掌され、やがて東京控訴院評定官の松野と大審院検事の山田が幹事の職務を担当したといわれる。[32]

八八年七月の後述の特別認可学校申請書には、「設立者ハ連帯シテ本校百般ノ責務ヲ負担シ且権利ヲ有ス。校長ハ外部ニ対シ本校ヲ代表スルモノナレトモ、内部ノ権利及ヒ責務ニ付テハ他ノ設立者ト異ナルコトナシ」と記しており、[33] かれらの共同責任を謳っている。このように、少数の個人ではなく、多数の人たちの共同責任で学校を経営した

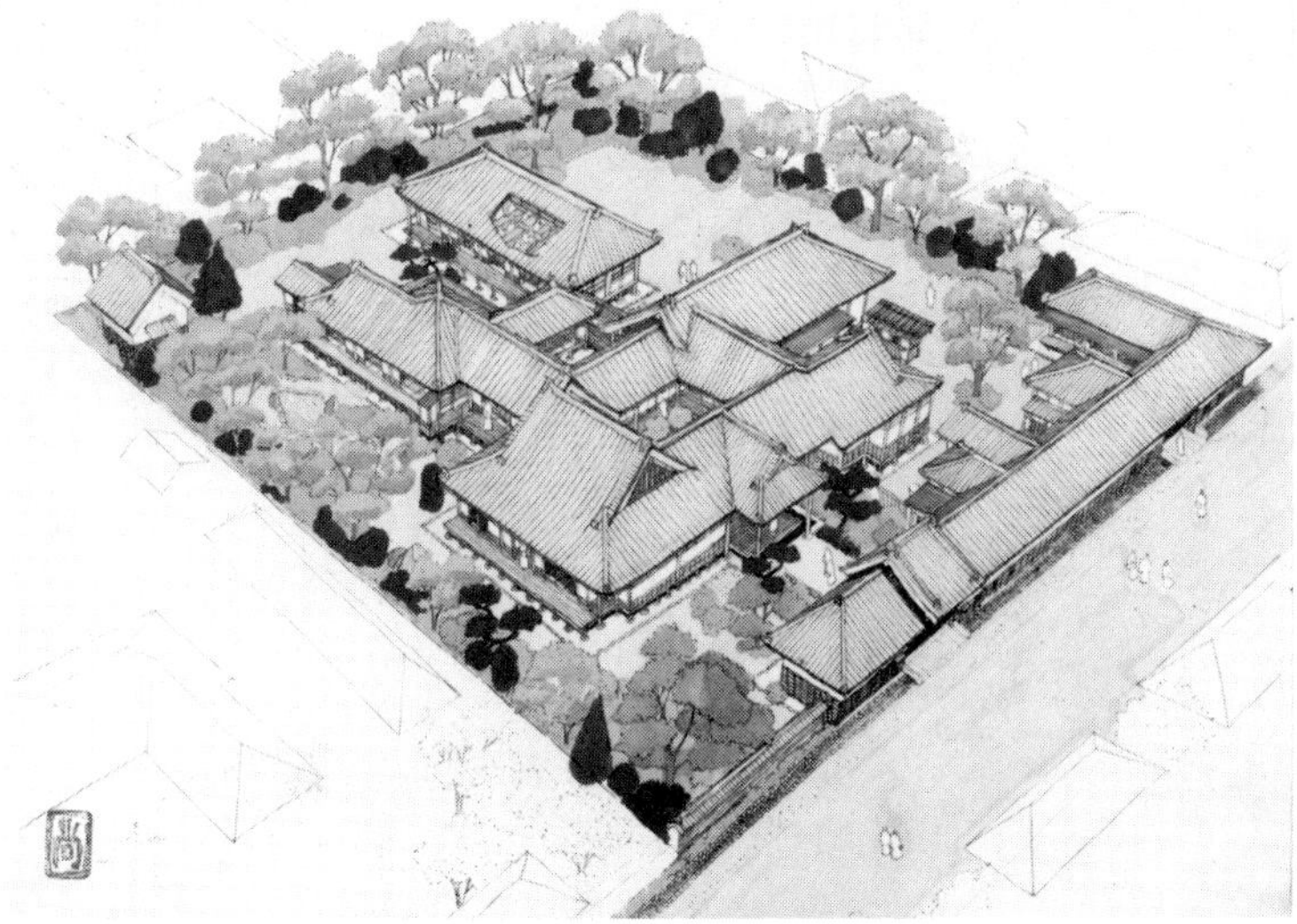

英吉利法律学校校舎　創立時の一八八五年

小沢 尚氏が間取図をもとに復元した透視図。旧旗本屋敷を改造し、三菱商業学校と明治義塾が使用した校舎を引き継いだ。敷地八一八坪余、建坪二二八坪五勺。一八八六年には西側に校舎を増築した。

点で、英吉利法律学校は私立法律学校のなかで際立っている。

創立者のなかで弁護士は六人であったが、合川正道が八九年に、山田喜之助、岡村輝彦、菊池武夫が九一年に、江木 衷が九三年に、官吏を辞職して弁護士になった。かれらのほかにも、この学校で教えた講師の弁護士は七人を数えた[34]。

学校の設立に尽力した弁護士の高橋一勝は、星亨、鳩山和夫と並んで名を揚げ、八五年四月には東京代言人組合の組合長に選ばれ、また八一年三月以来、英米法派の半月刊の法律雑誌である『明法志林』の編集を担当してきたが[35]、八六年八月にコレラで急死した。かれの死を悼んで、豊川良平、増島六一郎、高橋健三が発起人となって、知友たちが寄付金を募って高橋法律文庫を設け、その管理を英吉利法律学校に委ねた[36]。それはわが国で最初の法律図書収集であった。

高橋一勝の友人でその法律事務所を引き継いだ弁

護士の大谷木備一郎も、この学校の運営に助力してきたが[37]、九二年二月になくなり、大審院判事となっても学校のために尽くした松野貞一郎も九三年二月に病死した[38]。その後も創立者たちの不幸は続き、学校の会計責任者であった弁護士の岡山兼吉[39]と元老院、司法省の書記官を歴任した合川正道[40]とが九四年に、初代幹事で弁護士の渋谷慥爾が九五年に、設立準備委員であった高橋健三[41]は九八年に世を去った。かれらの死は、弁護士界にとっても中央大学にとっても、癒しがたい大きな痛手であった。

このように、英吉利法律学校の設立、運営と教育において、弁護士たちは大きな役割を果たした。そこで弁護士についで述べておかねばならない。

（1）一八八五年（明治一八年）六月二七日に東京府知事に提出された英吉利法律学校の「設置願」には、創立者が増島六一郎であって、教員が一八名であると記されたにもかかわらず、その履歴は一六名の分が記されていた。東京府の官吏はこの点について不備を指摘したので、学校側は教員を一六名に改めて再提出して、七月一一日に設立の認可を受けた。履歴が記されていなかった二名は渡辺安積と渋谷慥爾であった。このことは中央大学史編纂課が調査した「東京都公文書館所蔵文書」から知られたことである。『中央大学百年史』、通史編上巻、九二～五頁参照。この二人は学校の初代と第二代の幹事であって、渋谷は東京大学卒業直前であったため、教員として記すことができなかった。渡辺は結核を患って療養していたので、かれと十分に連絡できなかったのであろう。七月の開校広告には、渡辺は契約法の講師として記されている。

（2）菊池武夫は一八九一年四月に増島六一郎に代わって東京法学院院長となり、ついで中央大学学長に就任して、一九一二年に没するまで二一年の長きにわたって本学の発展に尽くした。新井要太郎編『菊池先生伝』（一九三八年）には、かれの履歴、追悼文、論説、滞米日誌などが収録されており、また『中央大学史資料集』、第四、六、九、十一集（一九八九～九二年）には、一八七五～一九〇六年間の書簡、日記、金銭出納簿の豊富な資料が収録されている。

（3）穂積陳重は長年にわたって東京大学法学部の第一人者であり、民法典の編纂に携わって、法律界の大御所的地位を占めた人であって、法理学と法律進化論について独自の研究を残した。かれについては、福島正夫、利谷信義、松尾敬一などの諸氏によって研究されており、創立者たちのなかで最もよく知られている。かれの生い立ち、東京での勉学、イギリス・ドイツ留学、東京大学教授就任後の数年間の活動については、嫡孫の穂積重行氏が『明治一法学者の出発　穂積陳重をめぐって』（岩波書店、一九八八年）に詳しく記している。

（4）　岡村輝彦は中央大学学長を一九一三～四年に務めた人で、かれについては、没後の一九一六年に復刊された『証拠法』の穂積陳重の序文、および巻末の追悼文に記されている。有名な千島艦事件のイギリス枢密院裁判における岡村の弁護活動については、原嘉道『弁護士生活の回顧』、法律新報社、一九三五年、二一七～六二頁参照。原嘉道（一八五七～一九四四年）は、一八九三年に農商務省を辞して弁護士となって、指導的役割を果たし、司法大臣、枢密院議長となった人であり、一九三〇～三九年には中央大学学長を務めた。なお、岡村の父は明治政府の県令を務め、妹たちは岡山兼吉、植村俊平、原嘉道と結婚した。三人はともに本学の教育・運営に貢献した人である。岡村家については、岡村龍彦『岡村父祖事績』、私家版、一九四三年参照。著者の龍彦氏は輝彦の弟である。

（5）　Middle Temple は中央法院、Inns of Court は法学院と訳された。一八八九年一〇月に英吉利法律学校が東京法学院と改称されたとき、この法学院という名称は Inns of Court の訳名から名づけたものである。また中央大学の中央は Middle Temple の訳名から取ったという説がある。この名称は花井卓蔵らの院友会実行委員会が提案したといわれ、その由来については確実に知られていない。『中央大学百年史』通史編上巻、二七六～八頁参照。

（6）　ミドル・テンプルとインズ・オブ・コートについては、岡村輝彦の講演（「英国法律家ノ一代記」、法学協会雑誌、第五六号、一八八九年）と、八七～九〇年にミドル・テンプルに留学した土方寧の講演（「英国法学院ノ話」、同誌、第九巻第六号、一八九一年）に紹介されている。なお、バリスターとソリシターについては、田中英夫『英米の司法　裁判所・法律家』、東京大学出版会、一九七三年、一七七～二二二頁参照。

（7）　この時期のイギリスの法学教育については、W. Holdsworth, *A History of English Law*, Vol. 15, edited by A. L. Goodhart and H. G. Hanbury, London, 1965, pp. 321-47. B. Abel-Smith and R. Stevens, *Lawyers and Courts, A sociological study of the English legal system, 1750-1965*, London, 1967, pp. 53-76, 165-80. Peter G. Stein, Legal theory and the reform of legal education in mid-19th century England, *The Character and Inference of the Roman Civil Law : Historical Essays*, London and Ronceverte, 1988, pp. 231-50. F. H. Lawson, *The Oxford Law School 1850-1965*, Oxford, 1968, pp. 34-92.　邦文では、深田三徳「イギリス近代法学教

育の形成」、同志社法学、第一一四、一一六号、一九六九～七〇年参照。

イギリスの法学教育はヨーロッパ諸国、とりわけドイツに比べて遅れていたので、一八四六年、イギリス議会は法学教育の貧弱な状態を危惧して、委員会を設けて広範な調査をおこない、その改善を要請した。これを受けて、四つのインズ・オブ・コートは五三年に法学教育評議会（Council of Legal Education）を設けて、合同で法律学の講義をおこなうことになり、五名の教授職（Readership）が設けられた。バリスターとなるためには、当初はその講義を履修する必要がなかったが、七二年からはその試験に合格することが要件となった。穂積や岡村らはこの試験を受けたのである。

（8）　イングランドとウェールズを七地区に分け、主として女王座部判事が巡回して、民事・刑事事件を裁判した。この巡回裁判は一九七一年の法律によって改革された。

（9）　岡村輝彦「英国海上裁判所」、明法志林、第一七号、一八八一年一一月一五日。海事裁判所（High Court of Admiralty）は一八七五年にHigh Courtに併合されて、Probate, Divorce and Admiralty Divisionを構成したが、一九七一年にはQueen's Bench Divisionに移された。

（10）　東京大学法学部の最初の英米法教授は、開成学校時代から引き継いだグリグビー、テリーと井上良一であった。井上はアメリカで法律学を学び、一八七七年八月に東京大学教授となったが、七八年一月に没した。増島六一郎「故井上良一先生を追想す」、法学新報、第三五号、一八九四年、手塚豊「最初の東京大学法学部教授井上良一略伝」、『明治史研究雑纂』（『手塚豊著作集』、第一〇巻）、慶應通信、一九九四年参照。

（11）　テリー（一八四八～一九三六年）はイェール大学を卒業した弁護士で、東京大学で一八七七～八四年に教え、一度帰国したあと再び来日して、一八九四～一九一二年という長期にわたって英米法を教えた。かれは在任中に*The First Principles of Law* (1879)、*Leading Principles of Anglo-American Law* (1884)と、*An Elementary Treatise on the Common Law* (1898)の三冊を出版した。いずれも学生のために著わした書である。かれについては、教え子の高柳賢三氏は、「ヘンリ・T・テリイ先生の追想」（一九三七年）と題した文を書いている（『米英の法律思潮』、海口書店、一九四八年所収）。

（12）　ラングデル（一八二六～一九〇六年）は苦学してハーヴァード大学に学んで弁護士となり、七〇年に同大学の教授、ロー・スクール学長となり、九五年までその職を務めた。かれは法学教育の改革をおこない、学士号をもつ者を入学させて三年の課程で教育することに改め、また判例を教材として質疑応答を通じて法を理解させる有名な「ケース・メソッド」の教育をはじめ、その契約法、動産売買やエクイティ訴訟などのテキストを作成した。cf. *The Centennial History of the Harvard Law School 1817-1917*, 1918.

(13)『東京大学法理文学部年報』には、毎学年度に教師がおこなった授業の報告（申報）が掲載されている。それは初期の法学教育に関する興味深い資料である。開成学校と東京大学の年報は、『東京大学年報』（六巻）と題されて、東京大学出版会から一九九三〜四年に復刊された。

(14)鳩山和夫（一八五六〜一九一一年）は八一年の卒業式の訓話で物議をかもし、八二年一月に辞職して弁護士となり、そのあと東京府会議員に選ばれた。八五年四月には外務省に務め、井上馨、ついで大隈重信のもとで翻訳局長、調査局長を務めて、条約改正のために努力した。八六年四月に井上馨の推挙で法科大学の教頭・教授を兼ね、一旦辞任したが、再び八七年一二月に教壇に立った。九〇年一月に外務省と大学を退職して、再び弁護士となった。かれは八一年から専修学校で法理学と万国公法を講義し、九〇年七月からは東京専門学校校長を務めた。英吉利法律学校の九一年度の講師名簿にかれの名が記されているが、かれが授業を担当した事実は見出されない。

(15)穂積陳重「法科大学沿革談」（一九〇六年）、『穂積陳重遺文集』、第三冊、一九三四年、一三六〜七頁。

(16)この講師は今日の非常勤講師とはちがって、菊池は司法省官吏として一、二〇〇円の年俸を給されていたが、八一年四月に東京大学の講師を兼任し、その給与として年俸四八〇円が給され、翌年七月には昇給して六〇〇円が給された。給与は講師の経歴と授業時間によって定められたと思われる。

(17)穂積陳重『法窓夜話』（一九一六年）、岩波文庫、一九八〇年、一七二頁。穂積は早くから法律学を日本語で授業することを念願としており、八三年度に海上法の講義を日本語で試み、聴講した奥田義人、江木衷、石渡敏一などに日本語で答案を書かせたという（「故奥田義人博士追懐録」、『穂積陳重遺文集』、第四冊、一六四〜六頁）。また『穂積男爵追悼録』（学士会報、第四五八号、一九二六年）所載の石渡敏一、平沼騏一郎、原嘉道の追悼文にも、かれの日本語での授業について書かれている。

(18)井原師義、穂積陳重など七名の「東京大学法学部内ニ別課設立ノ儀ニ付キ建議」（一八八三年五月）（『東京帝国大学五十年史』、上巻、五九七頁。『中央大学史資料集』、第三集、一九八八年、一七一頁）。

(19)『東京大学百年史』、部局史一、法学部、二一頁。（『東京大学法理文学部第六年報』、一八七七年九月〜七八年八月、『東京

大学年報』、第二巻、三三〜四頁）この年報には各年度の学生の給費生と自費生の比率・族籍の比率が記されている。それを見ると、政府の給費制の変更から、給費生の比率は大きく減少し、八五年には一割強となっている。また士族の比率は徐々に減少しており、『法科大学年報』によれば、八六〜八八年度には、士族が六五％、平民が三五％ほどであった。天野郁夫『学歴の社会史―教育と日本の近代―』、新潮社、一九九二年、三九〜四五頁参照。

(20) 高橋一勝の没後ほどなく書かれたかれの「略伝」には、つぎのように記されている。「明治三年職を辞し家財を売りて学費に充て、東京に来り大橋翁（熏次）に就て業を受け、翌年芳野金陵翁の家塾に入学す。六年自ら悟る所あり。漢学を廃して横浜に至り高嶋学校に入る。未た幾ならすして学費の竭くるに遇ひ、修学の傍高嶋学校附属小学校の助教となり学費を支ふ。其後転して報国学社に入り、工部省測量司の学校に入り、又共立学校共慣義塾に寄宿して外国語学校に通学す。皆学費の継かさるを以て久しく居ること能はす。八年始めて開成学校に入り…」（明法志林、第一二一号、一八八六年九月一〇日）。

(21) 第一表の藩の欄について、つぎのことを記しておこう。大政奉還のあと、一八六五年に徳川慶喜の後継者の亀之助（家達）が駿河・遠江七〇万石に封じられたことによって、浜松藩は上総の鶴舞（市原市）に、横須賀藩（掛川市大須賀町）は安房の花房（鴨川市）に転封になった。会津藩は戊辰戦争のあと転封させられて下北半島の斗南藩となり、辛酸を嘗めたことはよく知られている。曽我野藩は一八六七年に戸田忠至が現千葉市に陣屋を設けた一万石余の小藩であり、その二年前にかれが宇都宮藩から分封されて建てた高徳藩（日光市藤原町）が移ったのである。合川正道は近江の人で、美濃の笠松郡代（多治見市笠松町）の家臣に養われ、「備に艱苦を嘗」め勉学して開成学校に入学したといわれる。磯部醇は美濃の旗本竹中氏の領地（垂井町）の出身であった。渋谷慥爾は佐賀藩鍋島家の支藩、二万石の鹿島藩の出身である。かれの生年は、中央大学史編纂課の調査によって、一八六一年ではなく、一八五四年であることが判明した。

(22) 『第二東京弁護士会史』、一九七六年、四五〜六頁参照。

(23) 設立準備委員の四名は『明法志林』（第一〇〇号、一八八五年七月一五日）に記されている。その四月に校舎を購入したあとほどなく、この委員は決められたのであろう。

(24) 高橋一勝が法学士として最初の代言人となったことについて、奥平昌洪は、「当時学士は類ね衣食を官途に求め、民間に於て其学術を応用せんと企つる者の如きは幾と稀なり。一勝詞訟代言の業務に従事し、兼て斯界の弊風を矯正し、その地位を高めんことを期し、率先して代言人と為り」と記している（『日本弁護士史』、一二九二頁）。

(25) 東京攻法館については、『中央大学百年史』、通史編上巻、七三～五頁、『専修大学史』、上巻、一三二～六頁参照。磯部計は一八九五年にその設立についてつぎのように述べている。「我等の大学を卒業するや、当時代言人なるもの健訟の弊を極め過分の謝儀を貪る等実に其醜に堪へざるものありしかば、此等の弊害を矯正して聊か学得せる智識の応用をなさんとし、英国「ミッドル・テンプル」の組織に倣ひ以て他日吾国にも「ミッドル・テンプル」様のものを創設せんとの大志を懐きて、攻法館を神田錦町に開設せり」(『梧堂言行録』、一八九五年、七七頁)。

(26) 増島六一郎については、『中央大学百年史』の記述のほか、利谷信義氏の論文がある(潮見俊隆編『日本の弁護士』、日本評論社、一九七〇年、六八～一〇一頁)。『日本の弁護士』には、鳩山和夫、江木衷、原嘉道、岸清一、花井卓蔵についての論文が掲載されている。また小林俊三『私の会った明治の名法曹物語』(日本評論社、一九七三年)には、星亨、増島、山田喜之助、江木、花井、岸清一、原について書かれている。

増島は第二次大戦後まで長寿を全うした弁護士であって、士族の矜持をもちナショナリストであったが、イギリス法を信条とした。弁護士としては、法廷の弁論よりもむしろ法廷外の法律顧問として活躍した。早くからわが国の判例集の刊行に力を注ぎ、またしばしばアメリカを訪れて国際交流の実をあげ、正求律書院を設立して英米法の判例集を収集した。この判例集は戦後に最高裁判所に寄託された。英吉利法律学校での増島の講義録については第四章で述べることにする。

(27) 審理社は、高橋一勝らの攻法館と藤田高之らの信成社とが合併して、八三年一一月に設立された弁護士事務所であって、紛争事件の鑑定もおこなった。八五年には実質的に高橋・岡山の弁護士事務所となっていた。

(28) 三菱商業学校と明治義塾については、『中央大学百年史』、通史編上巻、七六～八四頁、鵜崎熊吉『豊川良平』、一九二二年、九二～一〇七頁、『岩崎弥太郎』、復刻版、東京大学出版会、一九六七年、四二八～三五、四四〇～四六頁、安藤良雄『ブルジョワジーの群像』(日本の歴史　第二八巻、小学館)、一九七六年、五二～四、六二～五頁参照。また宮川隆泰「三菱商業学校と明治義塾」(福沢諭吉年鑑、二八号、二〇〇一年、二一～五六頁)には、両校の開校から閉校までの経過が述べられており、とくに慶應義塾との関係が強調されている。

(29) この学校設立に関しては、いくつかの問題がある。ここにまとめて私見を述べておきたい。

(1)　この学校設立を企てて推進したのは、本文に記したように、高橋一勝、増島、岡山の弁護士である。この三人は一八人の創設者のなかで設立準備委員となったのであり、それまでに法学教育について熱意をもっていた人たちである。というのは、一八八〇年、高橋らの攻法館のメンバーは、相馬永胤らの専修学校創設に協力し、相馬と同じ彦根藩出身の増島はイギリスから帰国後に専修学校で講義を担当した。また高橋と増島は明治義塾の法学教育に関与し、岡山は東京専門学校で教えたのである。かれらは「日本のミドル・テンプル」を設立して法律家を育成する夢を語り合っていたのであろう。この事情から、明治義塾が衰微すると、高橋と増島は岩崎弥太郎の従兄弟の豊川良平と相談して、三菱から校舎を引き継いだと考えられる。

高橋一勝はかれらのなかで最年長であり、まとめ役であったと考えられる。かれの表立った行動は知られていないが、後述の高橋法律文庫とともに、谷中墓地にあるかれの墓の入口に同僚の講師たちが献じた鳥居は、かれが学校の創立に大きな貢献をしたことを物語っている。増島が校長に選ばれたのは、かれがバリスターとなって帰国したうえ、イギリス法教育に対する熱意を仲間たちに披瀝したからであろう。多才で知られた高橋健三の設立準備委員としての役割は、残念ながらまったく知られていない。

(2)　三菱からの土地と建物の購入は、増島の名義でおこなわれた（『三菱社誌』、第一八巻、補遺、東京大学出版会、一九八〇年、八四頁）。増島が岩崎弥太郎の資金で留学し、三菱と関係をもっていたので、かれが三菱と交渉したのであろう。購入の資金は、岡山が永富謙八（旧横須賀藩家老）を通じて故郷の掛川銀行から融資を受けたといわれる（『中央大学二十年史』、一八頁）。掛川銀行は東海道の「無比の巨行」といわれ、永富は岡山が恩人といっていた人であり、岡山の兄はこの銀行の東京支店長であった（『梧堂言行録』、七八頁）。

この事情から、岡山は創立のときより長年にわたって学校の会計を担当した。開校の準備からはじまり、校外生の通信教育、講義録や英文教科書の刊行、八六年の校舎の増築、八八年の火災後の煉瓦造りの校舎の建築など、学校経営は多難であったが、かれはそれを乗り切ってきた。九四年六月一七日のかれの葬儀に際して、東京法学院長菊池武夫は弔辞のなかでつぎのように述べている。これによって、岡山の貢献がうかがえよう。

「君ノ法学院ニ於ケル創立ノ称首トシテ会計ノ主任ニ膺リ、千辛ヲ嘗メ万艱ヲ排シ、講師ノ招聘ニ斡旋シ校舎ノ新築ヲ経営シ、加フルニ日本刑法・国際私法・擬律擬判等ノ講席ヲ担任シ、薫陶誘掖至ラザルナク、済々タル多士ノ輩出シ、名声天下ニ轟クモノハ、実ニ君ノ賜ナリ。」（『梧堂言行録』、五四九頁）。

(3)　岡山は、大学在学中、同級の山田喜之助、磯部醇や文学部の高田早苗などとともに、小野梓に傾倒して鷗渡会のメンバーとなり、ついで大隈重信の改進党に参加した。八二年に大学を卒業して弁護士となると、同じく弁護士となった山田、磯部とともに、東京専門学校で開校のときから法律を教えた。八四年末に、法律科を拡充して多くの講師を招くことと、校舎を早稲田から神田に移すことを主張し、八五年に入ってこの主張を繰り返したが、この構想は幹部の小野梓らによって受け入れられなかった。最終的には六月一八日の臨時議員会で否決された。このため岡山は辞職した。『梧堂言行録』、一三一〜五七頁、『早稲田大学百年史』、第一巻、五〇九〜一七頁、別巻Ⅰ、二五三〜六一頁、中村尚美『小野梓』、早稲田大学出版部、一九八九年、一五六〜六五頁。佐藤能丸『近代日本と早稲田大学』、早稲田大学出版部、一九九一年、五七〜六五頁参照。山田は八五年五月に司法省権少書記官に就任し、岡山と一緒に東京専門学校を辞任した。

この移転問題は英吉利法律学校の設立と絡むデリケートな問題である。岡山と一緒に居住していた同僚の山田一郎によれば、八四年一二月一五日、かれが突如としてこの移転を唱えたといわれる。そのころに審理社で高橋、増島と岡山の間で英米法の学校を設立する話がはじまったと推測される。この法律学校として、岡山が東京専門学校を神田に移して、多くの講師を集めるという案を考えたことは否定できない。しかし、高橋や増島はこの学校を大隈の学校とすることに同意しなかったであろう。ミドル・テンプルのように政治家から独立した法律家養成機関をつくることがかれらの願望であり、当時、東京専門学校は薩長政府から嫌悪されていたので、その講師としては同窓の官吏たちが多く集まらないと、かれらは思っていたにちがいない。こうして英吉利法律学校設立の話が進むにつれて、岡山と小野たちとの間の意見・感情の隔たりが大きくなり、岡山は東京専門学校の退職を余儀なくされたのであろう。

(4)　もうひとつの問題は、八五年四月に学生の新規募集の停止を決定した東京大学の別課法学科との関係である。倉沢剛氏は、別課法学科の役割を肩代わりするために、増島らが英吉利法律学校を設立したと推測している（『教育令の研究』、七三二頁）。『中央大学百年史』も、この募集停止と英吉利法律学校の設立との関係を重視している（二一頁、八四〜七頁）。しかし、八三年五月一六日の別課法学科創設申請の穂積たちの文書を読むと、私立法律学校に対する蔑視と警戒心が見られるのであって、穂積自身が英吉利法律学校の設立を企画・推進したとは考えられない。そのうえ、別課法学科では、穂積、土方、増島、菊池、渡辺が教えたが、英米法だけでなく、フランス法も教えた点で、もっぱら英米法を教えようとした英吉利法律学校とちがっている。この廃止の決定のときには、近い将来に東京大学法学部が組織を拡大して学生数が増加するのを、穂積は知っていたであろう。現に廃止の理由として、「法学本科ノ教制ヲ改正シテ其学生ヲ増員セハ別ニ之ヲ設クルヲ要セス」

と述べており、八六年六月には入学定員が法律学科九〇名、政治学科五〇名に大幅に増員したのである。しかも、この廃止の決定と同じ八五年四月に増島らは校舎を購入しており、かれらは前年一二月から学校の設立を企画したと思われるから、別課法学科の肩代わりをするという意識はなかったであろう。

(5) なお、英吉利法律学校の校舎は、昼間、東京英語学校に貸した。この学校は英吉利法律学校の創立と同時期に千頭清臣、杉浦重剛、増島などによって創立され、増島がその校長を兼ねた学校で、英語、数学、漢文を教え、官立学校への予備校的な学校であった。創立以来評判が高く、生徒の増加がめざましかったので、英吉利法律学校の新築に続いて、八九年に煉瓦造りの校舎を新築した。この発展にともなって、九〇年七月には増島が辞任して、杉浦重剛が校長となった。この学校は九二年四月の校舎火災のときに半蔵門に移転し、七月には日本中学校と改称して尋常中学校に変わった。大町桂月・猪狩史山『杉浦重剛先生』(一九二四年)、復刻版、一九八六年、四八六〜八頁参照。

(30) 渡辺安積は、八二年の在学中、いわゆる主権論争で主権在君論の論説を発表して注目され、卒業後に福地源一郎・関直彦の東京日日新聞に入り、帝政党に参加した。そのあと農商務省に務め、東京大学の準講師を兼ねて別課法学科で教えたが、八五年一一月から病気療養し、そのあと八六年四月に本校の幹事に就任した。かれの八〜一二月の備忘録は学校の運営と幹事の職務に関する貴重な資料であって、角田茂氏によって『中央大学史紀要』(第六号、一九九五年)に掲載されている。

(31) この雑誌については、菅原彬州「『万国法律週報』と『法理精華』――『法学新報』創刊の沿革――」、法学新報、第一〇〇号、一九七二年参照。

(32) 『中央大学二十年史』、七七頁。

(33) 前掲書、一九頁。八七年七月の徴兵猶予の請願書には、創立委員総代一二名が記されており、そこには創立者一八名のうち、死没した高橋一勝と渡辺、地方に移った西川、磯部を別にして、穂積、元田、合川、渋谷の名が見られない。そのかわりに伊藤悌治と松野貞一郎が加わっており、元田と渋谷は共同設立者二五名のなかに入っている。『中央大学史資料集』、第一集、一八〜九頁。

(34) それは高橋捨六、朝倉外茂鉄、岸清一、三崎亀之助、関直彦、植村俊平、塩谷恒太郎である。

(35) 『明法志林』については、第四七号までの内容目次が『専修大学百年史』(上巻、三二七〜三二頁)に掲載されている。それがいつ停刊になったか確かめられていないが、東京大学法学部明治新聞雑誌文庫には、第一四一号(一八八七年七月一〇日）まで所蔵されている（第四八～七六号、第一〇二～六号は欠）。

(36)　高橋法律文庫については、『中央大学百年史』、通史編上巻、一一八～九頁参照。英吉利法律学校は、高橋法律文庫に加えて、法律書の蒐集に努め、八八年はじめには一九、一二四冊を所蔵するに至った（法理精華、第一巻第五号）。

(37)　大谷木備一郎は高橋一勝と同年に卒業し弁護士となったが、肺病のため療養する時が多かった。一勝の死後、かれの法律事務所とともに『明法志林』の編集を引き継いだ。（明法志林、第一二三号、一八八六年一〇月一〇日広告。）かれの葬儀は学校葬でおこなわれたが、かれが学校の運営にどのように寄与したかは知られていない。かれの講義は第二科（英語法律科）を含めて多くなかったので、その講義録は八七年度の「証拠法」の最初の一〇頁が見出されるにすぎない。

(38)　松野貞一郎などの葬儀に関する記事は『法学新報』に掲載され、それらは『中央大学史資料集』、第十七集（一九九九年）に収録されている。

(39)　岡山兼吉は多数の訴訟事件を依頼されて、弁護士の職務が多忙であったが、第一回国会選挙で静岡県から代議士となった。没後には、かれの後進たちの「岡山同窓会」が『梧堂言行録』（一八九五年）と『梧堂先生追懐録』（一九一〇年）を刊行した。原嘉道『弁護士生活の回顧』、二六二～八三頁参照。

(40)　合川正道は八九年に弁護士となり、九一年刊行の『日本弁護士高評伝』に記されているが、九一年から一年間ほど東京高等商業学校教授となったので、弁護士活動をあまりおこなわなかったのであろう。

(41)　高橋健三については、花井卓蔵「高橋健三先生の逸事」（法学新報、第二八号、一八九三年）（『訟庭論草』、一九三〇年所収）、『日侍言行録』（一八九九年）を参照。『日侍言行録』は、知友の追憶文を記載したもので、その巻頭の内藤湖南「高橋健三君伝」は『内藤湖南全集』、第二巻、（筑摩書房、一九七一年）収録されている。

二　弁護士の誕生

弁護士の出現

わが国では、ヨーロッパとちがって、明治に至るまで弁護士という職業は確立しなかった。(1) 弁護士という名称は一八九三年（明治二六年）の弁護士法で定まったもので、(2) その前には代言人といわれた。(3)

明治初年には、訴訟は本人がおこない、病気や老幼などで不可能な場合に、その代理人が訴訟するのを許したが、七二年八月に司法職務定制という裁判所に関する長文の規則が定められて、そのなかに代書人（司法書士）、証書人（公証人）と並んで、代言人とその職務がはじめて記された。(4) ついで七五年四月に大審院が設置され、その下級の裁判所機構が整備されていくと、七六年二月に代言人規則が定められて、地方官が試験をおこない、品格と履歴を確かめて、代言人を認可することになった。その試験は布告布達の沿革、刑律、裁判手続の概略についての簡単なものであって、七六年には一九三人が代言人として認可された。そこでは、代言人以外は法廷で弁論できないと定められたが、代言人は認可を受けた裁判所以外の裁判所で弁論できなかったうえ、認可は一年間限りであって、満期には改めて認可を受けねばならなかった。それから八〇年五月までに九七二人が認可されたが、その人数は出願者一、四一二人の約七〇%であったから、(5) 代言人の認可を取得するのは比較的容易であったといえよう。こうして代言人はしだいに増加して、かれらの間では不当に訴訟を勧誘し、多額の報酬を取る弊害がしきりに起こり、代言人に対する社会的評価はいちじるしく低かった。(6) そこには江戸時代に公事師に対する忌み嫌った観念が残っていたのである。

このため、八〇年五月には代言人規則は大幅に改正されて、司法省が委員を任命して試験問題を作成し、各地方の検事のもとで、民事法、刑事法、訴訟手続、裁判規則の試験をおこなうことになった。その試験に合格して認可を受けた者は、八五年五月までの五年間に五一五人であって、出願者の一〇、〇九〇人のうちわずか五％ほどにすぎなかった。(7) このように試験は改正前に比べていちじるしくむずかしくなり、これによって代言人の資質が向上したといえよう。

この規則によって、代言人は営業地域の制限がなく、全国の裁判所で弁論できるようになり、また認許は一年限りではなく、更新する必要がなくなった。そして新たに検事のもとで、各地方で全員が加入する代言人組合を設けることが定められ、その第一四条で、各組合はつぎの目的をもって規則を定めることが記されている。(8)「一、互ニ風儀ヲ矯正スル事、二、名誉ヲ保存スル事、三、法律ヲ研究スル事、四、誠実ヲ以テ本人ノ依頼ニ応スル事、五、強テ本人ノ権利ヲ揑造セサル事、六、妄リニ言詞ヲ変改セサル事、七、故ナク時日ヲ遷延セサル事、八、相当謝金ノ額ヲ定ムル事。」ここに代言人に対する社会的評価が低かったことが示されており、(9) それを改善する意図がうかがわれる。それとともに、第二二条の懲罰規定のなかに、代言人が「社ヲ結ヒ号ヲ設ケ営業ヲ為」すことを禁じており、このため、代言人たちの私的な法学教育の結社の存立がむずかしくなって、かれらが法律を教えてきた学舎があいついで解散した。これが私立法律学校を設立するひとつの契機となった。

この代言人規則はその年七月に制定された治罪法（刑事訴訟法）と関連するものであった。治罪法によって、刑事裁判は公開されることになり、刑事弁護人の制がはじめて定められて、民事事件だけでなく刑事事件にも弁護人が認められた。そして、「重罪軽罪違警罪ノ訊問弁論及ヒ裁判言渡ハ之ヲ公行ス。否ラサル時ハ、刑ノ言渡ノ効ナカル可シ」（第二六三条）と、公開の裁判審理なくしては、判決を言い渡すことができないと定められた。また弁護人がいないときには、官選の代言人が選ばれることになった。こうして裁判所の設置から一〇年ほどで、司法制度は急速に整備されていった。

法学士の弁護士

これより前、七七年に星亨はバリスターの資格を取得して帰国し、翌年に代言人となったとき、代言人に対する社会の評価が非常に低いため、かれは司法省附属代言人という職を設けることを主張し、それが認められて、かれがこの職に就いた(10)。ついで七九年五月に東京大学法学部卒業の法学士は無試験で代言人の資格が与えられることになり、前述のようにその一〇月に高橋一勝ら三人が代言人となった。高橋らに続いて代言人となる法学士が多く現われ、八五年までの法学部卒業生六四人のうち一五人が代言人となった。その後も法学士の代言人がつぎつぎと現われ、九三年の弁護士法制定までに五四人を数えるまでになった。東京大学法学部卒業生が弁護士となる割合は、その後のどの時期よりも高かった。当時の法学士は今日では想像できないほど尊重されたので、かれら代言人は大きな事件の裁判で弁論をおこない、それが新聞で大きく報道されて世間の注目を浴びるとともに、東京や大阪の代言人組合の要職に就任して指導的役割を果たした。こうしてしだいに代言人に対する認識が改まり、代言人の社会的評価は高まっていったのである(11)。

英吉利法律学校の創立者のひとり高橋一勝は最初の法学士の代言人である。同級の増島六一郎はかれを訴訟の実務に最も老練な者と賞賛し、その長所として、「事実ヲ採蒐スルニ綿密鄭重ニシテ、其効力及干係ヲ看破スル妙技ニ達シ、各件ノ事実一ヲ之ヲ洩スコトナ」かったことをあげている(12)。八二年、穂積陳重は、「英法は判決録を根拠として学ぶが故に、自然事実と法理と相並行し、交互錯綜して之を研究し、其関繫を明にす。故に法律の用に明かにして、判事、代言人に適す」と述べ[13]、イギリス法を修得した人は法の実地応用に巧みであって、判事、代言人として適しているると早くから明言しており、大審院長の玉乃世履も同じく、イギリス法を修得した者は代言人に適すると述べた[14]。高橋をはじめとして、法学士の代言人は大学で学んだ英米法の知識と訴訟実務の訓練を生かして、依頼事件の書類を丹念に調べ、事実関係を明確に把握し、適切な証拠をもって裏付け、法廷で理路整然と弁論をおこなって、法廷の審理方式を樹立するのに寄与したのである。かれらのなかで、岡山兼吉は年間三〇〇件を超す事件を担当する一流の代言人といわれ、誠意をもって依頼者に応対し、訴訟書類の審査や法廷での弁論ですぐれた才能を発揮した。またかれは最初に会社の法律顧問となった人で、日本郵船や三井銀行などでこの職を担当した[15]。こうして法学士たちは代言人に対する待遇を改善し、その地位を向上させることに努めた。このことは司法の独立を達成する道でもあった。

この間に代言人は増加し千人を超すようになり、全国の主要都市で代言人組合が結成された[16]。代言人が生まれた当初には、かれらの社会的地位の低さと官尊民卑の観念から、代言人は裁判所で非常にぞんざいに扱われた。代言人組合が結成されると、出廷の日時を三日前までに通知すること、裁判所に馬車で出入できること、出入には係官の面倒な認証を必要としないこと、控室を設けることなどを要請した。それは漸次認められて、代言人の待遇が改善されていった[17]。そのとき岡村輝彦が横浜始審裁判所で他の裁判所に先がけて待遇を改めたといわれる[18]。

法律学校卒業生の進出

代言人の地位をさらに向上させたのは、私立法律学校の卒業生である。八〇年以後に私立法律学校がつぎつぎに創立されると、卒業生あるいは在校生のなかから代言人と判事・検事が現われた(19)。八四年一二月に判事登用規則が定められて、八五年八月にはじめて任用試験がおこなわれた。これにならって、代言人試験でも、八七年には春秋二回から年一回に変わり、八八年の試験科目は、擬律擬判の問題を変えて、判事登用試験と同じく、刑法、治罪法、訴訟手続と、イギリス法（英法）あるいはフランス法（仏法）であって、英法は契約法、私犯法、売買法、代理法、証拠法であり、仏法は契約法、証拠法、売買法、代理法、財産法であった。その試験委員には、菊池武夫、岸本辰雄、山下雄太郎、木下哲三郎、松野貞一郎、伊藤悌治、春日 粛、山田喜之助、飯田英作の司法省官吏であって(20)、法律学校で教えていた者がほとんどであった。試験科目は法律学校で履修した人たちを対象としたものといえよう。八五年は仏法で受験する者が三分の二であったが、英法で受験する者が急速に増加した。この試験はむずかしく、八七年には四三七名の志願者に対して、合格者は一九名であった(21)。八八年の試験では、一、一三二名という多数の志願者があったが、試験を受けた七三九名のうち、わずか四一名が合格しただけであった(22)。そのあと志願者が増え、合格者の数は九〇年に一二二名、九一年に二〇一名と激増した。

　この試験の合格者のうち、八六年以後、法律学校の卒業生の増加はめざましく、九〇年には合格者のほとんどが卒業生によって占められるようになった。『法学新報』（第九号、九一年一二月）には、「三年前の代言受験者中には法律学校の卒業生は僅かに数ふるに足らざりし程なりしも、今日の受験者中には法律学校卒業生にあらざる者は殆んど稀なり」と記されている。法律学校のなかでは、英吉利法律学校は明治法律学校と並んで代言人を多く送り出した。これによって代言人の能力と資質が大きく変わり、代言人に対する評価は高まったのである。

弁護士法の制定

このような事情のもとで、九〇年一二月、政府は弁護士法案を第一次国会に上程した[23]。その法案第一一条には、弁護士の営業区域を限定して、地方裁判所の名簿に登録した場合はその裁判所に限って弁論でき、控訴院の場合はその管内の裁判所、大審院の場合には各裁判所で職務をおこなうことができるとし、第四条第七項では、控訴院には地方裁判所での五年以上の経歴、大審院には控訴院での五年以上の経歴が必要であると定めた。第八条では地方裁判所、控訴院、大審院の登録料は相違があり、第一〇条でも保証金についても相違を設けており、それは高額であった。このように弁護士が営業する裁判所の審級によって区別を設けた。この法案に対して代言人たちは猛烈な反対運動をおこなった[24]。貴族院特別委員会では第八条と第一〇条を削除し、本会議で穂積陳重が第一一条削除の修正意見を述べ[25]、それが承認された。そこで、政府は翌九二年一二月に原案を若干修正して法案を再提出したが、国会では弁護士の営業区域の限定と審級の裁判所による弁護士の区別を削除して、九三年三月に弁護士法は制定された。こうして弁護士の間になんら区別を設けず、全員が全国の裁判所で弁論できることになった[26]。この法律には、弁護士会が検事正の監督のもとに置かれるなど、弁護士の自治の確立のうえで不十分な点があったが、弁護士が生まれて二〇年ほどで、わが国の弁護士制度が確立したのである。

（1）　アジア諸国では、律令に通じた学者や官吏、シャーストラに通じたパンディット（バラモン）、イスラム教学の法を専門とするカーディーといった法学者・裁判官が存在したが、裁判所の民事・刑事事件で弁論する弁護士が職業として確立しなかった。これと並んで、陪審のような同輩による裁判審理が国家の正式な制度として存在しなかった。

（2）弁護士という名称は一八九〇年公布の裁判所構成法第九八条と民事訴訟法第六三条に見られ、代言人という愚蔑感をともなったことばを廃したことは、弁護士の地位が大きく向上したことを意味する。

（3）初期の弁護士の歴史については、奥平昌洪『日本弁護士史』（一九一四年）に詳しく述べられており、本節はこの書によって記したところが多い。そのほか、『東京弁護士会史』（一九三五年）、『大阪弁護士会史稿』（一九三七年）、『第二東京弁護士会史』（一九七六年）、『東京弁護士会百年史』（一九八〇年）といった弁護士会の記念誌には、新たに資料を加えて記述されている。とくに『第二東京弁護士会史』（二三～六六頁）には明解な叙述が見られる（石井良助氏執筆）。

（4）司法職務定制には、代言人について、「自ラ訴フル能ハサル者ノ為メニ、之ニ代リ其訴ノ事情ヲ陳述シテ冤枉無カラシム」と記している。このとき、代言人と代書人はフランスのavocat（弁護士）とavoué（代訴士）の制度を模倣して定めたといわれる。江藤价泰氏によれば、ここに弁護士の二元制度を導入する意図が見られるという。しかし、七三年の訴訟文例では訴訟書類を代書人が作成することを義務づけたが、一年後には代書人への依頼は随意となり、代言人規則とちがって、代書人規則が制定されなかった。氏はこのことを指摘して、弁護士の二元制度は確立されなかったといわれる（「明治初期の『弁護士』制度について」、『兼子博士還暦記念　裁判法の諸問題』、下、有斐閣、一九七〇年、『日本司法書士会史』、上巻、一九八一年、八八～九一頁）。

フランスの制度はイギリスのバリスターとソリシターの制度とちがうが、弁護士の二元制度を導入することはアジア諸国では見られなかったことである。ただインドのカルカッタ、マドラス、ボンベイの三管区都市（presidency towns）では、ロンドンの王座部裁判所と同じ権限をもつ最高法院が設置され、イギリス人のバリスターとソリシターが活躍した。一八六二年に高等裁判所が設置されて、最高法院が高等裁判所の第一審法廷となったあとも、二種の弁護士制度は存続し、そこではインド人が試験を受けてバリスターたちに加わって、やがて多数を占めるようになったが、独立後の一九七三年になってこの二元制度がようやく廃止された。

（5）奥平昌洪、前掲書、一三七一頁から算出した。

（6）奥平昌洪はこの時期の代言人についてつぎのように述べている。「代言人と為るべき資格に制限あらざるを以て無学無識の徒続々この業に従事し、甚しきは椎埋屠狗亦法廷の内に縦横したり。且其取締方法の設あらざるを以て、詞訟を教唆し権利を売買し裁判の遷延を図り、利の在る所風儀体面の何たるを顧みず、青銭三百文又は玄米一升の報酬にて代言を引受くる者多く、遂に三百代言といへる諺を生ずるに至れり」（前掲書、一六六頁）。

（7）奥平昌洪、前掲書、一三七一～二頁から算出した。

（8）この規則に応じて、同年五月の東京代言人組合規則の第三二～六条に、この趣旨が定められた。奥平昌洪、前掲書、三一八～二〇頁。

（9）東京日日新聞は、八一年三月、「健訟ノ弊風ヲ矯正スヘシ」という社説を掲載して、代言人の弊悪に対してきびしく批判した。これについて鳩山和夫や高橋一勝などの代言人たちは社長の福地源一郎に対して名誉毀損の訴訟を起こして、世間の注目を浴びた。この事件は調停によって和解した。奥平昌洪、前掲書、三四二～四一二頁。

（10）星亨は、「方今の急務は人権を拡張し自由を伸暢し国民の品位を上進せしむるに在り。之を為すにはバリストルの事を執るに如かず。然れども目下代言人の状況を観るに卑陋言ふに忍びざるものあり」として、イギリスの Queen's Counsel を模範として司法省附属代言人を設けることを建言して、この制度が設けられたという。星は月に一〇〇円の給与を与えられ、一般の弁護活動のほかに、官庁に関する訴訟の弁護人を務め、貧民の弁護人を無報酬で務めることになった。翌年にこの職についた目賀田種太郎と相馬永胤は自ら望んで無給であった。この職は八一年に廃止され、目賀田と相馬は判事となったが、星は試験を受けることなく代言人となった。奥平昌洪、前掲書、二三二～七、三三三～七頁。野沢雞一編著『星亨とその時代』（川崎勝・広瀬順晧校注）、第一巻、平凡社、一三一～七頁。Queen's Counsel については、田中英夫『英米法のことば』、有斐閣、一九八六年、八九～九六頁参照。

（11）東京代言人組合の会長には、一八八〇年は初代として星亨が就任し、そのあとはつぎのように法学士が選出された。八二～八四年度は鳩山和夫、八五年度は高橋一勝、かれの没後に増島六一郎、八六年度は大谷木備一郎、八七年度は元田肇が選出された。組合が分裂したあと、旧組合では、八九年度と九〇年度は元田肇、九一～九二年度は山田喜之助、新組合では、八九年度は鳩山和夫、九一年度は宮城浩蔵、九二年度は高橋捨六が選出された。組合役員の選挙ではげしい争いが繰り返されたことは、『東京弁護士会史』、七七～八八頁参照。

代言人（弁護士）たちの評判を記した書が、代言人の番付表と並んで、この時期から刊行されたことは注目される。それらは『日本法曹界人物事典』、第六～九巻、弁護士篇（ゆまに書房、一九九六年）に翻刻されている。そこには、町田岩次郎編輯『東京代言人列伝』（一八八一年）（大岡育造、中島又五郎などの七名の評伝）、足立重吉『代言人評判記』（一八八三年）（星亭、鳩山和夫などの三二人の略伝）、原口令成『高名代言人列伝』（一八八六年）（一三三人の略伝）、柳昌軒南山子編著『日本弁護士高評伝』（一八九一年）、東恵雄編『明治弁護士列伝』（一八九八年）や、東京ばかりでなく、大阪などの弁護士の評判記も収録されている。なお、『中央大学史紀要』、第六号（一九九五年）には、藤田正氏によって『日本弁護士高評伝』と『明治弁護士列伝』から英吉利法律学校関係者の記事が掲載されている。

（12）増島六一郎『訴答法規』、博文堂、一八八七年、五〜六頁、同「訴訟法」、一八八八年度講義録、五〜六頁。また同級生の弁護士磯部計は、「余は常に故高橋一勝氏を以て代言人の標本として称揚する所なるが、氏の長所は一件書類を精細に調査し、其の要点を論理的に細別し、以て弁論の席に臨むを例となせしがゆゑ、訟庁に於ては多くの陳述を為さざるも勝を占め居たり」と述べている（『梧堂言行録』、一八四頁）。

（13）穂積陳重「東京大学法学部卒業学位授与式に於ける演説」、『穂積陳重遺文集』、第一冊、一八〇頁。

（14）増島六一郎「訴訟法」、一八八五年度講義録、五頁。

（15）岡山兼吉は、大学卒業後三年間には依頼事件が少なかったが、八五年からは増加し、八六年から九四年五月の間、二、〇六九件を扱っており、大審院の上告事件など大きな事件を担当した。『梧堂言行録』には、かれが扱った事件を年度別に大審院、控訴院、地方裁判所に分けて件数があげられている。またかれの依頼者に対する態度、深夜にまで及ぶ書類調べ、法廷での弁論についても、かれの友人・知人の談話が多く掲載されている（一六七〜二二三頁）。なお、『東京弁護士会百年史』は、この書を用いて、かれのことを「一流代言人の職務と生活」と題して紹介している（一三七〜四二頁）。

（16）『明法志林』、第一一二号（一八八六年三月二五日）によれば、三月の司法省の調査では、代言人の総数は一、〇六五人であり、全国の主要都市で組合を設置していた。そのうち、東京は一七〇人で全国の二割に達しなかった。その他の都市では、大阪は八二人、名古屋が三六人、岡山が三一人、仙台が二九人、京都が二三人、広島と高知がそれぞれ二五人であった。その五月の調査では、東京は一七一人のうち、京橋区が六〇人、日本橋区が三六人、神田区が三二人であって、この三区に七五%を超えるほど集中していた（第一一七号、同年六月一〇日）。

（17）代言人の待遇については、奥平昌洪、前掲書、五二〜三、一六六、三三一〜三、四九二〜七頁、『明治大学百年史』、第三巻、通史編Ⅰ、三二九〜三〇頁参照。奥平昌洪氏はつぎのように述べている。「明治二十年八月横浜始審裁判所は天下に率先して代言人の待遇を改め、氏名を呼棄にしたる慣例を廃し、呼込む毎に代言人の控所に赴き、開廷の通知を為す歟、然らずば何某殿といふが如き尊称を加へて要事の旨を通し、乗車馬にて門内に出入することを黙許せしが、二十一年十一月之を公許し、其翌月大審院に於ても代言人に限り下乗下馬の禁を解く、爾来諸裁判所相踵て、乗車馬にて門内に出入することを允し、門鑑を廃し、氏名を呼棄にしたる慣例を改めたり」（前掲書、四九六〜七頁）。

(18) 明法志林、第一二二号、一八八六年九月二五日。

(19) 八七年には、東京の代言人のうち、法律学校の卒業生、在校生、元学生は、明治法律学校が二二人、東京法学校が一三人、専修学校が六人、東京専門学校が一人であったといわれる（明法志林、第一三九号、一八八七年六月一〇日）。

(20) 明法雑誌、第八七号、一八八九年七月一〇日。

(21) 明法志林、第一二九号、一八八七年一月一五日。

(22) 明法雑誌、第六二号、一八八八年六月二〇日。

(23) この法律の制定経過については、奥平昌洪、前掲書、五九一〜六〇七頁参照。一八九〇年の第一回国会選挙では、弁護士は二四人が当選した。『法学協会雑誌』（第七六号）はその人数が欧米諸国に比べて少ないことを批評した。東京大学の法学士で東京法学院関係者は、大谷木備一郎（東京七区）、岡山兼吉（静岡三区）、関直彦（和歌山三区）、三崎亀之助（香川四区）、元田肇（大分一区）であった。

(24) 五大法律学校聯合会弁護士法案修正建議会の修正案は、『法学新報』（第九号、一八九一年一二月）に発表された。

(25) 穂積陳重「弁護士法案に関する演説」、一八九〇年一二月二四日、『穂積陳重遺文集』、第二冊、一八五〜九三頁。

(26) 東京代言人組合では、八〇年当初から役員人事をめぐって抗争し、検事の指導でようやく組合が結成されたという。八二年からは会長選出でまた争われ、八九年に分裂して二つの組合がつくられた。ついで民法と商法が公布されると、イギリス法派とフランス法派がその延期・断行を主張して対立し、その対立は代言人組合にも及んだ。九三年の弁護士法制定にともなって二組合は解消して東京弁護士会が結成されたが、再び役員の選出で抗争し、検事正と司法大臣の仲介によって単一の組合が結成されたといわれる。

三　イギリス法礼賛

イギリス法の優越点

わが国の法と司法の体制を樹立するにあたって、西欧のどの国の法をどのように継受するかは、重大な問題であった。英吉利法律学校設立のときには、前述のように、フランス法を母法として刑法・刑事訴訟法が制定され、裁判所機構が整備されてきたが、法学教育では、フランス法の学校とイギリス法の学校が競っており、ドイツ法に対する関心が急速に高まっていた。そのなかで、イギリス法を修得した創立者たちは、どのようにイギリスの法と司法を認識し、それを学生に教育し、わが国の法体制の樹立のために、それを受容しようとしたのであろうか。

イギリスは当時の世界の最強国である。七つの海にわたって植民地をもち、資本主義経済は最も発展して、「世界の工場」として商工業で他国をリードした。このときトーリー党のディズレーリとホイッグ党のグラッドストンの成熟した議会政治は世界で模範と仰がれている。それとともに国民は保守的であるが、進取の気性に富み、自治を謳歌しており、身体と財産の自由は確保された。明治の知識人たちはこのようにイギリスを認識して、その繁栄を憧憬したのである。(1) そのなかで、一八八一年（明治一四年）の大隈重信の憲法意見書や交詢社の私擬憲法案のように、(2) イギリスの議院内閣制をわが国に導入する構想が提言され、イギリスの憲法については大きな関心が抱かれたが、法と司法の体制については、イギリス法を学んだ創立者たちによってようやく注目されたのである。

「実務ニ急需アル学術ハ法律ニ若クハナシ。実地応用ニ適切ナル法律ハ英吉利法律ニ若クハナシ。」(3) わが国で最も求められている学問は法律であり、法律のなかで、実地応用に最も適しているのはイギリス法である。この信念を創立者たちはもっており、イギリス法がわが国の法・司法体制の確立に役立つと考えた(4)。とりわけ「法律の実地応用」は、イギリス法の長所として、英吉利法律学校の設立趣意書をはじめとして繰り返し述べられている。イギリスの判例には、事件の事実の審理とともに、法がどのように適用されるかについて示されているので、実際に法を運用する方法を学ぶのに適している。かれらは、イギリスの法律だけでなく、法律を実際にどのように運用するかを学ぶことが、法学教育で大事であると考えたのである。

創立者のなかで、イギリスの法と裁判をまのあたりに見た人たちは、それを礼賛してやまなかった。このことについて、穂積陳重は一緒にロンドンで学んだ岡村輝彦を追憶して、つぎのように書いている(5)。

「君の英国に在るや、法律の学理を攻修する外、特に司法機関の運用に留意し、或は裁判所に出入し、或は巡回裁判に伴随して、聴訟断獄の実情を視察し、常に英国に於ける法曹の人格崇高にして社会の尊敬を受け、法官、弁護士相協和し、共に正義実現の職に忠実にして社会の信頼を得、且其裁判の至公至平にして而も迅速なるを観て、常に嘆美せり。」

創立者たちがとりわけ礼賛したのは、イギリスの法を担ったバリスター（法廷弁護士）についてである。バリスターは人格が高潔で、学識を備えたジェントルマン（gentleman）であって、プロフェション（profession 専門職）として高い尊敬を受け、高い社会的地位を占めていること、長い年月の経験を積んだすぐれたバリスターのなかから高等裁判所の裁判官が任用され、弁護士と裁判官との関係が法学院（インズ・オブ・コート）を通じて親密であって、ともに裁判を公平におこない、事件を迅速に処理して、正義の実現に努めていること、裁判官の人数は比較的少なく、かれらには非常に高い栄誉と給与が与えられ、その地位が保障されて、司法が政治権力から完全に独立している。このことに創立者たちは感銘を受けたのである。[6]

穂積たちは、このイギリスの法制、とりわけバリスターのすぐれている点を教室で繰り返し語った。穂積が訴えたように、治外法権を撤廃して国権を拡張し、司法の独立を達成するとともに、弁護士の地位を向上させることは、わが国の法律家の課題であった。[7] これを聞いた学生がバリスターに尊敬の念を抱いて、弁護士を志望したのは自然であろう。[8] イギリス法を修得した多くの人が弁護士となって、弁護士の能力と品格を高めて、裁判審理の方式を改め、司法の独立の達成に寄与したことは前節で述べた。

穂積陳重の英仏独法学比較論

ところで、穂積はイギリスとドイツの留学から帰国すると、世界の代表的な「法族」(法系)として、インド、中国、イスラム、イギリス、ローマの五つの法族をあげ、イギリス、ローマの法族が進歩的であり、これに対して、インドとイスラムの法族が静止的で、中国の法族は遅進的であるので、生存競争・自然淘汰の進化の規則によって、衰滅する運命にあると説いた。日本の法は中国法族のなかに含まれ、この法族は第一に滅亡する。劣国は「優国の長を採るに努めなければ、衰亡に至る」のであるから、進歩的で優勢な法族から法を継受することが、衰滅から免れる道であると述べた。[9] かれはスペンサー[10]やメイン[11]から進化の思想を学び、ドイツのサヴィニーなどの歴史法学派の影響を受けて、法律の進化の理論的・実証的研究を自分のライフ・ワークとしたのであって、[12] この法律進化論から、日本が西欧の法を摂取する必然性を示したのである。

しかるに、西欧各国の法は決して同じではない。この点について、穂積によって、「法律は社会の進歩に伴随し国民の文化と駢馳す。」「法律は国民の反照なり。」「蓋し法律は一国の風土民情其他百般の事物の結集なるを以て、各国法律を異にするは恰も各国の人民其性質を異にするが如し」といわれている[13]。法は各国の風土・文化・歴史と深く結びついており、国によって異なっている。とくにイギリスと大陸諸国との間には、法が大きく相違している。そのため法の摂取にあたっては、それぞれの国には独自の法と慣習があるので、それぞれの国の歴史を知り、法の基礎をなす思想を理解せねばならないのである。穂積はイギリス、フランス、ドイツの法を比較して、その長所と短所について論じた[14]。この比較は、学問的な問題である以上に、実際的な重要性をもっていた。

かれによれば、イギリス法は、フランス、ドイツの法とちがって、古来独立の法系をなして、他の法系を継受しなかった。つまり、イギリスが判例法主義であり、ローマ法の継受と民法・刑法などの法典化をおこなわなかった。そのうえで、イギリス国民の保守的な性格から法の発展がゆっくりであるが、その法は「法理と事実の関係を観るに敏であり、「法律の学理を後にして法律の実施適用を先に」し、国民の実益を増進したと注意をうながした[15]。権利を述べるよりも、権利の侵害に対する救済を重視するのが、イギリス法の特徴であるとしばしばいわれることである。穂積はここにイギリス法の長所を見出している。したがって、英仏独の三国の法の比較から、かれはつぎのように結論している[16]。「英国の法律を学ぶ者は最も適用に敏捷にして、司法官代言人等に適すべく、又た仏独の法律は外形具はれるを以て、之を学修する者は法制官に適すべく、ドイツ国には法理学頗る盛なるを以てドイツ法学は最も法理学者たる者に適すべし。」

この穂積の比較論は他の創立者の論説にも見られる。例えば、奥田義人は、イギリスの法について、「概して正当の順序に由て発生し、殊に風俗人情の古来保守の精神に富み、実利実益を力むるに汲々し、定理虚飾を好まざるより、外形体裁こそ錯雑を極むるも、法律の実に至ては能く其用をなすものの如し」と述べている[17]。

イギリス法の学習　法の実地応用

イギリス法を学んだ創立者たちの多くは、わが国でフランス法を母法として法典の編纂が進められていることに反撥して、フランス法は自然法によって基礎づけられており[18]、それは時代遅れであり、空虚であると非難した。かれらはフランス革命を嫌った。この点で、フランス法を学んで自由民権運動に共鳴した人たちとは、一線を画していた。かれらはイギリスの穏健な思想を好んだのである。イギリスがわが国と同じく君主を戴く島国であり、民情・風俗が似ており、その法は実質的で穏健であり、わが国の模範となると考えていた。

この時期、イギリスの法学者が賛美したのは、イギリスの議院内閣制、司法の独立、法の支配、国民の自由の権利の擁護、陪審であり、いわば公法の面である。英吉利法律学校の創立者たちはこの点をよく知っていたのであろうが、かれらが強調したのは公法よりも私法である。八八年には、穂積は、わが国民が公法上の権利のみを拡張しようとする傾向があるのを憂慮して、公法上の権利を主張するに先立ち、あるいはそれとともに、私法上の権利を拡張して、日本人の欠如していた権利の思想を広めることを、法律家の任務とすべきことを説いた[19]。かれが法学者として強調したのは、私法上の権利の確立である。そのことは英吉利法律学校の教育にも現われている。後述のように、創立者たちが教えたのは、わが国の進展にふさわしい法の規則であり、資本主義社会における法であった。

しかし、この模範となるイギリス法が判例法であることから、創立者たちはその継受がむずかしいことをよく知っていた。穂積によれば、「成文法は採り易く、慣習法は移し難」いからであり、「継受法は主として他国の成文法を模範としたる者多く、之に反し固有法は其国の風土民情に基ける者なるを以て慣習法多きに居る。然らば固有法は不文法多きに居り、継受法は成文法多きに居ると謂ふを得べし。」と述べられている。[20] フランス民法典をはじめとする法典は他の国々が比較的摂取するのに容易であるに対して、成文法でない慣習法については、他の国々が移植するのがむずかしい。しかも、穂積は、各国にはそれぞれ風土・文化・歴史と結びついた法があり、それはわが国と異なっている。したがって、イギリス法であれフランス法であれ、西欧の法をそのまま導入することは不可能であり、無条件に受容することはよいことではないと考えていた。[21] 法学教育でも、増島六一郎は、西欧の法律書で学んだことを翻訳して講義するのではなく、法律書が説かんとする趣旨をわが国の実情に応用する目的をもって教えるべきであると説いている。[22]

それではイギリス法をどう勉強すればよいのか。奥田は、前掲の文のあとに、つぎのように述べている。[23]「諸学者が古今の判決例を解析して其原理の存ずる所と実際に生じたる事実とを編述したる書籍を読み、尚ほ之れを自から古今の判決例に対照して其精神の在る所を探ぐるにありとす。之れを欧洲大陸諸国の法律に於けるが如き成文法を学ぶに比せば、其難易固より共に語るべからずと雖も、常に法理と事実とを対照するの便あるが故に、学ぶ者をして知らず識らず法律の実務に敏捷ならしむる実あるなり。」

このように、創立者たちは、イギリスの法を学ぶとともに、その法の適用を学ぶことの重要性を力説した。これが「法律の実地応用」である。これを修得することによって、わが国の裁判審理を改良し、法とその適用を進歩させて、法と司法の体制の確立に向かって寄与できると信じたのである。

（1）　明治の知識人のイギリス観については、多くの人によって書かれているが、ここではイギリス史を専攻した今井宏氏の『明治日本とイギリス革命』（第二章、ちくま学芸文庫、一九九四年）と『日本人とイギリス「問いかけ」の軌跡』（第七章、ちくま新書、一九九四年）をあげておこう。

（2）一八八九年の帝国憲法公布前の民間と官僚の憲法案は、家永三郎・松永昌三・江村栄一編『明治前期の憲法構想』（増訂版、福村出版、一九八七年）と江村栄一編『憲法構想』（日本近代思想大系　九）（岩波書店、一九八九年）に収録されている。

（3）第二科原書科開設趣旨　英吉利法律学校校則、沿革紀要。一八八六年七月。

（4）後年、増島六一郎は、「我日本の司法制度を改良し、其法律の基礎を立て改良するといふことに付ては、英吉利法律が宜しいと固く信じたのであります」と述べ（「中央大学創設の趣旨」、法学新報、第一五巻第一三号、一九〇五年）、土方寧は、「吾国の立法に資するために大いに英米法を研究するの必要ありと信ずる十数名の人々が」、この学校を創立したと述べている（「本学創立前後に於ける法学教育等に就て」、中央大学学報　第八巻第四号、一九三五年）。

（5）岡村輝彦『証拠法』、一九一一年、穂積陳重の序文。『穂積陳重遺文集』第四冊、一九三四年、一〇二頁。

（6）穂積陳重は、一九〇三年に発表した「英法の特質」で、イギリス法の特質として、実際的（practical）、自治的（autonomical）、徳義的（moral）の三点をあげた。実際的については、法が実際の必要に応じて発達し、ベンサムの功利主義（Utilitarianism）は「国民思想の代表」であり、それによって一九世紀の法改革をなし遂げたといい、自治的については、地方自治、立法の方法や裁判手続の規則を例示するとともに、「自から法を作りて自から之を行ふ」、遵法の精神に富んだ国民（law-abiding people）であることを賞賛し、徳義的については、裁判官がきわめて公平で、国民から神聖視されており、弁護士もまた尊敬されており、それは「英国の法律が道徳上の真価を有すること大なるを以てなるや必せり」と述べている（『穂積陳重遺文集』、第二冊、五七九〜九〇頁）。

（7）穂積陳重「東京大学法学部卒業学位授与式に於ける演説」（一八八二年）、前掲書、第一冊、一八四頁。

（8）原嘉道によれば、かれが東京大学で学んだとき、鳩山和夫、穂積陳重、菊池武夫は、「教壇でも文章でも、英国に於ける裁判官の位地の極めて高貴で、国民の敬仰するところであること、其の裁判官は必ずバリスター（弁護士）中の学徳高き人より任命されること、バリスターは其れ自身紳士の典型と認められて居ること等を、盛んに説かれ」たという。『弁護士生活の回顧』、三〜五頁、付録一〇〜一一頁。

（9）穂積陳重「法律五大族之説」（一八八四年）、前掲書、二九二〜三〇七頁。同「万法帰一論」（八五年）、前掲書、三五九〜七八頁。

(10) 穂積陳重「スペンサー氏の法理学に対する功績」(一八八七年)、前掲書、六一一～三頁。なお、わが国でのスペンサーの影響については、遠山茂樹「スペンサーの訳書二つ」(『遠山茂樹著作集』、第三巻、一九九一年)、山下重一『スペンサーと日本近代』(お茶の水書房、一九八三年)に述べられている。
(11) 穂積陳重「サー・ヘンリー・メイン氏の小伝」(一八八八年)、前掲書、第二冊、一八～二三頁。
(12) かれの法理学については、松尾敬一「穂積陳重の法理学」、神戸法学雑誌、第一七巻第三号、一九六九年参照。
(13) 穂積陳重「英仏独法学比較論」(一八八六年)、前掲書、第一冊、三三一～四九頁。
(14) この比較論は、伊藤正己『イギリス法研究』(東京大学出版会、一九七八年、四五～七頁)と星野英一「日本民法学の出発点　民法典の起草者たち」(『民法論集』、第五巻、一九八六年、一五〇～六二頁)に要領よく記されている。
(15) 穂積陳重「英仏独法学比較論」、三三八～九頁。
(16) 前掲書、三四六～七頁。
(17) 奥田義人『英米私犯法論綱』、一八八七年、序、三頁。『中央大学五十年史』には、「仏蘭西法学は既に陳套に傾き、独逸法学は間々空理に馳せ、共に実地の応用に切ならず。独り英吉利法は頗る我が民情風俗と接近し、其の学説亦質実穏健にして、取て以て範と為すに足るべきものあり」と記されている(三頁)。
(18) 穂積陳重は、「法律学の革命」(一八八九年)、進化思想に立って法を科学的に考究しなければならないと説き、この思想から自然法をはげしく非難した(前掲書、第二冊、八三～九頁)。
(19) 穂積陳重「権利の感想」(一八八八年)、前掲書、第二冊、三三～五一頁。
(20) 穂積陳重「英仏独法学比較論」、三三四～五頁。
(21) 穂積陳重は、「英仏独法律思想の基礎」(一八八九年)で、イギリス法の基礎には主権、フランス法には社会、ドイツには国家の思想があると述べ、それぞれ歴史にもとづいて生まれたものであるから、わが国情に適しない法を移植すれば、その弊害は計り知れないと述べ、民法草案に見えるフランス思想を批判した(前掲書、第二冊、一五二～六七頁)。
(22) 増島六一郎は、西洋の書によって法律を教育する目的について、「日本法律家若クハ法律教授ノ任ハ、唯ニ其泰西ノ書ニ就テ学ヒタル所ヲ翻訳シ、日本語ヲ以テ僅カニ之ヲ饒舌リ返スコトノ謂ニアラス。或ハ之ヲ我邦ノ実況ニ応シ、或ハ之ヲ我邦ノ実況ニ対照シテ、以テ其書ヲ説カントシタル所ヲ説明シ、且之ヲ我邦ノ実況ニ調和シ、以テ之ヲ応用スルノ道ヲ得ンコトヲ目的トシ、以テ之ヲ人ニ教フルニアリ」と記している。増島六一郎「法律学風ノ現況ヲ論ス」、法学新報、第三三号、一八九三年一二月、七頁。

(23) 奥田義人、前掲書、序、五頁。江木衷は、後年に花井卓蔵の法学博士祝賀会で、英吉利法律学校の創立のときを想起して、イギリス法教育の目的についてつぎのように述べている。「英吉利法学は不文法であるから、一方では世の中の実用を教へ、一方では区々として法律の文句に拘はらず唯だ生徒の頭を練り、法律思想を生徒の頭へ入れると云ふことを主義として法律の教育をし、此教育法を以てしなければならぬと云ふので、創立せられたものであります。」(法学新報、第一九巻第七号、一九〇九年)。

第三章　イギリス法の教育

一　授業科目

初年度の授業科目と講師

英吉利法律学校は、一八歳以上の男子学生を入学させて、三年の課程で英米法を教育した学校である。設立趣意書には、「世間往々英米法律ヲ教授スルノ校舎ナキニ非スト雖トモ、或ハ仏国ノ法律ヲ兼修セシメ、或ハ専ラ英米法ヲ攻究スルモ、専一ノ力ヲ其全体ニ及ホシ、以テ実地応用ノ素ヲ養フモノ、未タ曾テ之アルヲ見ス」と記されている。東京大学法学部やその別課法学科でも(1)、また明治義塾法律学校でも(2)、英米法のほかに、フランス法を講義した。それに対して、この学校はもっぱら英米法を講義し、それによって法律の実地応用の能力を養って、弁護士や裁判官を養成することを主な目的としたのである。

一八八五年（明治一八年）九月一九日の開校式で、高橋一勝は、学校の設立と教育の趣旨を説明して、イギリス法を全体にわたって教育することを強調し、複数の国の法律を折衷して教えることは、首尾一貫せず、混乱して学問の進歩を妨げると説いた。そのうえで、イギリス一国だけに行われ、わが国に受容する見込みがなく、法学上でも必要のない分野の法は講義しないけれども、裁判官や弁護士を志望する学生が多いので、わが国の刑事法や「現行ノ民法規則又ハ裁判上ノ慣習」も講義すると述べた(3)。

開校にあたって、第一学年の学生を入学させただけでなく、第二学年と第三学年にも明治義塾や専修学校などで法律を習った学生を編入させたので、三学年にわたって授業がおこなわれた。初年度の授業科目と受持講師は、八五年七月の「設置広告」につぎのように記されている。そこでは講師は渋谷慥爾を除く一七人の創立者だけである。九月からの授業では、科目はこれと同じであるが、講師にはかなりの変更があった(4)。しかし、これは当初の案として興味深いので、講師の名を括弧内に掲げておく。

第一学年

法学通論（菊池武夫）、契約法（渡辺安積）、私犯法（Tort）（不法行為法）（山田喜之助）、親族法（山田喜之助）、刑法（岡山兼吉）、代理法（Agency）（磯部醇）、組合法（Partnership）（合名会社法）（奥田義人）、動産委托（託）法（Bailment）（元田肇）、論理学。

第二学年

売買法（土方寧）、財産法（増島六一郎）、会社法（高橋一勝）、流通証書法（Negotiable Instrument）（土方寧）、商船法（高橋健三）、治罪法（刑事訴訟法）（岡山兼吉）、保険法（西川鉄次郎）、国際公法（藤田隆三郎）、訴訟法（民事訴訟法）（増島六一郎）、訴訟演習。

第三学年

財産法（増島六一郎）、破産法（増島六一郎）、証拠法（岡村輝彦）、法律抵触論（Conflict of Law）（国際私法）（元田肇）、法理学（Jurisprudence）（穂積陳重）、法律沿革論（穂積陳重）、憲法（合川正道）、行政法（江木衷）、訴訟演習、卒業論文。

授業科目は二八という、他の法律学校に見られないほど多数にのぼった。第一学年では、法律学のいわば入門にあたる法学通論と、民法、商法、刑法の科目からはじめて、第二学年では、民商法の多くの科目、国際公法と並んで民事・刑事訴訟法を教え、第三学年では、民商法の残りの科目、憲法、行政法、証拠法、国際私法、法理学を教えた。これらのすべての科目は英米法、主としてイギリス法であり、刑法と刑事訴訟法については日本の法律が教えられ、それと並んでイギリス法が同学年で講義された。訴訟実務を修練する訴訟演習は第二・第三学年の二年にわたっておこない、そのうえ卒業論文を課した。法律学以外の科目は論理学だけであって、それは第一学年で教えられた。

英吉利法律学校は英米法を教育したのであるから、授業科目が今日の法学部のそれとは大きくちがっている。民法は総則、物権、債権、親族・相続というパンデクテン方式ではなかったし、商法では総則や商行為という科目がなかった。イギリス法は裁判所の判例によって発達して、権利の侵害に対する救済（remedy）が重視され、実際的かつ具体的な法の規則がつくられた。こうして、イギリスでは、総則といった原則的な規定を好まなかったし、法律の分類について熱心に論議されなかったので、法律学の授業科目は大陸諸国とちがっていた。例えば、一八五三年にインズ・オブ・コート（法学院）が法学教育のために設けた教授職（Readership）は、(1)法理学とローマ法、(2)物的財産(Real Property)、(3)コモンロー、(4)エクイティ（衡平法）、(5)憲法と法制史であって、そのあとに授業科目の改正があったが、この枠組は大きく変わらなかった。(5)

この事情から、奥田義人は、英吉利法律学校の法学教育を考慮して、英米法の民商法について独自の分類を試みた。民法については、親族法、財産法（動産法、不動産法）、義務（契約法、不法行為法）、相続法とに分け、商法については、代理法、会社法、流通証書法、合名会社法、保険法（海上保険法、火災保険法、生命保険法）、売買法、動産委託法、海上法とに分けている。(6)

初年度には、講師たちは創立者を中心として二〇人を超え、それぞれ得意とする一〜三科目を担当した。かれらはみなそれぞれ職をもっており、その余暇の時間に講義したので、授業時間は午後三時から八時までであった。この多数の講師は他の法律学校に見られなかったことである。

特筆すべきことは、講師たちのすべての講義を筆記・編集して印刷して、相応の代価で学生に頒布し、また遠隔の地に住む者や業務のために聴講できない者を校外生として入学させて、講義録を送付して通信教育をおこなったことである。われわれは、この講義録によって百年以上も前の講義の内容を知ることができる。これらの講義録で所蔵が知られるものは、巻末のA表に表記するとおりである。それを見ると、わが国で英米法をはじめて日本語で教育した時期に、数多くの科目にわたって、かなり高度な授業がおこなわれていたことに注目される。日本語の参考書がきわめて少なかったので、[7]学生には聴講しただけでは理解できない点が少なくなかったであろう。そのため、講義録は校内生にとっても有益であったにちがいない。

八六年度には第二科（英語法律科）が設けられ、これまでの科は第一科（邦語法律科）といわれた。第二科については第四節で述べることにし、以下は第一科について述べることにする。

その後の授業科目の変更

八六年度以後、授業科目は校則で定められ、その講師の名は講義録の付録などに掲載された。しかし講師の都合によってかなりの変更があったようであって、実際にだれが講義したかを完全に確かめることははなはだむずかしい。今日見られる講義録を参照して、授業科目と講師について、各年度・各学年に分けて記してみると、B表に表記するとおりである。

これを見ると、初年度以降、授業科目として、ローマ法、衡平法（エクイティ Equity）が追加された。また財産法は動産法と不動産法に分けられ、証拠法が第三学年から第二学年に、国際公法が第二学年から第三学年へと変更された。八六年度には後述の政府の法律学校に対する規制のなかに授業科目が指定されたので、必修科目として、擬律擬判という科目を設けた。擬律擬判は模擬裁判であって、学生が原告・被告の弁護人、判事となって、与えられたテーマの事件を審理し判決を下す演習である。また判決例という判決文を説明する科目も設けられた。この二科目は第二・三学年に割り当てられた。実際には、訴訟法のように第一学年と第二学年の学生に一緒に講義し、また校則で定められた学年ではなく、それより低学年で講義することが多かった。同じ科目を二人の講師が授業したのは、第二学年の学生と第三学年の（未履修の）学生に対して別々に教えたのであろう。（B表にそのひとつひとつを記すのは煩雑を極めるので、できるだけ簡単にした。）

授業科目のなかに「参考科」という随意科目を指定し、それはイギリスの憲法と刑事法、その他の若干の科目であった。そのほか、随時に特定のテーマについて多くの科外講義がおこなわれた。

各科目の授業時間は、毎週一時間であるが、校則などに記されたところでは、八七年度には、契約法、不法行為法、刑法、治罪法、証拠法は二時間であった。八八年度には、刑法と治罪法はそれぞれ三時間となった。それらの時間数は、知られる限り、B表に記しておく。

講師については、創立者たちのなかには、死亡、留学、東京外へ転居する者があり、それに代わって東京大学の新卒業生や創立者たちの知友が参加して、三〇人を超す多数となった。参考までに、創立者以外の講師について、出身地、経歴などを第二表に記しておくことにする。

初年度の授業科目の枠組は、その後も踏襲された。八九年一〇月一日に英吉利法律学校は校名を東京法学院と改め

第二表　英吉利法律学校の講師の履歴（創立者たちを除く）

氏　名	生没年	出身地	東大卒業年	履　歴
朝倉外茂鉄	1863-1927	石　川	1889卒	弁護士
伊藤悌治	1859-1919	新　潟	1883卒	東京控訴院評定官・部長　大審院判事
植村俊平	1863-1941	山　口	1886卒	東大助教授　英留学　弁護士　九州鉄道局長　大阪市長　王子電鉄社長
大谷木備一郎	1858-92	東　京	1879卒	弁護士　代議士
岡野敬次郎	1865-1925	東　京	1886卒	東大助教授　独留学　東大教授　中大学長　法相・文相・農商相
春日　粛	1855-1901	宮　城	1884	司法省法学校第二期卒業　東京地方裁判所判事　大阪控訴院判事　弁護士
岸　清一	1867-1933	島　根	1889卒	弁護士　大日本体育協会会長
小村寿太郎	1855-1911	宮　崎	1875留学	大審院判事　外務省政務局長・次官　外相　全権公使　駐英大使　外相
塩谷恒太郎	1864-1950	群　馬	1888卒	横浜・東京地方裁判所判事　弁護士
斯波淳六郎	1861-1931	石　川	1883卒	独留学　法制局参事官　東大教授　文部省宗教局長
関　直彦	1857-1934	和歌山	1883卒	日報社社員・社長　弁護士　代議士　衆議院副議長　貴族院議員
高橋捨六	1862-1916	福　井	1885卒	大蔵省御用掛　弁護士　専修学校校主　正金銀行副支配人
田中隆三	1864-1940	秋　田	1889卒	農商務省参事官・鉱山局長　弁護士　代議士　文相　枢密顧問官
戸水寛人	1861-1935	石　川	1886卒	東京始審裁判所判事　東大助教授　英留学　東大教授　弁護士　代議士
中橋徳五郎	1861-1934	石　川	1886卒	判事補　鉄道局長　大阪商船社長　代議士　文相　商工相　内相
畠山重明	1859-1923	東　京	1878卒	長崎地方裁判所長　弁護士　長崎県会議員
馬場愿治	1860-1940	福　島	1885卒	東京始審裁判所判事　東京控訴院判事　大審院判事　弁護士　中大学長
東三条公恭	1853-1901	京　都		バリスター
樋山資之	1859-1920	群　馬	1883卒	行政裁判所評定官
平沼騏一郎	1867-1952	岡　山	1888卒	司法省参事官試補　大審院検事　検事総長　法相　枢密院議長　首相
穂積八束	1860-1912	愛　媛	1883卒	独留学　東大教授　貴族院議員　枢密院顧問官
松野貞一郎	1857-93	青　森	1881卒	東京始審裁判所判事補　東京控訴院評定官　大審院判事
三崎亀之助	1858-1906	香　川	1882卒	外務省御用掛　代議士　内務省県治局長　横浜正金銀行副頭取
宮岡恒次郎	1865-1943	東　京	1887卒	外交官　駐米大使館参事官　弁護士

たが、八九年度の授業科目はその前年度と変わりなかった。九〇年になると、民法、商法などの法律が公布され、それに応じて、九〇年度から、どの法律学校もこれらの法律を講義することになった。この学校では、英米法について、契約法、不法行為法、商法、証拠法、衡平法、法理学、国際法が引き続いて講義されたが、そのほかの科目はすべて廃止されたのである。こうして、開校以来標榜してきた英米法教育は名実ともに後退した。そこで、第三章では、八九年度までを対象として述べることにする。

本書では、一八八五年度（明治一八年度）のように年度を記した。それは八五年九月から翌年七月までの学年度を意味する。しかし、明治二四年三月の法律雑誌、『法律政紀』の講義録広告に、「昨年十月一日ヲ以テ二十四年度講義録第一号ヲ発シ」と記されたように、当時は、学年の授業がはじまる年ではなく、その翌年をもって年度を表わした。その用例は決して多くはない。はなはだ便宜的であるが、本書では当時の年度の表現を用いなかったことを、ここに記しておきたい。

（1）　東京大学別課法学科の授業科目は『東京大学百年史』部局編一、三三〜四、三九〜四〇頁）に記されているが、一八八四〜八六年度の『東京大学法理文学部年報』によれば、つぎの法律科目について講義がおこなわれた（括弧内に教師の名を記す）。八四年度には、第一年が契約法・私犯法（土方寧）、フランス民法（木下広次）、八五年度には、第一年が法学通論（穂積陳重）、契約法・私犯法（土方）、フランス民法（富井政章）、第二年が契約法（土方）、商法（岡村輝彦）、兌換証券法（増島六一郎）、フランス民法（木下）、刑法・治罪法（横田国臣）、羅馬法（渡辺安積）。八六年度には、この科が廃止されたので、第二年に羅馬法（江木衷）、商法（土方・岡村）、刑法・治罪法（横田）の授業があっただけである。この科はイギリス法を主として教育したといえようが、フランス法や理財学（経済学）をも講義しており、英語と仏語は第一・第二年で教えられた。その点でもっぱら英米法を教えた英吉利法律学校とちがっている。

（2）　明治義塾法律学校の講義科目は、その『法律講義録』第一号（一八八五年四月一八日）によれば、英国訴訟法（増島六一郎）、メイン氏法律史（馬場辰猪）、経済学（和田垣謙三）、日本現行訴訟法（高橋一勝）、社会経済学（萩原朝之助）、万国公法（三宅恒徳）、日本刑法・治罪法・仏国商法（井上操）、仏国民法書入特権之部（梅謙次郎）、仏国民法会社編（富谷鉦太郎）、

仏国商法手形之部（前田孝階）、仏国民法契約編（田部芳）、仏国民法代理法（鶴見守義）、英国売買法（高橋捨六）、英国私犯法（田上省三）、英国海上保険法（馬場愿治）、国際私法（元田肇）、論理学（千頭徳馬）、通用手形法（増島六一郎）である。その前に刊行された『法律講義筆記』（八四年一一月～八五年二月）には、ここに記されていない英国契約法（増島）、商法律概論（馬場辰猪）、仏国行政法（武山助雄）の講義録が掲載されている。これを見ると、イギリス法よりもフランス法を多く講義している。フランス法を教えた講師は、井上操、武山助雄のほかは、梅謙次郎をはじめとして八四年七月に司法省法学校を卒業したばかりの第二期生である。

（3）『明法志林』、第一〇五号、一八八五年一〇月一〇日。開校式には、高橋一勝のあと、校長増島六一郎の英語演説や来賓の福沢諭吉などの祝辞があった。『明法志林』には増島の英語演説の翻訳が掲載されており、その英文は増島が編集発行した『法律政紀』、第二九号に掲載されている。

（4）当初の授業科目は東京府に提出した「設置願」に記されており、法律雑誌や新聞の開校広告には各科目について創立者たちの講師名も記されている。授業では講師の変更があったが、科目は変わっていない。ただ第二学期に渋谷慥爾がローマ法を講義し、アメリカ人シドモア（G. H. Scidmore 米国横浜副領事）がアメリカ法を教えた。

（5）穂積陳重は、ロンドン留学中の一八七九年一二月、六日間にわたってバリスターの最終試験を受けた。そのときの試験科目は、普通法（結約法、私犯法、商法、商会法、代理法、保険法）、刑法、治罪法、衡平法、財産法（動産法、不動産法）、財産譲与法、訴訟法、証拠法、訴訟手続であった（穂積重行、前掲書、一六三頁）。その後の法学院の講義題目の改正については、土方寧「英国法学院ノ学科目等改正ノ概略」（法学協会雑誌、第一〇巻第一号、一八九二年）に紹介されている。

（6）奥田義人「英国私犯法」、一八八六年度講義、八～九頁。

（7）『明法志林』（第九二～九四号、一八八五年二月一日～三月一日）には、「法律書読法」と題して、法律を勉強する人のための参考書として、法律一般、民法、商法、刑法、内外公法と、その他に分けて、邦文三八冊の書が記されている。この雑誌は高橋一勝が編集したので、そこには英米法の書が多いが、フランス法の書も記されている。フランス法では、司法省が刊行した多数の翻訳書のなかから平易な書を選び、民商法では、山田喜之助、岡山兼吉、砂川雄峻、合川正道、鳩山和夫、相馬永胤の東京専門学校や専修学校の講義にもとづいた英米法の概説書をあげている。その他には、小野梓『民法之骨』、加藤弘之『国法汎論』といった話題の書を記している。これによって、英吉利法律学校開校直前に刊行されていた参考書がいかに少なかったかうかがうことができる。

二　日本語による授業

イギリス法の翻訳のむずかしさ

英吉利法律学校は日本語によって英米法を教育した。このときは英米法が東京大学法学部では英語で教育されていた時期であって、日本語による英米法教育の最初の時期であった。英米法については翻訳の歴史が浅く、用語の訳語が定まっていなかったので、日本語で教えるのに非常にむずかしい科目であった。英米法を教育した東京専門学校の開校にあたって、小野　梓は学問の独立の重要性を説いた有名な演説をおこない[1]、そのなかで、日本語によって授業をすることが学問の独立を図る道であると強調した。西欧の学問を日本語で消化して、わが国のものとしようとする意気が漲っていたのである。

一八八〇年（明治一三年）に専修学校を創設した相馬永胤は、鳩山和夫などとともに、アメリカ留学中に法律用語の訳語について熱心に検討した。そのあとでかれは訳語集を作成して[2]、日本語で英米法を十分に表現できるよう苦心を重ねた。こうして専修学校では、相馬たちがはじめて日本語で英米法を講義したのであり、その講義にもとづいて多くの平明な教科書が刊行された[3]。八二年に開校した東京専門学校の法律科で教えたのは、山田喜之助、岡山兼吉、磯部醇の三人であり、かれらも英米法を日本語で授業して、その教科書を執筆した。ついで東京大学別課法学科では日本語で法律を教え、また八四年から明治義塾でも、増島六一郎が契約法と訴訟法を講義し、他の講師のフランス法や英米法の講義とともに、その講義録が刊行された。このように、英吉利法律学校の創設のときには、わずか数年間であるが、法律学校で日本語で英米法を授業していたのであり、創立者の増島、山田、岡山などがその講師を務めたのである。

英吉利法律学校では、三〇にのぼる授業科目があり、そのなかにはこれまで日本語で講義されたことのない科目も含まれていた。どの科目をだれが担当するかは、当初、設立準備委員と幹事が講師たちと相談して決めたと思われる。講師たちはそれぞれ職をもっていたので、各人が一〜三科目を選んだのであろう。最初の年度から八九年度までの五年間、同じ科目を担当したのは、奥田義人の私犯法（不法行為法）、元田肇の動産委託法、高橋健三の商船法、増島六一郎の訴訟法と法律沿革論、岡村輝彦の証拠法であった。三・四年間継続して講義したのは、江木衷の日本刑法と治罪法（刑事訴訟法）、山田喜之助の契約法、岡山兼吉の日本刑法、増島六一郎の英国治罪法、伊藤悌治の不動産法と国際私法、高橋捨六の親族法と売買法、中橋徳五郎の倒産法（破産法）、馬場愿治の保険法であった。多忙な講師たちが同じ科目を引き続き担当するのは自然であった。

授業科目の特色

それでは、この学校の授業はどのような特色をもっていたのであろうか。英米法の科目のなかで、わが国で重視されたのは、穂積陳重がいうように、契約法、不法行為法、商法、証拠法である(4)。これらの法はわが国が受容するのに適切な法であると考えられた。それに対して、刑法と刑事訴訟法は、わが国の法律がすでに施行されており、イギリス法を導入する余地がなかったし、イギリス憲法はわが国の国情と合致しないと考えられていた。土地法と親族法については、各国がそれぞれ独自の法をもっており、わが国とイギリスとの事情がまったくちがっており、その受容はまったく考えられなかった。これらの法はわが国の受容には適切ではないとされて、イギリス法では重要な分野であるけれども、ロンドンに留学した人たちが勉強時間を多く割かなかったし、(5) この学校でも重視されなかった。

そこで各授業科目の法は英米法のなかでどのような位置を占めたか、それがわが国で受容される可能性があったか、この学校でどのように教えられたかを述べて、この問題を考えてみよう。第一学年の法学通論からはじめて、民法、商法、憲法、刑事法、民事訴訟法の順で述べることにしよう。（各分野について深く研究する能力も時間もないので、わたくしが関心を抱いている三つの分野、(1) 法理学、(2) 契約法と不法行為法、(3) 訴訟法と証拠法について、つぎの第四章で考察したい。）

(1)　法学通論は東京大学で穂積陳重が提言してはじめられた科目といわれ、(6) 第一学年生に対して法律がどのようなものであるかを教える入門の科目である。英吉利法律学校では、(7) この科目を担当した山田喜之助や奥田義人は、テリーの『法の第一原理』に倣って、前半で法の原理について主としてオースティン (8) (John Austin) の理論を参考として講義し、後半では法の諸分野を紹介した。(9) これが英米法の学校の法学通論の通常の講義であった。これに対して、江木衷は後半では同じく法の諸分野を紹介したが、前半では提訴から判決までイギリスの裁判について説明して、独自性を示している。(10)

法学通論とともに重視された第一学年の科目は論理学であって、(11) 西欧の合理的・論理的考え方を修練することを目的とした。講師は井上円了、坪井九馬三、(12) 高橋健三が順次に担当した。井上と坪井は東京大学文学部卒業生で、増島六一郎たちの友人であった。かれらはイギリスの教科書に倣って、名辞 (terms)、命題 (proposition)、錯誤 (fallacies)、演繹法と帰納法という推論の方法（mediate inference）を教えた。

（2）　契約法と不法行為法は、大陸諸国では民事法のなかでとりわけて独立した科目として扱うことがなかったのに対して、コモンローのなかでとくに発達した法の分野であり[13]、とりわけ契約法は法学教育では民事法の基礎的な科目として扱われた。英吉利法律学校では、契約法は第一学年で教えられ、毎週二時間、他の英米法の科目よりも多い時間が割り当てられ、学生にとって強く印象づけられた重要な科目である。その講師は最初が土方寧であり、かれがロンドンに留学すると、八七年度から山田喜之助が講義した。二人が参考としたのはアンスン[14]（W. Anson）の『イギリス契約法原理』（*Principles of the English Law of Contract* 一八七九年）であって、その三年前に刊行されたポロック[15]の『契約法原理』（*Principles of Contract* 一八七六年）と並んで、定評ある教科書であった。ポロックの書は、七三〜七五年に裁判所の再構成によってコモンローとエクイティの融合が図られたあと、契約法の原理を体系的かつ合理的に論述したものであり、それに対して、アンスンの書は大学の学生を対象として論理的で平明によく説明されたものである[16]。講師たちはこのような新しい法学の著作によってイギリス法を理解した。一八六〇年代とはちがって、かれらはイギリス法を大陸法に比べて遜色ない合理的な体系を備えていると考えることができたのであって、法学教育が格段と容易になったのである。

不法行為法は奥田義人が毎年度講義し、アンダーヒル[17]（A. Underhill）の『不法行為法要綱』（*A Summary of the Laws of Torts*）（初版、一八七三年）が利用された。この書はコモンローの規則を条文として掲げ、いわば法律の形に整理して、その規則を明解に説明したものであって、その点でわが国では好まれ利用された書であった。

判例を具体的に検討して、判例法の特質を理解させることは、英米法教育の基本的な課題である。このため、八六年度から第二学年と第三学年に判決例という科目を設けて、イギリスやアメリカの多くの判例を取り上げて、各事件の内容を説明して、どのように事件の争点を定めてその事実関係を確定するか、そのうえでどのように法を適用するかについて教えた。判決例の授業は、[18]八七年度では、第二学年で契約法と不法行為法、第三学年でその他の法の判例が教えられた。[19]契約法と不法行為法の判例を教えるために、この科目が設けられたと考えられるほど、両科目、とりわけ契約法が重要視されたのである。増島六一郎はイギリスの判例がすぐれていることを賛美して、わが国で判例集の刊行をはじめた人である。[20]かれはこの学校で判決例の講義を熱心におこない、契約法と憲法との判決例の大冊の講義録を残している。

このころすでにアメリカでは、ラングデルが「ケース・メソード」として知られている判例による教育をはじめていた。東京大学では、テリーなどがかれの『契約法判決選集』『人的財産売買法判決選集』を用いて判例の読み方を教え、創立者たちの多くはこれを学んだ。このことからかれらは判例の重要性を理解したのであろう。しかし、この学校では英語の判決文を読むことは無理であると考えて、それに代えて講義の形で判例を説明したのであろう。

(3)　財産法は初年度には第二学年と第三学年に割り当てられた。増島はこの科目を担当して、独自にイギリス財産法の特徴を講義した。[21]しかし、八六年度からは、第二学年で動産法と不動産法の二科目に分けて講義されることになり、不動産法は伊藤悌治、動産法は山田喜之助、ついで高橋捨六が担当した。[22]

イギリス法では、財産は real property（物的財産）と personal property（人的財産）とに分けられた。この区分は歴史的なものであって、物的財産はコモンロー上の物自体の回復を求める物的訴訟（real action）によって救済を受けるものである。それは封建制の基礎をなす土地の権利であって、原則として、その権利は長男が継承し、遺贈は禁じられた。これに対して、人的訴訟（personal action）によって金銭の賠償を受けることを目的とするのが人的財産であり、その権利についてはは均分相続がおこなわれ、遺贈が認められた。この物的財産と人的財産の区別は動産と不動産の区別と類似しているが、物的財産には動産の一部が含まれていた。この財産と相続の法は一九世紀前半から制定法によってしだいに大きく変わった[23]。

このようにイギリスの財産法は日本人にとっては非常にむずかしい科目であった。とくに土地法は中世から継承された複雑な法であり、相続法は土地法と深く結びついていたので、その歴史を知ることなしには、現行法を理解できなかったであろう。しかもわが国とはまったく法がちがっており、受容する余地がなかったので、英吉利法律学校では大きな比重は与えられなかったように思われる。

(4) 親族法は第一学年で講義され、山田喜之助、ついで高橋捨六が担当した[24]。その講義録を見ると、婚姻、裁判別居(judicial separation)、離婚、夫婦の財産、親と子、後見、未成年の法が述べられている。それはアメリカの有名なジェームス・ケント[25](James Kent)の『アメリカ法註釈』(Commentaries on American Law)(四巻、一八二六〜三〇年)の第二六〜三一講を参考として講義したのである。イギリスの法律書のなかに適切な書が見出されなかったので、ケントの書を用いたのであろう。二人の講師は雇主と使用人の関係の法(master and servant)をも講義しており、その法はケントの第三二講に記されていたために付け加えられたのである。

イギリスでは、婚姻・離婚の法はかつては教会法の領域であって、キリスト教と結びついたものであって、一八五七年にはじめて離婚法が制定されて、国王の裁判所で婚姻と離婚に関する訴訟事件が審理されることになった[26]。穂積陳重はわが国の婚姻制度について強い関心をもち、比較法の上から論文を書いたが[27]、イギリスの婚姻法について多く述べなかった。講師たちは、両国の法があまりにもちがっていたので、イギリス法はまったく受容できないと考えていたのであろう。アメリカの法もまた同様であった。

(5) 商法については、流通証書法、会社法、保険法、破産法、商船法などの多くの科目が講義された。イギリス商法は資本主義経済の最も発展した国に相応して最も進歩しており、わが国の資本主義体制を樹立するため、この進んだ法を導入することが必要であると考えられた。そのうえ、イギリス、アメリカとの間の通商関係が多かったので、イギリスとアメリカの商法は横浜の領事裁判所の裁判で実際に適用されていた。[28]このように、これらの科目の授業は実用的な意味をもっていた。

商法はヨーロッパで共通な面が顕著に見られた分野である。イギリスでは、一六世紀以来フランスなどの大陸諸国の商法の影響を受けており、一八世紀後半に王座裁判所首席判事マンスフィールド[29]（Lord Mansfield）によって大陸法を受容して商法の法理が形成され、それが発展した。そのことは、この学校で教科書として用いられたチャルマーズ[30]（M. D. Chalmers）の『為替手形、約束手形、小切手法綱要』（A Digest of the Law of Bills of Exchange, Notes and Checks）の序説に記されている。

このチャルマーズの書の初版は七八年に刊行され、八二年にかれはそれをもとにして為替手形法の法案を起草して、それは八八年に法律として制定された。同じく教科書として用いられたポロックの『合名会社法綱要』（A Digest of the Law of Partnership）は七七年に刊行され[31]、かれが起草した法案も九〇年に法律として制定された。このようにイギリスで商事法に関して法典化が進んでいたときである。[32]講師たちはこうしたポロックやチャルマーズの法の規則を条文化して簡明に説明した法律書を用いて講義したのである。

(6)　イギリス憲法は第三学年に割当てられ、初年度に奥田義人、次年度に植村俊平が講義したといわれるが、講義録は刊行されなかった。八七年度の合川正道の講義については金原左門氏が詳しく紹介しており[33]、これは言論の自由、身体の自由を中心として自由権を講義したものである。憲法を熱心に研究していた合川がこの学校でイギリス憲法を講義したのはこの年度だけであって、翌年度は渋谷慥爾に代わった。渋谷の講義は統治機構についてであって、人権には及ばなかった。

明治初年以来、イギリス国制（Constitution）は熱心に紹介されが、八一年の政変のあと、伊藤博文がプロイセン憲法を参考として天皇制の欽定憲法を構想すると、イギリス国制はわが国情に合わないと考えられた[34]。東京大学では八三年三月に英国国憲の科目が廃止されて、翌年にドイツの法学者ラートゲン（Karl Rathgen）が国法学の講義をはじめた。英吉利法律学校でイギリス憲法が随意科目とされて重視されなかったのは、このような事情が反映しているのであろう。

(7) 刑法と刑事訴訟法（治罪法）は、わが国の法律が八二年一月に施行されていたので、裁判官・検事・弁護士を志望する学生にとって重要な科目であった。日本刑法汎論（総論）は第一学年、刑法各論は第二学年に割当てられ、岡山兼吉と江木衷が担当した。岡山は弁護士の経験を踏まえて、実務的見地から刑法を講釈し、江木はドイツ、フランスの書を含めて多くの法律書を利用して、刑事法の原理からはじめて、刑法の総論と各論について体系的に講義した。刑事訴訟法は第二学年で松野貞一郎、ついで春日粛が担当し、それと並んで江木が講義した。松野は大審院判事であったのに対して、その後任の春日は司法省法学校の第二期卒業生の始審裁判所判事であり、この学校の講師のなかではただひとりのフランス法を学んだ人である。かれの講義は治罪法の条文に従って説明した。これに対して、江木は刑法と同様に刑事訴訟法の理論を独自の構想で論じている。

日本法と並んで、イギリスの刑法と刑事訴訟法が講義されたが、八六年以後には随意科目であった。刑法では、渋谷慥爾はスティーヴン[35]（James Fitzjames Stephen）あるいはハリス[36]（S. F. Harris）の概説書をテキストとして説明したといい、フランス法を母法としたわが国の法と比較するのに役立たせた。刑事訴訟法では、増島はイギリスの刑事事件の裁判について詳しく講義し、陪審についても紹介して、イギリス法の特色を説明した。

(8)　訴訟法、証拠法、訴訟演習、擬律擬判という訴訟に関する科目は、高橋一勝をはじめとして創立者たちが東京大学で教えた科目である[37]。この学校では、かれらを含めて弁護士と裁判官の講師が多かったし、法律の実地応用を主眼として、弁護士や裁判官の育成を目指して教育したので、これらの科目は他の法律学校よりも充実した特色あるものであった。

この訴訟法は民事訴訟法を意味し、治罪法とよばれた刑事訴訟法と区別された。講師は増島であって、イギリスの裁判所の構成からはじめて、提訴から判決とその執行まで手続を教えた。その間に作成される書類の雛型を示して説明している。かれはイギリスの裁判審理の卓越した点をあげて、法の問題と事実の問題を説明し、争点を定めて遅滞なく弁論することを強調した[38]。

証拠法については、岡村がイギリス法の原理を体系的に説明した。大陸法では民法典などのなかに規定されたが、イギリス法では民事・刑事を通じてひとつの法学の科目になっている。わが国では、刑事事件の自白主義をやめ拷問を廃止して証拠主義を採用し、裁判で証拠を重視するようになったので、直接・間接の証拠の判断やその証明の方法が切実に求められており、イギリス証拠法に対する関心は強かったのである[39]。

訴訟演習は、初年度には第二、第三学年に毎週二〜三時間割当てられ、学生が少なかったが、創立者の弁護士や裁判官が交代で指導した[40]。その内容はわからないが、裁判のあり方を具体的に詳しく教えたのであろう。八六年度からは、後述の特別監督条規に従って、擬律擬判という科目が新たに加わり、訴訟演習の時間は減らされた。前述のように、擬律擬判は模擬裁判であって、法廷での事件を設定して、学生のなかから裁判官と弁護士を指名し、弁護士を原告側と被告側に分けて弁論させ、裁判官に判決をおこなわせ、教師がそれを逐一指導して、事件の審理と判決の方式を教育するものであった[41]。

イギリス法授業の目的

このように見ると、創立者たちはわが国の法として英米法のどの点をどのように受容し活用するかについて心を砕いたので、この学校で英米法をできるだけ多くの科目にわたって講義したけれども、受容できる法と受容できない法とについて区別を設けていたように思われる。ここでは、契約法、不法行為法の判例法の要点を教え、商法の実用的な知識を授け、訴訟手続の修練をおこなうことに重点が置かれていたといえよう。これらの法はわが国で受容できる法で、学ぶに値する法であった。これに対して、わが国で受容できない不動産法と親族法ではわが国の法との比較のために知識を与えるにとどまった。憲法の科目では、アメリカの連邦制・共和制はまったく教えなかったし、イギリスの統治機構を説明したが、イギリス法学者たちが誇った憲法とその理念については多く講義されなかった。日本法については、法律が施行されていた刑法と刑事訴訟法は多くの時間を割当てて講義されたが、民事、商事の慣行を教えることもなかったし、地租改正以後の土地制度や小作制度、および家族制度について論じることがなかった。したがって、創立者たちの法学教育は、資本主義経済体制の法秩序の樹立に向かって英米法の知識を与えて、法がどのようなものであり、実際にどのように運用されるのかについて理解させ、それを通じて、権利思想を培い権利の侵害に対する救済を教えて、法律家の養成を目指したといえよう。

（1）『早稲田大学百年史』、第一巻、四六二～三頁。そこには、「夫ノ外国ノ文書言語ニ依テ我子弟ヲ教授シ、之レニ依ルニアラザレバ高尚ノ学科ヲ教授スルコト能ハザルガ如キ、又是レ学者講学ノ障礙ヲ為スモノニシテ、学問ノ独立ヲ謀ル所以ノ道ニアラザルヲ知ルナリ」と述べられている。

（2）『専修大学百年史』、上巻、八四～八、一五三～六二頁。宮坂宏「法詞訳集　外国法継承と訳語の問題」、『手塚豊教授退職記念論文集』、慶應通信、一九七七年、四八五～五〇七頁参照。

（3）『専修大学百年史』、上巻、二九二～三二三頁。

（4）穂積陳重は、八四年に、イギリス私法のなかで、人事法と財産法はわが国情に適しないが、わが国に最も適すべき法として、契約法、私犯法、商法、証拠法をあげていることは注目されよう（「英国普通法原論之序」、『穂積陳重遺文集』、第一冊、三五五頁）。後述のように、九〇年に民法と商法が公布されると、英米法の学校の授業科目が大きく変更され、英米法の科目が多く廃止されたが、英吉利法律学校ではこれらの科目だけが引き続いて講義された。その後のわが国の英米法学者は主としてこの四分野に関心を抱いて研究したのである。

（5）七五～七七年にミドル・テンプルに留学して、最初にバリスターとなった星亨は、イギリス法を勉強したときの様子について、同じ時期ミドル・テンプルに留学した長岡護美のことばにもとづいて、伝記には、つぎのように述べている。「自ら英国法を取捨し、衡平法、民法、商法、私犯法、刑法、訴訟法、証拠法のごとき同じく英国の慣習になるといえども、その宗とする所羅馬法に在り、否らざるも条理の推覈になるものなれば皆宜しくこれを学ぶべしと。しかれども土地不動産法に至りては英法学者の最も重ずる所なるに拘らず、英国に限る一種特別の故例たるに止り、他国の模範となし難しとて多く力をこの科に用いず。またその憲法のごとき、学ぶべきもの多しといえども、我国と国体を異にし往々典拠たらざるものありし」（『星亨とその時代』、上、野沢雞一編著、川崎勝、広瀬順晧校注、平凡社、一九八四年、九四頁）。

（6）法学通論の科目の創設については、『東京大学百年史』、通史一、四八一～二頁参照。当時の東京大学法学部は四年課程であり、第一学年は基礎の学問を教え、法律学の科目はこの法学通論だけであったが、法律学校では、法学通論は第一学年で契約法、刑法などと同時に教えられたので、その意義はちがっていたであろう。

（7）英吉利法律学校での法学通論の講義は、初年度に菊池武夫が担当したが、途中で渡辺安積に代わった。

（8）オースティンと法理学については、第四章第一節で述べる。

（9）山田喜之助は一八八六年度の講義にもとづいて、八七年八月に『法学通論』（博聞社、再版八八年）を刊行している。八八・八九年度の奥田義人の講義録は八〇〇頁を超す大冊であり、法学通論の科目はかれが精力を注いで講義した科目である。後年の奥田の『法学通論』の著作については、沼正也氏の論文（法学新報、第六二巻第一〇号、一九五五年）を参照。

(10) 江木衷「法学通論」、八七年度講義。かれの九〇年度の講義録は花井卓蔵が筆記しており、その内容は八七年度とほぼ同じである。

(11) 論理学は開校当初明治義塾法律学校と同じく千頭清臣（徳馬）が担当することになっていたが、それは井上円了に代わったようである。論理学の講義の内容は、千頭清臣『論理学』（二巻、一八九〇～九一年）や坪井九馬三『論理学講義』（改訂増補版、一八八六年）によって知ることができよう。菊池武夫は、「法学通論」の講義で、「法律ヲ研究スルニ最モ必要ナルモノアリ。曰ク論理学是ナリ。凡ソ種々錯雑セル事情ヲ分析シ、而シテ其所為タル何ノ法ニ適スルヤ否ヤ研究セント欲セハ、解剖ノ力ニ依ラサル可カラス。而シテ其ノ解剖ノ力ヤ論理学ニ依ラサル時ハ、之ヲ得ル能ハス。是レ法律ヲ研究スルニ論理学ノ必要ナル所以ナル」（小林定修筆記、一八八五年度、九頁）。この科目は学問の基礎科目として重視されて、東京大学法学部でも第一学年で教え、一八八六年以後には高等中学、その後身の旧制高校ではその消滅するまで教えられた。なお、論理学のほかに、八七年度に理財学（経済学）が随意科目として駒井重格によって講義された。

(12) 井上円了（一八五八～一九一九年）は真宗の僧で、八五年に東京大学哲学科を卒業し、西洋哲学の原理を学んで仏教体系を構築することに努めた人である。かれは八七年に哲学館を開校して、東洋大学の創設者として知られている。坪井九馬三（一八五八～一九三六年）は文学部と理学部を卒業して、八一年から文学部で教え、ドイツに留学したあと、歴史学の教授としてランケの史学方法に立つ学問を教えた人であり、わが国の歴史学の先駆者のひとりである。

(13) 望月礼二郎『英米法』（新版、一九九七年）は、契約法と不法行為法を扱った書であり、二つの法分野がわが国の英米法研究で重視されていることを物語っている。

(14) アンスン（一八四三～一九一四年）は、七四年にオックスフォードのコモンロー準教授（Reader）、八一年にはオール・ソールズ・カレッジ学長（Warden）となった。かれはすぐれた教師であり、大学の運営にも貢献した。九九年には下院議員に選出され、一九〇二年に教育相となった。かれは契約法の名著のあと、『国制の法と慣習』（*Law and Custom of the Constitution*）（二巻、一八八六～九四年）を著わし、わが国でも読まれたが、契約法の書ほど版を重ねなかった。

(15) ポロック（一八四五～一九三七年）は、法律家の名門に生まれ、八二年にロンドン大学の法理学教授となり、翌八三年にはメインの講座を継いでオックスフォード大学教授となり、九〇年まで務め、法理学、法制史、コモンローの広範囲の問題について研究した。かれはイギリスの代表的な法律学雑誌 *Law Quarterly Review* の創設者のひとりで、長年にわたってその編集に携わり、また *Law Reports*（判例集）の責任者として活躍し、それ以前の判例集の復刊をおこなった。こうして九二歳の長寿を全うし、長期にわたって法学界と法曹界で大御所の地位を占めた。

(16)　ポロックとアンスンの契約法の論著がイギリス法の著述で画期的な役割を果たしたことは、C. H. S. Fifoot の *Judge and Jurist in the Reign of Queen Victoria* (Hamlyn Lectures) (London, 1959, pp. 27-30) で説かれている。二人の契約法研究の意義は、第四章第二節で述べる。

(17)　アンダーヒルはリンコンズ・イン（Lincoln's Inn）の弁護士で、インズ・オブ・コートの財産法の教授を務めた。合川正道、山田喜之助、奥田義人の私犯法の著書は、かれの概説書を参考として著わされたものである。

(18)　川島武宜氏は、わが国の判例研究の方法と理論を論じた一連の研究のなかで、判決例と判例、裁判例のことばが区別なく使われていることに注意し、それはテリーの講義のころから見られると指摘している。『川島武宜著作集』、第五巻、法律学一、岩波書店、一九八二年、一八六～七、二九四～五頁。イギリスでは、「先例拘束の原理」(principle of stare decisis, or precedent) が一九世紀後半に確立された（望月礼二郎『英米法』、九三～一一四頁、同「一九世紀イギリスにおける先例拘束の法理の確立」、岡田与好等編『社会科学と諸思想の展開　世良晃志郎教授還暦記念』、下巻、創文社、一九七七年。新井正男『判例の権威――イギリス判例法理論の研究』、中央大学出版部、一九八七年、九一～一一二頁参照）。英吉利法律学校の判決例の講義では、先例拘束の原理の問題について十分な注意が払われなかったようである。

(19)　判決例については、八六年度には植村俊平と渋谷慥爾の講義録があり、判例を体系的に教えていなかったが、八七年度では、松野貞一郎が契約法、藤田隆三郎（かれに代わって畠山重明）が私犯法、戸水寛人が「雑」というその他の分野を担当した。八八年度には、増島六一郎が契約法、奥田義人が私犯法、八九年度には、増島が契約法を教えた。これらのほかに、増島は八八・八九年度に憲法判決例を授業している。

(20)　増島六一郎は『裁判粋誌』と題する大審院などの判例集を編集して、八八年から刊行し、わが国の判例集刊行の先駆的役割を果たした。第四章第二節参照。

(21)　増島六一郎『財産法』（一八八七年）（再版、八八年、博文社）。この書は八六年度の講義録を単行書として刊行したものである。これは財産権を簡単に述べたあと、財産の信託（trust）と家族間の財産設定（family settlement）を記述した特異なものである。

(22) 八七年度には、山田喜之助の「人産（personal property）法」と高橋捨六の「動産法」の講義録が第二学年に配布された。山田の講義は八六年度におこなわれ、それをまた印刷して配布したのではなかろうか。

(23) 物的財産と人的財産については、田中和夫『英米私法概説』、寧楽書房、一九四九年、第二編財産法を参照。なお、土地法については、ポロックが一八八三年に *The Land Law* を著わしている（平松紘編訳『土地法』、日本評論社、一九八〇年）。土地法は一九二五年の法律によって大きく改革された。

(24) 高橋捨六は親族法を Law of Domestic Relations と解している。なお、奥田義人は、民法制定後に民法を講義し、とくに親族・相続について研究を進め、家族法の著名な研究者となった。沼正也「奥田義人博士とその身分法観」、『中央大学七十周年記念論文集』、法学部、一九五五年参照。

(25) ケントについては第四節で述べる。

(26) イギリスの離婚法については、穂積重遠「英国離婚法略史」、『土方教授在職二十五年記念 私法論集』、有斐閣、一九一七年、二一五～六一頁、末延三次「イギリスの別居制度」、『英米法の研究』、上巻、一九六〇年、東京大学出版会、三三四～五〇頁参照。

(27) 穂積陳重「婚姻法論綱」（一八八一年）、「婚姻法比較論」（一八八五年）、「夫婦別居法比較論」（一八八五年）、「婦女権利沿革論」（一八八七年）、「相続法三変」（一八八八年）、「婦人の財産」（一八八九年）。

(28) 加藤英明「領事裁判の研究――日本における――」、名古屋大学法政論集、第八四・八六号、一九八〇年参照。

(29) マンスフィールド（一七〇五～九三年）は、スコットランド出身で、バリスターとなって成功し、四二年に法務次官（Solicitor-General）、ついで法務総裁（Attorney-General）となり、五六年に王座部首席判事に就任し、貴族院の有力な議員となり、八八年に辞任した。かれは多年にわたって商法などについてすぐれた判例を残したことで有名である。C. H. S. Fifoot, *Lord Mansfield*, London, 1936. D. Lieberman, *The Province of Legislation Determined, Legal theory in eighteenth century Britain*, Cambridge, 1989, pp. 91-121、堀部政男「イギリス近代法の形成――一八世紀後半における司法的立法研究序説――㈠・㈡」、社会科学研究、第一九巻、第一、二号、一九六六年参照。

(30) チャルマーズ（一八四七〜一九二七年）はインド高等文官でバリスターとなり、インドから帰国後にカウンティ裁判所判事となった。ハーシェル（Lord Herschell）の知己を得て、為替手形法と動産売買法の法案を起草し、一八九六〜九九年にはインド総督参事会の法律参事を務めた。そのあと官吏となり、内務省の事務次官を務め、その間に一九〇六年の海上保険法の法案を起草した。
(31) この書の序文にも、インドとイギリスにおける法典化について述べられている。
(32) チャルマーズはアメリカでイギリス商事法の法典化について講演し、それは An experience in codification, *Law Quarterly Review*, Vol. 2, 1886, pp. 125-34 と、Codification of mercantile law, *ibid.*, Vol. 19, 1903, pp. 10-18 に掲載されている。法典化については、末延三次「イギリスにおけるコモンローの成文化」、『英米法の研究』、下巻、四二三〜三四頁参照。
(33) 金原左門「合川正道の憲法学講義をめぐって㈠・㈡——英吉利法律学校の教科内容の一齣——」、中央大学史紀要、第六〜七号、一九九五〜六年。
(34) 浅井清『明治立憲思想史におけるイギリス国会制度の影響』、第四章、有信堂、一九六九年参照。
(35) スティーヴン（一八二九〜九四年）は、バリスターとなったあと、雑誌に幅広いテーマで多くの論説を書き、六三年には *General View of the Criminal Law of England* を著わして注目された。六九年にメインのあとを継いでインド総督府の法律参事に就任し、二年半の間、インド契約法、証拠法、刑事訴訟法改正といった法典化をなし遂げた。帰国後、かれは刑法と証拠法の著作を著わし、イギリス刑法の法典化を主張して、刑法典の法案を起草したが、その制定化は成功しなかった。七九年に女王座部判事となり、九一年に病気のため辞任した。かれの刑事法学については、第四章第三節で述べる。
(36) ハリスの刑事法の書は、とくにソリスターの学校の学生のために著わしたといい、スティーヴンの書を参照して、刑事裁判手続を含めて平易に記している。
(37) 東京大学では、訴訟法、擬律擬判の講師として、八五年以後に、創立者の渡辺、藤田、増島、松野、岡村、岡山が授業した。
(38) 訴訟法と証拠法については、第四章第三節で述べる。
(39) 手塚豊「明治前期におけるイギリス証拠法の導入とその歴史的意義」、『手塚豊著作集』、第一〇巻、一九九四年、二四五〜八五頁参照。
(40) 初年度の訴訟演習では、第二学年は菊池、山田、岡山、土方、第三学年は元田、高橋健三、増島、高橋一勝が、毎週一回四時間、輪番で教えたようである（法学協会雑誌、第一九号）。

（41）　擬律擬判は、東京大学などの訴訟演習の時間でおこなわれた。例えば、菊池は東京大学の八一年度の訴訟演習を担当して、「英米国法廷ノ方式ニ倣ヒ、専ラ邦語ヲ用テ演習セシメタリ。其方法第三第四両年生ヲ合シ、其中ヨリ三人ヲ選抜シテ主任並陪席判事トシ、尚ホ第四年生一人第三年生一人ヲ以テ原告ノ代言人ニ充テ、被告代言人モ右ニ同クセリ。但シ判事代言人共一事件毎ニ交替シ、大抵輪番ヲ以テ之ヲ勤メタリ。右判事多数ノ判決ニ不服アルトキハ、控訴院ヲ開キ、余親カラ判事トナリテ判決ヲナシタリ。」と記している（『東京大学年報』、第二巻、一四七頁）。また山田喜之助の東京専門学校の八三年度訴訟演習や岡山兼吉の東京大学の八七年度の訴訟演習で擬律擬判をおこなった内容は、それぞれ、『早稲田大学百年史』（別巻Ⅰ、二五一頁）と『中央大学百年史』（通史編上巻、一六六頁）に紹介されている。

三　講　義　録

講義録と校外生

英吉利法律学校は、開校当初の一八八五年（明治一八年）一〇月から、講義録による通信教育をはじめた。[1] それは、地方に居住したり、あるいは職業の都合で学校に通学できない学生を対象として、かれらを校外生として無試験で入学させて、三年の課程で、全科目の講義をすべて筆記・印刷して送付し、この講義録によって学習する教育であった。校外生に対しては、学年末の試験を実施し、それに合格した者には就学（履修）証書を与え、全課程を修了した者には卒業証書を授与すると定められた。[2] また講義録は校内生の勉学のために有料で頒布された。わが国で英米法をはじめて日本語で講義したときであったから、どの科目も聴講しただけでは理解するのがむずかしかったであろう。この

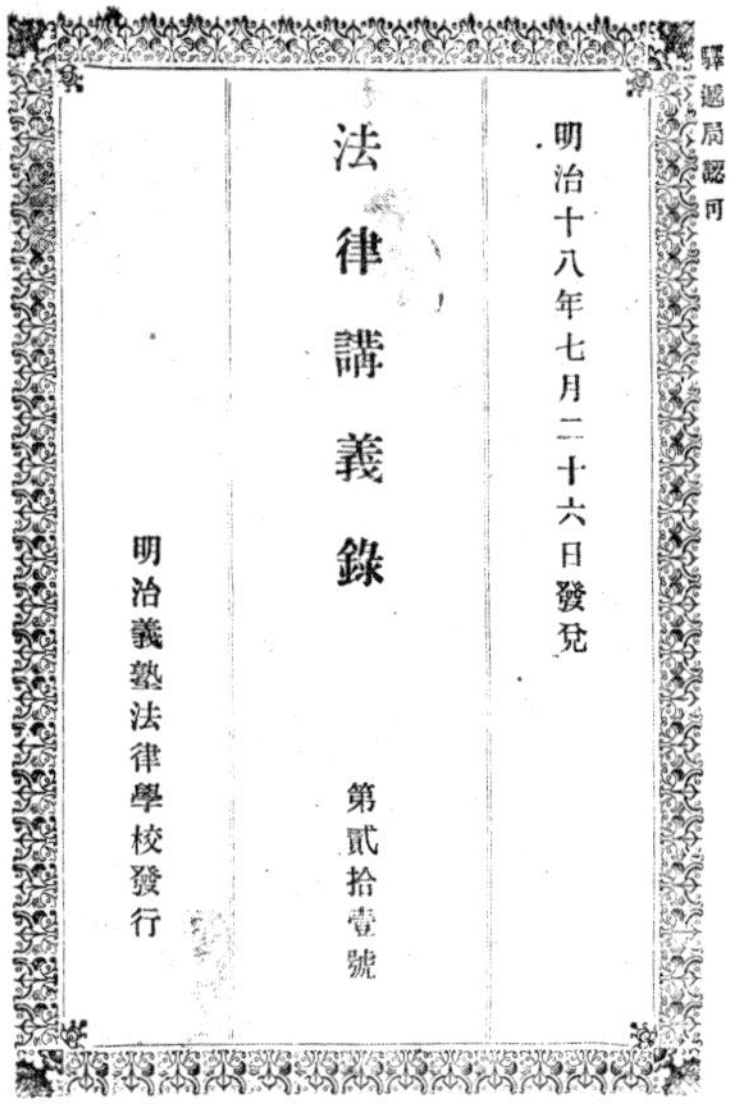
驛遞局認可
明治十八年七月二十六日發兌
法律講義錄
第貳拾壹號
明治義塾法律學校發行

明治義塾法律学校の『法律講義録』、第二一号最終号、の表紙

東京大学法学部付属明治新聞雑誌文庫蔵

ため、校内生にとっても、講義録は大変に有益であったにちがいない。講義録を揃えるならば、随意科目の講義も科外講義も含まれたので、三〇以上の科目で四千頁を超え、わが国で最新の英米法の知識が得られることになり、今日でいえば、法律学全集を座右に備えるのと同じことであったろう。

通信教育の校外生は、初年度には第一学年に限って募集し、全国から四二〇名が入学した[3]。その分の講義録が順調に刊行され、翌年度には、講義録は「講述の周到にして文義の明晰なると、発兌の正確にして中途廃絶の懸念なき」ことを誇り[4]、第一学年が六八五名、第二学年が四二二名となった。講義録の科目も増加して、その内容も前年に増して充実したうえ、多くの科外講義の分も刊行された。ついで八七年度は三学年の全科目が揃った年度であり、紙型が大きくなって一頁の字数が多くなった。初年度から各頁の欄の上にそのパラグラフの内容が短く記され、本文にひらがなで記された英語の法律用語について原語が記されたが、八七年度には本文を囲む枠（子持ち罫）を取って、本文の上に横罫を置いて頭注を多くして、学生の勉学にとって便利なように編集された。こうして校外生は八八年度に全学年で三、一一三名へと増加して[5]、創立者たちの予想を超えた大きな成功を収めた。入学金は校内生の半額の五〇円であり、月謝は開校の広告では一円と定めたが、入学希望者が多かったので、初年度から七〇銭とし、さらに八八年度には五〇銭に値下された[6]。講義録の多大な収益は学校経営の安定に大いに寄与したのである。

遞信省認可

明治二十一年三月八日發兌

第貳年級

英吉利法律講義録

第二拾八號

英吉利法律學校

英吉利法律学校　一八八七(明治二〇)年度の講義録の表紙

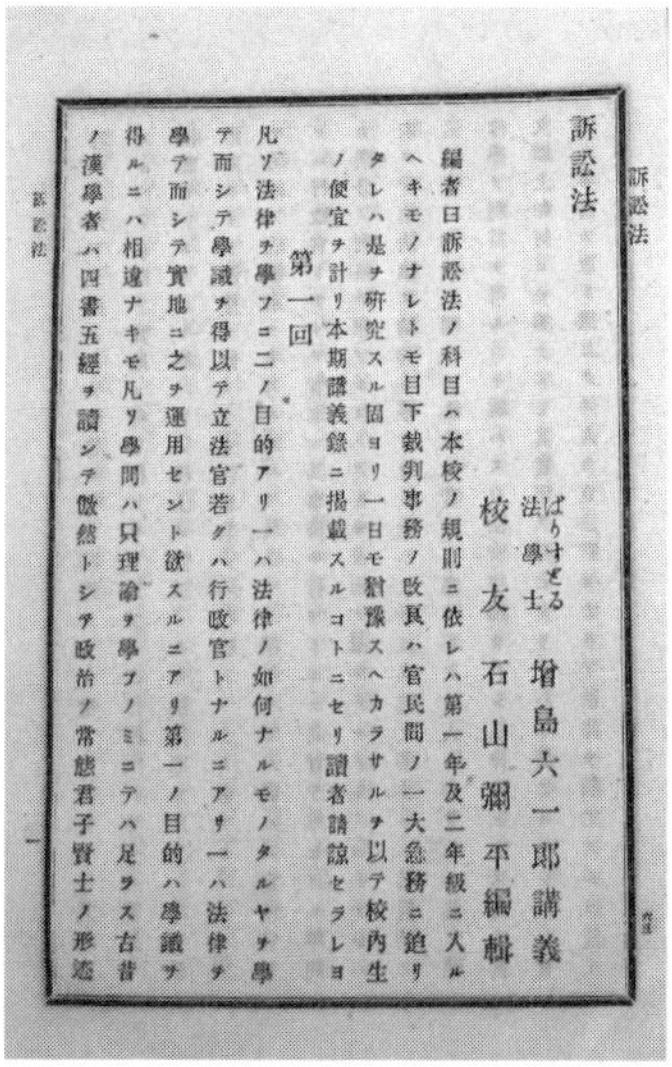
訴訟法

法學士《ばりすとる》 増島六一郎講義

校友 石山彌平編輯

編者曰訴訟法ノ科目ハ本校ノ規則ニ依レハ第一年及二年級ニ入ルヘキモノナレトモ目下裁判事務ノ改良ハ官民間ノ一大急務ニ迫リタレハ是ヲ研究スル固ヨリ一日モ猶豫スヘカラサルヲ以テ校内生ノ便宜ヲ計リ本期講義録ニ掲載スルコトニセリ讀者諒セラレヨ

第一回

凡ソ法律ヲ學ブニ二ノ目的アリ一ハ法律ノ如何ナルモノタルヤヲ學テ而シテ學識ヲ得以テ立法官若クハ行政官トナルニアリ一ハ法律ヲ學テ而シテ實地ニ之ヲ運用セント欲スルニアリ第一ノ目的ハ學識ヲ得ルニハ相違ナキモ凡ソ學問ハ只理論ヲ學ブノミニテハ足ラス古昔ノ漢學者ハ四書五經ヲ讀ンテ徹然トシテ政治ノ常態君子賢士ノ形迹

訴訟法　一

増島六一郎の「訴訟法」最初の頁
一八八五(明治一八)年度

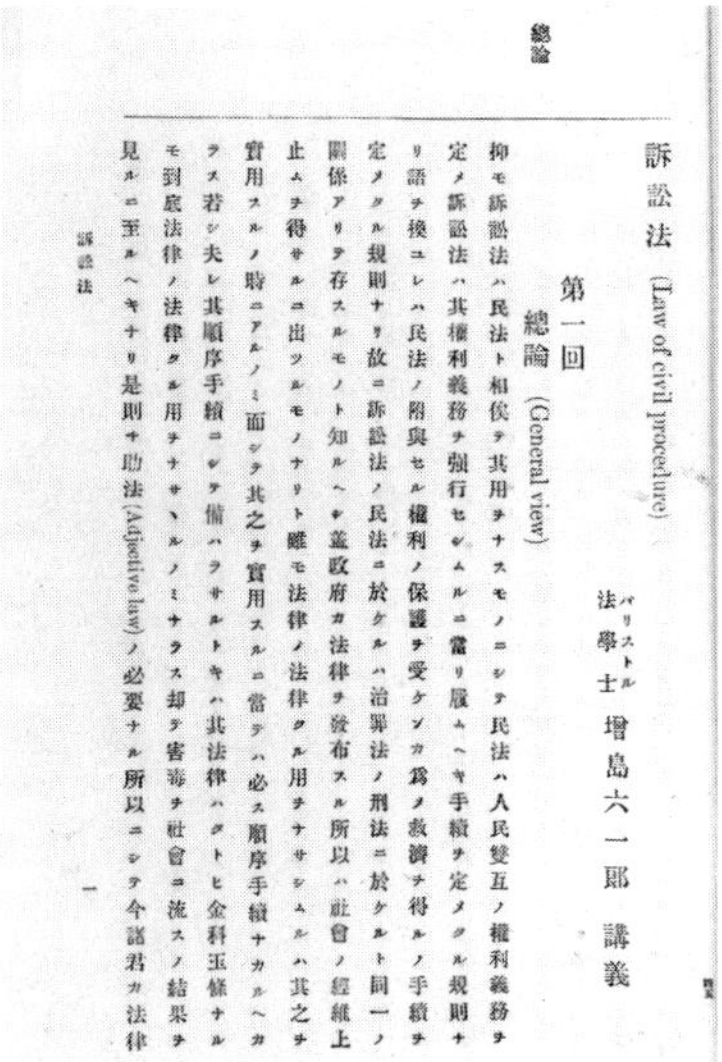
總論

訴訟法 (Law of civil procedure)

法學士《バリストル》 増島六一郎 講義

第一回

總論 (General view)

抑モ訴訟法ハ民法ト相俟テ其用ヲナスモノニシテ民法ハ人民雙互ノ權利義務ヲ定メ訴訟法ハ其權利義務ヲ強行セシムルニ當リ履ムヘキ手續ヲ定メタル規則ナリ語ヲ換ユレハ民法ノ附與セル權利ノ保護ヲ受ケンカ爲メ救濟ヲ得ルノ手續ヲ定メタル規則ナリ故ニ訴訟法ノ民法ニ於ケルハ治罪法ノ刑法ニ於ケルト同一ノ關係アリテ存スルモノト知ルヘキ蓋政府カ法律ヲ發布スル所以ハ社會ノ經紀上止ムヲ得サルニ出ツルモノナリト雖モ法律ノ法律タル用ヲナサシムルハ其之ヲ實用スルノ時ニアルノミ而シテ其之ヲ實用スルニ當テハ必ス順序手續ナカルヘカラス若シ夫レ其順序手續ニシテ備ハラサルトキハ其法律ハタトヒ金科玉條ナルモ到底法律ノ法律タル用ヲナサヽルノミナラス却テ害毒ヲ社會ニ流スノ結果ヲ見ルニ至ルヘキナリ是則チ助法(Adjective law)ノ必要ナル所以ニシテ今諸君カ法律

訴訟法　一

増島六一郎の「訴訟法」最初の頁
一八八八年度

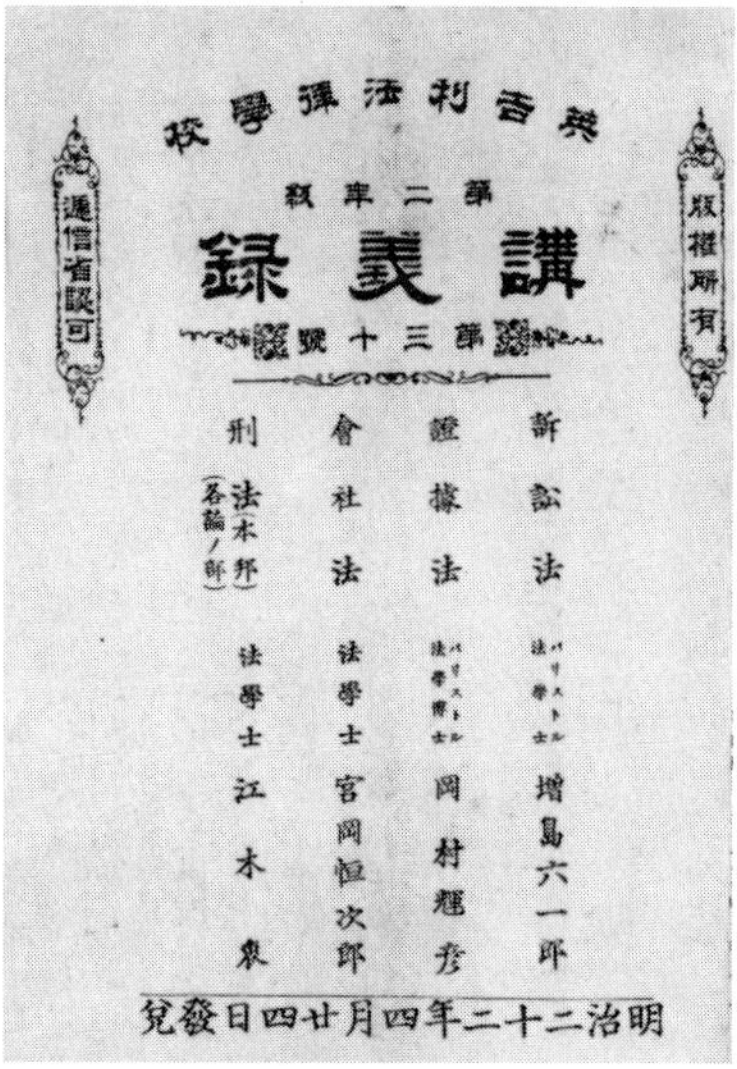
英吉利法律學校

第二年級

講義録

第三十號

遞信省認可

版權所有

訴訟法 法學士《バリストル》 増島六一郎

證據法 法學士《バリストル》 岡村輝彦

會社法 法學士 宮岡恒次郎

刑法(未完)(各論ノ部) 法學士 江木衷

明治二十二年四月廿四日發兌

英吉利法律学校　一八八八年度の
講義録の表紙

講義録はほぼ毎週校外生に送付された。それは一〇〇頁以内であって、数科目が一緒に掲載された。各科目はそれぞれ通しの頁がつけられたので、学生は科目ごとに分けて綴じ直して勉学したのであろう。講義の内容は筆記・編集されたうえ、講師は筆記者がわからない点に答えたり、原稿あるいは校正刷を読んで訂正したのであろう。どの講義録も、文章が平明であって、学生の筆記によく見られる誤りが少なかった。校外生は講義録を読んで不明な箇所について質問を送り、学校は委員を置いてそれに対して解答した。八六年度からは、質問と解答は一括して講義録の毎月の最終回の巻末に掲載することにしたといわれる[7]。

講義録を筆記・編集した人たちについては、各科目の講義録の冒頭にその名が記されている。ただ八八年度には筆記・編集者の名が記されていない。初年度の筆記者は小林定修、上野喜永次、田中成美であるが[8]、八六年になると、編輯掛として横井鍬太郎、山口正毅、畔上啓策、石上弥平の四名が採用された[9]。かれらはすでに法律を習ってきた人たちであって、横井を除く三人は八六年七月に卒業した優等生である。その後も優秀な卒業生を選んで、講義録の作成にあたらせた[10]。その編集・刊行全体の監督は幹事の渋谷慥爾があたったが、八七年七月からは奥田義人に代わり、かれは九八年九月まで務めたといわれる[11]。

編輯員の人びと

前列右　花井卓蔵　左　荒井操　後列右　永瀧久吉　後列左　岩波一郎　一八八九年の編輯員の四人が九三年に揃って撮影した写真　永瀧久吉『回顧七十年』(一九三五年刊)に掲載

英吉利法律学校は、五大法律学校のなかで、最初に全科目の講義録による通信教育をはじめたが、それは明治義塾法律学校に倣ったと考えられる。明治義塾では、八四年一一月から「法律学校講義筆記」と題して、毎月一〇回も刊行したという。八五年二月に中断したが、四月一六日からは「法律講義録」と改題されて、月に六回に減らして発行した。[12] この学校は七月に閉校となり、「法律講義録」は七月二六日の第二一号で終わった。前述のように、高橋一勝と増島六一郎はこの学校に関与しており、増島の契約法や訴訟法の講義がその講義録のなかに掲載されており、英吉利法律学校がその九月から明治義塾の校舎を使うことになった。このような関係から、この最終号の末尾には、英吉利法律学校の開校の広告が掲載され、通信教育の校外生の募集も記されている。おそらく、増島と高橋は他の人たちと相談して、明治義塾の講義録をいわば引き継いで、英吉利法律学校の通信教育を決めたのであろう。

英吉利法律学校の八五・八六年度の講義録を見ると、筆記・編集から表紙・紙型までも、その作成方法は明治義塾のものを参考としたことが知られる。明治義塾の学生は五〇数名のようであるが、かれらのうちで英吉利法律学校の学生となった者が少なくなかったと思われるし、その通信教育を受けた者の多くも英吉利法律学校の校外生となったことであろう。

講義録の盛況

この通信教育は、英吉利法律学校のあと、東京専門学校、専修学校などの法律学校がつぎつぎに開始して、[13] 同様に成功を収めたといわれる。こうして講義録は一年間に数万部も刊行されて、青年たちによって熱心に読まれたのであるから、法律学、とくに英米法の普及にとってきわめて大きな役割を果したといえよう。[14]

英吉利法律学校の講義録は、[15] 中央大学図書館、同大学史編纂課、東京大学法学部、同社会科学研究所、国会図書館

にそれぞれその一部分が所蔵されている。以上の図書館に見られない一八八五年度の菊池武夫「法学通論」、渋谷慥爾「羅馬法」と、八六年度の山田喜之助「法学通論」は、早稲田大学図書館に所蔵されている。それらを合わせると、八五〜八九年度の五年間の講義録は、科外講義を含めて一六〇点ほどを数えることができる。これはこの間に刊行された講義録の九割以上を占める。これらについて、各年度ごとに、講師、筆記・編集者（括弧内）、頁数、所蔵先を記して、巻末のA表に掲載することにする。所蔵されている講義録は科目ごとに製本されており、そこには刊行年次は記されていないので、何年度のものであるかは推定するほかないが、その確定は意外にむずかしい[16]。この表の記載には今後の調査によって訂正される点が少なくないと思われる。

これらの講義録を見ると、講師たちは英文法律書にもとづいて講義したが、一年間で完結するように工夫し、理解したところを自由に取捨して、学生にわかるように敷衍して説明したことが知られる。どのような英文法律書を用いたかは、次節で述べることにするが、商法などでは、一冊の平易な概説書を用いて講義するのが一般的であった。松野貞一郎は、組合法（合名会社法）の講義で、八六年度で参考としたリンドリ[17]（Lord Lindley）の実用参考書に替わって、八七年度にはポロックの概説書を用い、渋谷慥爾は、イギリス刑法の講義で、八九年度にはハリスの概説書を用い、その前年にはスティーヴンの概説書を用いたと述べているように、テキストを改めて異なった構想で講義することもあった。それに対して、岡村の証拠法のように、講師が多くの書を読んで独自に体系的に整えて講義したものや、増島の訴訟法のように、英文法律書を用いながら、留学中の見聞を交えて講義し、わが国の裁判手続に対して改善の意見を随所に述べたものも見られる。

この講義録のなかには、わずかに補正してあるいは修正なしに、単行書として書店から刊行されたものが見られる。とくに八五・八六年度の講義の多くは、増島の『訴訟法』（博聞社、八七年）、土方寧の『英国契約法』（博聞社、八七年）、奥田の『英米私犯法論綱』（博聞社、八七年）のように、講義終了後にその紙型を用いて単行書として刊行されている。岡村の『英米証拠法』（丸善商会、八九年）は、かれの序文によれば、かれが東京大学、英吉利法律学校、明治法律学校などの講義を増補したものといわれ、この時期の法律書を代表する労作である。

これらを見ると、二〇歳代後半から三〇歳代前半の若さであった創立者たちが、多くの著書を著わしたことは驚くほどである。それらは講義録をもとに刊行したものであるが、これらに加えて、英米法の著書がつぎつぎと翻訳され(18)て、八〇年代中ごろから九〇年代はじめにかけては、英米法の書が刊行点数のうえでフランス法に匹敵するほどになった。わが国で英米法の書が多分野にわたって最も多く刊行されたのが、この時期であることは注目に値する。

山田喜之助と江木 衷

創立者たちのなかで最も多くの書を著わしたのは山田喜之助である(19)。かれは、弁護士のかたわら、東京専門学校で開校のときから教えた。その講義をもとにして、『英米私犯法』（九春堂、八三年、再版、八八年）、『英国商船法』（九春堂、八六年）を著わし、講義のときに用いたリンドリの『合名会社法（Partnership）』の要領を記して、『麟氏英国会社法』（集成社、八五年）を刊行した。そのあとも、英吉利法律学校の講義にもとづいて、『英米親族法』（博聞社、八五年）、『英米代理法』（博聞社、八六年）、『法学通論』（博聞社、八七年）を刊行した。かれは簡単明瞭な文章で説明し、ときには法律の形式を採って条文の体裁で記しており、英米法の多くの科目にわたるテキストブック・ライターとして知られた(20)。

山田と同様に多くの分野にわたって著書を著わしたのは江木 衷である(21)。かれは学生時代からドイツ語とフランス

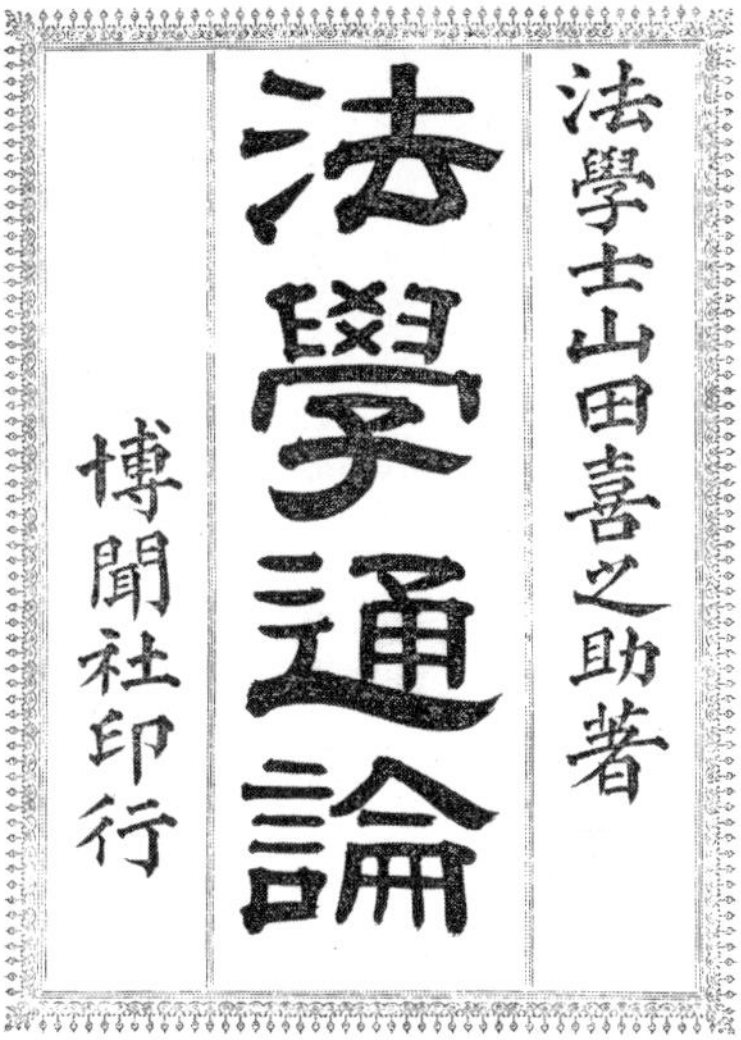

法學士山田喜之助著

法學通論

博聞社印行

山田喜之助著『法学通論』、博聞社、一八八七年刊。

山田喜之助

法學士江木衷著

現行刑法汎論　全

江木衷著『現行刑法汎論』、博聞社、一八八七年刊。

江木　衷

語を勉強し、教師が驚く才能を示した[22]。卒業後に警視庁に務め、そこでホランド[23]（T. E. Holland）の『法理学綱要』(*Elements of Jurisprudence*) をテキストとして講義して、『法理学講義』（警視庁、八五年）を発表し、またドイツのレースラー[24]（H. Roesler）の書を参考にして『社会行政法論』（警視庁、八五年）を刊行した。かれのユニークな『法律解釈学』（博聞社、八六年）は欧米の法律書から法律解釈の準則を列挙して論述したものである[25]。ドイツの有名な学者グナイスト[26]（R. von Gneist）の著書の英訳を用いて、『虞氏英国行政法講義』（八六年）を著わし、さらに『英国行政裁判法　独仏対照』（東海書館、八七年）を刊行して、行政法という新しい分野について紹介した。八五年以後にはかれは英吉利法律学校などで刑事法を講義し、それは『現行刑法汎論』（博聞社、八七年）、『現行刑法各論』（博聞社、八八年）、『現行治罪原論　上巻』（博聞社、八九年）として刊行された[27]。この講義は日本法の逐条の解説ではなく、英語だけでなく、独語と仏語の多くの法律書を調べて、わが国の法律について理論的に論述したものであって、この時期の刑事法のすぐれた著作である。こうしてかれは刑事法専門家と見なされるようになった。このころ、法律を講義する人が増え、それぞれ自分の専攻分野を定めて研究を深めはじめた時期である。

合川正道も専修学校で契約法、不法行為法、憲法を教えて、多くの教科書を著わし、この学校では憲法と損害賠償法の講義を担当した。かれはイギリスの憲法理論を摂取して、わが国の憲法研究の第一人者となり、家永三郎氏によって「アカデミックな憲法学の祖」として高く評価されている[28]。

（1）英吉利法律学校の講義録による通信教育については、菅原彬州氏が、「中央大学における戦前の通信教育について」（中央大学史紀要、第二号、一九九〇年）で、関係資料を紹介して詳しく記述している。また、法律学校の講義録の全般にわたっては、天野郁夫氏が「講義録と私立学校」で概観している（『教育と近代化　日本の経験』、玉川大学出版部、一九九七年）。

(2) 校外生は全国にわたって居住し、校内生と比べて年齢が高かったと思われるが、資料が残されていないので、かれらのなかでどれほどの人数が履修証書や卒業証書を取得したかはまったく知られていない。
(3) 英吉利法律学校校則、一八八七年一〇月。それは、法学協会雑誌、第四四号に掲載されている。
(4) 明法志林、第一二〇号、一八八六年七月二五日。生徒募集広告。
(5) 法理精華、第四巻第一九号、一八八九年一〇月。
(6) 法学協会雑誌、第五四号、一八八八年九月。
(7) 菅原彬州、前掲論文、二九〜三四頁参照。講義録には、付録として、新年宴会での校長などの演説や来賓の祝辞、高橋法律文庫などの学校に関係する記事が掲載された。
(8) 上野喜永次と小林定修は東京専門学校の八五年の卒業生で、岡山兼吉の教え子である。田中成美は八六年に弁護士となり、八七年九月には大阪英法学校の開設にあたって校長砂川雄峻のもとで主事として活動した。また浦部章三と中山和吉は東京専門学校で英米法を学んだ人であろう。浦部は増島の『裁判粋誌』の刊行を補佐し、また鳩山和夫の東京専門学校の講義を筆記・編集している。中山は増島六一郎の「財産法」を筆記し、それは八七年九月に英吉利法律学校と関係があった博聞社から出版された。
(9) 山口正毅は八六年に専修学校を卒業し、石山弥平は明治義塾の学生であった人で、畔上啓策の履歴は不明である。三人は英吉利法律学校に編入学し、八六年七月に卒業し、山口と石山はさらに一年間在学して、翌八七年七月に再び卒業した。横井鍬太郎は東京専門学校の八五年の卒業生、田中恒馬は専修学校の八六年の卒業生であった。『中央大学百年史』、通史編上巻、一四九頁参照。
(10) 一八八七年度には、田中恒馬、山口正毅、畔上啓策、石山弥平、山本勝助、三浦大之助の六人が編輯係であって、粟生誠太郎は図書係であった。編集者については、巻末のA表の注で、英吉利法律学校の卒業年次とその後の職業を付して記すことにする。
(11) 『中央大学二十年史』、一九五頁。
(12) 明治義塾法律学校の講義録については、東京大学法学部明治新聞雑誌文庫は「法律講義筆記」の七号分、「法律講義録」の二一号分を所蔵している。増島六一郎の「契約法」は前者に、「訴訟法」は後者に掲載されており、「契約法」は中央大学大学史編纂課、「訴訟法」は京都大学法学部に合冊本として所蔵されている。

なお、この講義録に掲載された馬場辰猪の「メイン法律史」「商法律概論」は、岩波書店刊行の『馬場辰猪全集』（西田長寿等編）、第二巻（一九八八年）に収録されている。編者によれば、「法律史」については、明治新聞雑誌文庫所蔵の欠号分を中央大学図書館所蔵本から補ったといわれる。馬場は明治義塾を三月一〇日に辞職したので、そのときまでの二六回の講義が「法律講義録」一一号（六月六日刊）までの三六五頁にわたって掲載された。この講義は、メインの『古代法』の第七章までについて、他の学者の論説と合わせて、かなり自由に述べており、興味深いものである。中央大学図書館所蔵本は増島六一郎の英吉利法律学校の講義録「法律沿革論」と一緒に製本されており、矢田一男氏によって紹介された（「法律学者としての馬場辰猪」、一橋論叢、第五五巻第四号、一九六六年）。小沢隆司氏は馬場の法律学の講義について一連の論説を発表し、「メイン法律史」に関する論文は、早稲田大学大学院法研論集（第七〇・七一号、一九九四年）に掲載されている。

馬場については、西田長寿「馬場辰猪」、明治史研究叢書、四、『民権論からナショナリズム』、御茶ノ水書房、一九五七年。萩原延壽『馬場辰猪』、（一九六七年）（『萩原延壽集』、1、朝日新聞社、二〇〇七年）参照。なお、馬場は、八五年一〇月、大石正己と一緒に横浜のモリソン商会に立ち寄って、ダイナマイトの購入方法などを尋ねたと、尾行した密偵によって告発されて、爆発物取締規則違反の廉で逮捕された。その裁判には、増島六一郎、岡山兼吉、元田肇、高橋一勝、渋谷慥爾、佐伯剛平が弁護人となって、モリソン商会のイギリス人を証人として法廷で証言させて、翌年六月に馬場と大石は証拠不十分で無罪放免された。奥平昌洪、前掲書、四九七～五〇二頁、『馬場辰猪全集』、第四巻、五〇九～一三頁参照。
(13) 東京専門学校では、八六年五月に政学講義会が政治、経済、歴史、法律の通信教育をはじめ、翌八七年秋からは東京専門学校の名で校外生に対して政治学と法律学の講義録による通信教育をはじめた（『早稲田大学百年史』、第一巻、五九六～六一一頁）。ついで専修学校は八七年一月から法律と経済の講義録による校外教育をはじめた（『専修大学百年史』、上巻、四三三～五一二頁）。明治法律学校などがこれに続いて講義録を刊行したといわれる。講義録が詳しく紹介されているのは『専修大学百年史』であり、専修大学所蔵の講義録のリストと解説が記されている。（リストには、英吉利法律学校の講義録が一〇数点ほど誤って掲げられている。）最近、これらの大学で創立期の講師の法律の論説について調査研究が進められており、村上一博編『日本近代法学の揺籃と明治法律学校』（日本経済評論社、二〇〇七年）、法政大学史資料委員会編『法律学の夜明けと法政大学』（法政大学出版局、一九九三年）などが刊行された。

(14) 講義録がイギリス法の普及に寄与したことについて、一八九六年六月の『中央時論』(第二五号)につぎのように記されている。

「我国法学の進歩に著大の功績を致したるは実に講義録の発行なりとす。…就中彼の英国法の研究の如きは、講義録の効に帰すべし。蓋し仏国法に付ては、政府が夙に仏法模倣の挙ありし為め、巨多の国費を支出して、明治の初め民法提要、民法覆義其他の法律書を翻訳し、之を広く販売したれば、全国の各裁判所は勿論、学生の悉く此等を読習してよく仏法に通ずるを得たるも、英米法に至ては、固より法典なく律文なし。只各科に付て学者の著書若くは判決例の書あるに過ぎざるのみならず、政府の之を翻訳したるものなかりしければ、原書を読み得るものの外、英法を研究するの途を得ず。茲に於て乎、英法を教へたる東京専門学校及び英吉利法律学校(法学院)、専修学校の三校、同じく講義録を発行して英法の各科目を掲載し、三年を以て公法・私法の全部を終る仕組を立て、少くも数千部、多きは数万部を出版したれば、英法律書天下に洽ねきに至りたり。英法の各講義録を発兌するに倣い、仏法の学校亦之を発兌したれ共、其必要の度は遠く英法に及ばざりしと云ふ。」(『早稲田大学百年史』、第一巻、八四九〜五〇頁から引用)。

(15) 英吉利法律学校の講義録は中央大学大学史編纂課が収集に努めており、豊田喜三郎旧蔵書のリストは『中央大学百年史編集ニュース』(第三〇号、一九九八年)に掲載された。国会図書館所蔵書については、そのリストが同誌(第一号、一九八二年)に掲載されているが、『国会図書館所蔵書目録　明治期　第三編　社会科学』に詳しく記されている。

(16) 講義録の各冊がどの年度であるかについて推定する方法は、巻末のA表の注で記すことにする。

(17) リンドリ(一八二八〜一九二一年)は、一八七五年にコモン・プリーズ(Common Pleas 人民間訴訟)裁判所の判事となり、八一年には控訴院判事、九七年にはその長官であるMaster of Rolls(記録長官)に昇進し、ついで常任上訴貴族となり、裁判官として名声を博した。合名会社法については、*Treatise on the Law of Partnership including its application to Companies* が六〇年に刊行され、それは実務書として好評を博し、八八年には会社法の部分が分けて刊行された。

(18) 『明治文化全集』(第九巻法律篇)の「法律学文献年表」などによって、イギリス法の主要な翻訳書をあげると、つぎのとおりである。ブラックストン(星亨訳)『英国法律全書』(六冊、一八七三〜八年)、ベンサム(島田三郎訳)『立法論綱』(元老院、七八年)、テリー(島田三郎訳)『法学原論』(四巻、律書房、七九〜八〇年)、オースティン(大島貞益訳)『豪氏法学講義節約』(二巻、文部省、八〇〜八一年)、エイモス(渋江保・山田要蔵訳)『英国憲法論』(八一年)、マークビー(安藤一太郎・小野徳太郎訳)『増補法学原論』(三巻、北畠茂兵衛刊、八三〜四年)、フィリップ(高橋健三訳)『情況証拠誤判録』(司法省、八四年)、スティーヴン(磯部醇閲・岸小三郎訳)『英国証拠法』(博聞社、八四年)、アンスン(渡辺安積・伊藤悌治訳)『安遜氏契約法』(三省堂、八四・八八年)、メイン(鳩山和夫訳)『古代法』(文部省、八四年)、テリー(元田肇訳)『法学原論』(英吉利法律学校、八五〜六年)、リンドリ(山田喜之助訳)『麟氏英国会社法』(集成社、八五年)、ベスト(岸小三郎訳)『証拠法論綱』(八六年)、エイモス(平沼淑郎訳)『英国憲法新論』(忠愛社、八七年)、アーチボルド(出浦力雄訳)『英国刑事訴訟手続』(司法省、八三年)、ポロック(榊原幾久若訳)『英国組合法』(開新社、八八年)、オースティン(関直彦訳)『法理学』(二巻、錦森閣、八八年)、ホランド(畠山重明閲・大橋素六郎訳)『法理学汎論』(博聞社、八八年)、メイトランド(山岡義五郎訳)『英国司法制度大要』(司法省、八九年)、ダイシー(吉田熹六訳)『憲法論』(集成社、八九年)。

(19) 山田喜之助は大阪の漢学者藤沢南岳の弟子、東京の著名な儒学者、岡松甕谷の娘婿で、奠南と号して漢詩を好み、詩作に励んだばかりでなく、漢詩の解説書も出版した。山田作之助「山田喜之助」(『法曹百年史』、法曹公論社、一九六九年)参照。かれの遺稿『奠南詩文集』(一九六〇年)は娘婿の小林俊一氏(弁護士、最高裁判事)によって刊行された。山田の友人江木衷も冷灰と号して、森槐南などの漢詩人と交際して多くの漢詩を作り、詩壇でよく知られた人であった。かれの漢詩は『冷灰全集』第四巻(一九二七年)に収められている。

(20) 穂積陳重「山田法学士著『英米親族法』及『英米代理法』批評」(一八八六年)、『穂積陳重遺文集』、第一冊、五〇〇〜五〇一頁)。

(21) 江木衷については、『江木冷灰先生追憶譚』、一九二五年。利谷信義氏の論文(潮見俊隆編『日本の弁護士』、一〇二〜一二頁)参照。

(22) 穂積陳重「故奥田義人博士追懐録」、『穂積陳重遺文集』、第四冊、一六二〜三頁。

(23) ホランドについては第四章第一節で述べる。

(24) レースラー(ロエスレル)(一八三四〜九四年)は、バイエルン控訴院検事、ローシュトック大学教授を歴任したあと、七四年に政府の法律顧問として来日した。かれはプロイセン憲法に倣って日本の憲法を起草するよう建議し、岩倉具視、伊藤博文の憲法立案に影響を与えた。また九〇年公布の商法典はかれが八二年から起草したものであり、九三年に帰国した。江木衷が参考にした『社会行政法』（二巻）はかれの主著で、七二～三年に刊行された。

(25)　矢崎光圀氏は明治初年の西洋法思想の受容について馬場辰猪、小野梓、江木衷の三人を取り上げて検討し、江木については、『法律解釈学』に注目して、アメリカのフランシス・リーバー（Francis Lieber）（一八〇〇～七二年）の思想との関係を述べている（『法思想の世界』、塙書房、一九九六年）。

(26)　グナイスト（一八一六～九五年）はベルリン大学で学び、四四年に母校の助教授となり、五八年からは教授として国法学、行政法、憲法、イギリスの憲法と行政法を講義し、学部長や学長を務め、同時にラント（州）やライヒ（帝国）の議会議員と裁判官を兼ねて精力的に活動した。伊藤博文がドイツで教えを乞うた学者であった。かれはイギリスの政治事情を研究して、『今日のイギリス憲法・行政法』の二巻の書を五七年と六〇年に著わした。

(27)　穂積陳重「江木法学士新著『刑法汎論』批評」、『穂積陳重遺文集』、第一冊、六一四～二五頁参照。穂積は、江木の書がドイツ流の刑法論であるが、多数の論著を参照して刑法の学理をよく論述したことを賞賛し、批判点の一つとして犯罪の定義についてかれの所論を述べている。江木の刑事法の著書には、増島、倉富勇三郎、菊池、山田の先輩の批評が頭注に掲げられていることは、かれの自信と気概を表わしている。本文に記した書の多くは『冷灰全集』、第一巻に収録されている。かれは民法典の延期運動の中心人物であって、このとき民法を熱心に研究して数冊の概論書を著わした。それは『冷灰全集』、第二・三巻に収められている。

(28)　家永三郎氏によれば、合川正道の憲法論を最初に注目したのは鈴木安蔵氏である。家永氏は一九六五年に「明治十年代におけるアカデミズム憲法学の萌芽」を発表し（『日本近代憲法思想史』、岩波書店、一九六七年所収）、ついで『日本憲法学の創始者　合川正道の思想と著作』（法政大学出版局、一九八〇年）を刊行して、「憲法原則」など憲法に関する五編と「政治学」を翻刻するとともに、かれの憲法思想を詳しく論じている（『家永三郎集』、第五巻、岩波書店、一九九八年所収）。それと並んで、宮坂宏氏は専修学校の憲法講義録を検討して、「合川正道の憲法講義――専修学校における法学教育の一考察――」（専修法学論集、第一〇号、一九七一年）を発表し、ついで「専修学校の法律学講義について(1)・(2)（同誌、第二〇～二一号、一九七五～六年）で、『大日本帝国憲法』と『憲法原論』を翻刻・紹介した。

四　英文法律書の教科書

第二科（英語法律科）

英吉利法律学校は、第二年度の一八八六年度（明治一九年度）に新たに第二科原書科という英文の法律書を用いて教育する学科を設け、それまでの学科を第一科邦語科とよんだ。この第二科は英語科ともいわれ、のちに英語法律科とよばれた。第二科の設置は、「当今邦語ヲ以テ法律ヲ学フ者英語ヲ解セスンハ、到底完全ノ教育ヲ受クル能ハスシテ、其不便鮮少ナカラサルヲ以テ」[1]、学生に対して、法律英語を読解する能力を養い、英文法律書を講読して、英米法の真髄にできるかぎり近づけようとしたのである。

校長の増島六一郎は、学校創立のときから、英文法律書を用い、英語による教育を主張した人であって、第二科はかれの意見によって設置されたと思われる。この設置後、かれは、「本校結局ノ目的ハ第一科ニアラスシテ第二科ニ在リ」といい、日本語だけで学ぶ第一科の学生は、外国の知識文化を知る真の道を歩んでいないので、その本来の精神を誤ってしまうと説いて、「本校ハ後日独リ第二科ノ原書ニ就キ広ク法書ヲ繙キ深ク法理ヲ討究スル学生ノミヲ養生セントス」と述べたほどである。[2]

第二科（英語法律科）の初年度の入学者は四〇名であり、[3] 決して多数ではなかったが、第一科（邦語法律科）の学生が兼ねて履修することができたので、[4] 熱心な学生がこの科をも履修したようである。しかし、両科の同時履修は無理であった。八七年度から第二科には英語の入学試験を課し、第一科から転科を希望する学生にも英語の試験を課したのであり、両科の兼修は許されなくなった。八八年九月には、第二科の学生は全学年で五〇五名に増加したが[5]、第一科の学生が一、一五八名であって、全学生の約三〇％であった。

第二科の授業科目は邦語科とほとんど同じであり、科目によって毎週の時間数が異なっていた。各年度の校則などによって各科目の講師、時間数、授業で用いる英文教科書について表記すれば、C表のとおりである。英文教科書は各年度のはじめに指定され、八六〜八九年度の間、同じ教科書が使われることが多く、あまり変わらなかった。これらの書は東京大学法学部や東京専門学校でも教科書・参考書として指定されたので[6]、わが国の英米法の法律家の間には、教科書について共通の評価があったことが知られよう。

英文の原書は高価であって、学生が容易に購入することができなかったので、学校は原書の教科書を学生に貸出しただばかりでなく、授業に使用する部分を印刷して、月に三回ほど安価で配布した。この科には校外生の入学を認めなかったので、講義録を刊行しなかった。そのため実際にどのように授業がおこなわれたかはわからない[7]。学生の英語の能力が高くなかったと思われるので、学生に対して法律書の指定された頁を予習させ、教室では講師がその内容を説明して、疑問点に答えて教えたと思われる。このような教育が英米法の理解にどの程度の効果をあげたのであろうか。一年間でどの一冊の教科書をも読み終えることはむずかしかったにちがいない。

英文教科書の刊行

この第二科を開設すると、学校は第一学年の教科用として使用する「初歩ノ法律書中ノ最善良ナル」英文書を翻刻する企画を立て、講義録と同じ方法で、毎月三回、数点の法律書を少しずつ印刷し合本して配布し、それぞれの書に

A DIGEST

OF THE

LAW OF PARTNERSHIP.

BY

FREDERICK POLLOCK,

OF LINCOLN'S INN, ESQ., BARRISTER-AT-LAW, LATE FELLOW OF TRINITY COLLEGE, CAMBRIDGE, HONORARY DOCTOR OF LAWS IN THE UNIVERSITY OF EDINBURGH, CORPUS CHRISTI PROFESSOR OF JURISPRUDENCE IN THE UNIVERSITY OF OXFORD, AND PROFESSOR OF COMMON LAW IN THE INNS OF COURT.

THIRD EDITION.

TOKIO:

THE IGIRISU HŌRITSU GAKKŌ.

1886.

英吉利法律学校刊行の英文法律書

ポロック『合名会社法』の扉　一八八六年。

は通し頁をつけ、完結後にまとめて製本できるようにして、購買希望者を募集した。八六年一〇月発行の第一号には、スミス氏商法、ブラックストン氏英法註釈、スミス氏訴訟法の三点が掲載された。そのあと『明法志林』第一三三号（一八八七年三月一五日）によれば、刊行する書目は、「ブラックストン氏英法註釈（一八八〇年新版）、アンソン氏契約法、アンダーヒル氏私犯法、マークビー氏法律論綱、スミス氏商法、テリー氏法律原論、スミス氏訴訟法、ケント氏親族法、ストーリー氏代理法、ポロック氏組合法、ブルーム氏普通法、シドモール氏在日本合衆国領事裁判手続法」と記されている。(8) この販売については、その後には広告が見られないので、成功しなかったのであろう。しかし、八七年四月に司法省から年額五、〇〇〇円の交付金を受けることによって、(9) 円滑に英文法律書を翻刻することができた。八九年末までには二八点の書を刊行して、各冊別々に販売したのである。(10)

このようにして英吉利法律学校が翻刻した英文法律書のリストは、『中央大学二十年史』に記載されているが、(11) 残念ながら、それは不完全なものである。中央大学図書館に所蔵されているのは二七点であって、残りの一点、ポロックの『私犯法』は九〇年九月に刊行され、明治大学図書館が所蔵している。それら二八点の法律書については、巻末のD表に掲載することにする。

英文教科書の特徴

それでは、どのような英米法の書が翻刻されたのであろうか。

(1) 翻刻された書は各科目について一点である。二点を刊行したのは、契約法であって、アンスンの書と、ついでポロックの書が翻刻された。不法行為法についでは、アンダーヒルの書の翻刻のあと、ポロックの八七年刊行の新著が到着すると、それをも刊行した。英吉利法律学校は英米法律書の収集に努めていたので、英米の新刊の法律書に注意して、新しい書や、同じ書でも新しい版を選んで翻刻したのである。

(2) 最初に翻刻された書のひとつは、有名なブラックストン[12]（William Blackstone）の『イングランド法釈義』（四巻、一七六五～六九年）の学生版である。それはキァ[13]（R. M. Kerr）が学生のために短縮して新しい法を増補した書であって、第一学年で法学概論の教科書として用いられた。それと並んで使用されたのは、ブルーム[14]（Herbert Broom）がブラックストンの書に倣って刊行した『コモンロー釈義』（四巻、一八五六年）であり、これも新しい法を増補して版を重ねた。両著はともに大冊であって、通読するよりも、必要な箇所を拾い読みしたのであろう。

(3) イギリスでは、法律書の多くは弁護士によって著述され、実務の参考書として利用された[15]。それらは著者が首尾一貫した理論を体系的、論理的に論述したものではなく、判例から法の規則を抜き出して、それを整理して秩序づけて構成した書である。イギリス法は判例が法源であるので、ひとつの法の規則について、それに適切な判例を掲げ、実例を示して規則の適用を示している。そのため、五〇〇頁以上にわたる大冊が多かった。そこでは新しい判例が示され古い判例に取って代わるので、これらの書は版を重ねるごとに増補し、新しい判例を加えて最新のものとした。

(4)　英吉利法律学校によって翻刻された書は、大冊の実務参考書よりは、学生を対象として書かれた手頃な概説書が選ばれた。法制史家ホルズワース[16]（William Holdsworth）は、記念碑的大著『イギリス法の歴史』の第一五巻（一九六五年）で、一八三二～七五年の間に刊行された法律文献を概観しており、この学校で翻刻された書の数点は、その学生向けの書（Student's Books）と記された頁のなかに見られる。それはスミス[17]（J. W. Smith）の『訴訟法』（初版、一八三五年）、ウイリアムズ[18]（Joshua Williams）の『人的財産法』（初版、一八四八年）、スネル（E. H. T. Snell）の『衡平法』（初版、一八六八年）であって、いずれも版を重ねたものである。

(5)　イギリスばかりでなく、アメリカの法律書が多く翻刻された。アメリカでは、ジェームス・ケント（James Kent 一七六三～一八四七年）がニューヨークのコモンロー、ついでエクイティの裁判所長官を務め、そのあとでコロンビア大学の教授となり、『アメリカ法註釈』（四巻、一八二六～三〇年）を著述した。ついでジョセフ・ストーリ（Joseph Story 一七七九～一八四五年）は、連邦最高裁判所の裁判官を務め、その間にハーヴァード大学で講義し、その講義をもとにして九つの法の分野について『註釈』（一八三二～四五年）を著わした。この二人によってアメリカ法についてはじめてまとまった体系が樹立されたのであり、二人の著書は、イギリス法を継承して、多くの州の法をまとめて記しており、そのうえ、ローマ法やフランス法についても言及しており、アメリカ法の形成に大きな影響を及ぼしたといわれる[19]。英吉利法律学校の講師たちはこれらを見ており、ケントの『註釈』のうちの第二六～三二講の親族法、第三三講の会社法（Corporation）を選んで翻刻し、ストーリの叢書では六番目の代理法を翻刻している。

このほか、アメリカでは、イギリスの法律書を翻刻して、編者がアメリカ法について増補した書が多く刊行され、それらはアメリカの学生や実務家に利用された。そのなかで、チャルマーズの『為替手形法』、ポウエル（E. Powell）の『証拠法』（初版、一八五六年）、スミスの『訴訟法』が英吉利法律学校で翻刻された。このような書はわが国の学生にとってイギリスとアメリカの両国の法をひとつの書から学べる便利があった。

(6)　注目すべきことはポロックやアンスンなどの新しい法律学の著書が翻刻されたことである。イギリスでは、一八六〇年代から大学の法学教育が活発になり、また七三年・七五年に裁判所制度が改革されて、コモンローとエクイティが融合され、この新しい状況のもとで、ポロックの契約法をはじめとする論著が次々に現われた。そこには、ドイツのサヴィニーなどの法律学や、ローマ法、大陸法、イギリスがインドでイギリス法を基礎として法典化（codification）した契約法がよく参照されている。そのため日本の法律家たちに近づきやすいものであったので、この学校で好んで翻刻された。これらの著書については、次章で述べることにしよう。

（1）　英文法律書前金購買者募集広告。この文のあとには、「今ヤ内外人ノ交際日ニ繁キヲ致スノ秋ニ方リ、区々邦語ニ依リ外国法律ヲ授クルカ如キハ、未タ以テ有為ノ士ヲ陶冶スルニ足ラサルナリ」と述べ、日本語でイギリス法を教育しても、それは不十分であることを注意している。

（2）　増島六一郎「英吉利治罪法」、一八八七年度講義録、二一～三頁。

（3）　英吉利法律学校校則、一八八七年一〇月。

（4）　八六年七月の生徒募集広告には、通常科（第一科）と原書科（第二科）を「兼修セント欲スル者ハ、束修（入学料）ハ金一円、月謝ハ金一円五十銭トス」と記されている（明法志林、第一二〇号）。

（5）　『中央大学史資料集』、第一集、一八～九頁。

（6）　『開成学校一覧』『東京大学法文理学部一覧』には、各年度の法律学の科目の参考書が記されている。そのなかで、一八八二年(明治一五年)度の参考書の指定が最も詳しい。それは穂積重行、前掲書、三九二～四頁に掲載されている。東京専門学校については、『早稲田大学百年史』、第一巻、五五六頁、別巻Ⅰ、二四六、二八三～四頁参照。

（7）　第二科を一八九〇年に卒業した卜部喜太郎は、一九三八年、菊池武夫の証拠法の授業を回顧してつぎのように書いている。「当時原書科受持の各教師の教授法はテキストブックを順次訳読するを例とせり。先生は只一人別個の方法を撰ばれ、学生に対して下読すべき範囲を予告し置きて、教室に入り来らるるや直ちに指名し質問を連発して之に答へしむる米国教授法を採られたり。」そのため学生はいつ質問されても返答できるように準備したという（『菊池先生伝』、一〇六～七頁）。

(8) 『明法志林』第一二三号（一八八六年一〇月一〇日）掲載の広告では、刊行する英文法律書にちがう点がある。テリーの『法学原論』は刊行されなかったが、元田肇の翻訳が上下の二巻、合わせて千頁に近い大冊が学校から刊行された。シドモアはアメリカの横浜領事館副領事で、八五～八年度に領事裁判所の訴訟手続について山田喜之助の通訳で講義し、その講義録は刊行された。そのときかれが書いた英文の著書は巻末のD表の(21)に掲げておく。

(9) 司法省は法学校を廃止したあと、判事・検事養成のため、私立法律学校に対して交付金を与えることを決め、イギリス法、フランス法、ドイツ法の各一校を選び、一校に年額五、〇〇〇円を交付することにした。英吉利法律学校、東京仏学校、獨逸協会法律学校がこの交付を受けた。フランス法についていえば、明治法律学校や東京法学校ではなく、まだ法学教育をはじめていない東京仏学校に交付されたのであり、司法省の政治的配慮、高官との個人的関係から三校が選定されたのであろう。九一年の第一次国会で、予算削減に関連して、議員からこの交付金について追及されて、同年に交付金は廃止された。

(10) 英吉利法律学校の広告には、これらの英文法律書の各冊の価格が掲載されており、三円を超す書から七〇銭の書まで、価格は各冊でちがっていたが、原書の価格の五分の一程度であったという。

(11) 『中央大学二十年史』、一九一～四頁。そこには、巻末のD表の(3)ブルーム『コモンロー註釈』、(7)ホール『国際法』、(17)ポロック『組合法』、(20)リングウッド『破産法』、(22)スミス『訴訟法』、(24)スネール『衡平法』が脱落している。(9)ハリス『治罪法』は、(8)『刑法原理』の一部であって、それが分けられて一冊としても販売されたが、『二十年史』には記載されなかった。

(12) ブラックストン（一七二三～八〇年）は、一七五三年から母校のオックスフォード大学でイギリス法を教え、五八年にヴァイナ・イギリス法講座が設けられて、かれは初代の教授となり、六三年に法務次長（Solicitor General）に就任するまで講義した。そのあと七〇年に王座部裁判所、ついでコモン・プリーズ（人民間訴訟）裁判所の判事となった。かれは大学の講義をもとにして、人の権利、物に対する権利、不法行為、刑法の四巻にまとめて、六五～九年に刊行した。この書はイギリス法について明解な文をもって体系的・論理的に正確に記述した書として高く評価されたのであり、アメリカではイギリス法の権威書として版を重ねた。cf. Oxford Dictionary of National Biography, Oxford, 2004, Vol. 6, pp. 10-16. 小山貞夫「ブラックストン著『イングランド法釈義』の歴史的意義——ホウルズワースとミルソムの論文の邦訳の紹介を通じての検討——」、法学、第六〇巻第一号、一九九六年参照。

（13）キァはブラックストンの『註釈』の文とかれ自身の文を明瞭に区別できるようにして、その後の法の発展を書き加えて、現行法を知ることができるようにした。

（14）ブルーム（一八一五〜八八年）はインナー・テンプル（Inner Temple）の講義をもとにして、五六年に *Commentaries on the Common Law* と題する四巻を著わし、第一巻に裁判所、権利と救済、第二巻に契約、第三巻に不法行為、第四巻に刑法を平易に述べている。これはブラックストンの『註釈』を模範としたといわれるが、憲法の論述を欠くなど、それとは大きくちがっている。

（15）これについては、穂積陳重は、「英国に於ては、法学の教育は皆実務執法者の手に存し、法学の著書概ね実務老練家の筆に成る。故に英国法律書の如きは、一の法理を説く毎に必ず之に適当すべき判決を挙げ、一の原則を掲ぐる毎に必ず之が実例を示して以て其適用を明にし、或は成文律を引て以て其沿革を詳にす。故に法理実例常に相伴随す。是英国の法学者が法理と事実の関係を観るに敏なる所由なり」と記している（「英国普通法原論之序」、一八八八年、『穂積陳重遺文集』、第一冊、三五四頁）。

（16）W. Holdsworth, *A History of English Law*, Vol. 15, edited by A. L. Goodhart and H. Hanbury, London, 1965, pp. 275-394. ホールズワース（一八七一〜一九四四年）は、オックスフォード大学の教授としてイギリス法制史の著作をライフワークとし、一〇六六年のノルマンの征服から一八七五年までのイギリス法の発展を記述した一六巻の膨大な書を残した。第一三〜一六巻はかれの没後の編集、出版であり、第一七巻は総索引である。cf. Oxford Dictionary of National Biography, Vol. 27, pp. 630-32.

（17）スミス（一八〇九〜四五年）は、ダブリン・カレッジを卒業してバリスターとなり、弁護士活動のかたわら、ソリシターの法学教育を担当した。かれの *Compendium of Mercantile Law*（三四年）は、商人、商業上の財産権、契約とその救済について、「明瞭、簡単、正確」を期して記述したものである。かれの *A Selection of Leading Cases on Various Branches of Law with Notes*（二巻、一八三七・四〇年）は、三七件の判例を厳選して説明を記しており、好評を博した書であって、わが国の法学教育でも利用された。

（18）ウイリアムズ（一八一三〜八一年）は、四五年に *Principle of the Law of Real Property*、四八年に *Principle of the Law of Personal Property* を著わして名が知られ、弁護士の職務が多忙となった。のちにリンコンズ・インの評議員（Bencher）となり、七五〜八〇年にはインズ・オブ・コートの財産法の教授を務めた。

（19）田中英夫、『アメリカ法の歴史』、上巻、東京大学出版会、一九六八年、二九三〜七頁参照。

五　法律学校への監督・統制

特別監督条規

英吉利法律学校の開校は、明治政府が国家主義的教育体制を樹立する時期にあたっていた。開校の一八八五年（明治一八年）の一二月には、憲法公布と国会開設に備えて、政府は太政官制を廃止して内閣官制を施行して、行政機構の整備に着手したのであって、伊藤博文が内閣総理大臣に、森有礼が文部大臣に就任した。森有礼は、八〇年の改正教育令のような学校制度全般にわたる規定ではなく、大学から小学校までの各段階の学校ごとに大綱を定めて教育制度を改革し、その後の半世紀にわたる制度の基礎をつくった。(1) そのはじめとして八六年三月に帝国大学令を制定し、東京大学は帝国大学と改称して、「国家ノ須要ニ応スル学術技芸」の教育と研究を目的として掲げたのであり、工科を含めて五学部はそれぞれ分科大学として、(2) 東京府知事の渡辺洪基を総長に任じた。総長は大学全体を統括するとともに、法科を重視して、法科大学長を兼任することになった。その前年に法学部は文学部の政治学及理財学科を併合して法政学部となっていたが、それは法科大学と改称されて、大学のなかで枢要な地位を与えられ、学生定員を大幅に増加した。(3) こうして法科大学は官僚養成機関としての性格を強めることになった。それに続いて四月には、師範学校、小学校、中学校に関する法令を公布して、政府が大学から小学校まで一貫して統制・監督する体制を樹立しようとした。

私立法律学校もまたこの政府の規制のもとにおかれ、教育体制のなかに組み込まれた。私立法律学校はこれまで地方官庁の監督のもとにおかれ、学校の設立、授業内容、教員の任免を届けて、許可を受けねばならなかったが、(4) 八六年四月、前述の小・中学校に関する法令と同時に諸学校通則が公布されて、学校の設置とその変更、教員や基金について認可の規制が強化された。ついで八月二五日、私立法律学校特別監督条規が定められ、(5) 教育の面で規制が強化されることになった。

この特別監督条規は、文部省が東京の私立法律学校を選定して、それらの学校を帝国大学の監督のもとにおき、その法学教育の基準を定めて画一化して、入学から卒業まで細かく規制するものであった。その法律学校では、「必要ナ普通学科ヲ修メタル者」を入学させて、三年以上の課程で履修させることとし、フランス法、ドイツ法、イギリス法の学科に分けて、それぞれの学科の各学年の授業科目を定め、そのうえ第三学年に擬律擬判の科目の履修を指示した。(6) この教育については、法科大学の教員をして監督させることにし、法律学校は学生の入学時の資格を調べて試験を厳格におこない、各学年の授業の時間表、試験の日程と学生の成績を提出することを定め、これに対して大学の教員が常時および試験のときに視察して必要な改善を指導することが義務づけられた。(7) このように政府は帝国大学を通じて私立法律学校を監督して、その教育体制のなかに完全に組み入れようとしたのである。そこには「官尊民卑」の態度が露骨に示されており、法科大学が私立法律学校を監督するのは異例な施策であった。

それと同時に、この条規は八四年一二月に制定された判事登用規則を受けて、私立法律学校の卒業生を判事・検事に任用することを意図していた。判事・検事については、司法省法学校で養成してきたが、その学校が文部省、ついで東京大学に移管されて、司法省は自前で養成できなくなった。このときは法律学を習得した判事・検事が圧倒的に不足しており、官立学校の卒業生だけではそれを充足できなかった。そのため、司法省と文部省とが協議し、大学側と打ち合わせて、この条規を定めたと考えられる。法律学校の教育を一定の水準に高めることは、八四年七月に穂積陳重たちが大学に別課法学科の開設を建議したときに課題としていたのであり[8]、法律学校の授業科目は大学の教員が策定したのであろう。こうして法律学校で法律学を修得した優秀な卒業生に対して、法科大学の教員が司法官の立会いのもとで試問して、合格者には及第証書を与えることにした。この法律学の修得を保証された合格者には、改めて学科の試験をすることなく判事補に任用することにした。この点は文部省と司法省との間で合意された[9]。この裁判官任用は法律学校にとって大きな特典となるものであった。

この条規に対して、私立法律学校は積極的に受け入れて学校を発展させようとした。この認可を受けて特典を得なければ、学校が存続・発展できないと考えられ[10]、どの学校も条規に対して強く反抗できなかった。そこで、専修学校、明治法律学校、東京専門学校、東京法学校、英吉利法律学校はあいついで申請して、一一月にはこの認可を受けて「特別監督学校」と称することになった。この規制は翌八七年一月から実施され、これらの学校は五大法律学校とよばれるようになった。

特別監督条規は、八八年五月に廃止されるまで、一年四か月間実施された。この条規にもとづいて、法科大学は四人の教授・助教授を監督委員に任じ、穂積陳重がその監督委員長となり、英吉利法律学校の監督は穂積が担当した。入学資格については、監督委員長は、「普通学科を修めたる者」を尋常中学卒業生として、この卒業生以外にも、国語、漢文、数学（四則・分数・比例）、地理、歴史の五科目を修めた者を入学させることを認めた。学校側からの入学試験科目の範囲、従前の初等中学卒業生に対する無試験入学の可否についての問い合わせに対して、監督委員長は応答して指示したが[11]、法科大学がどれほど法律学校の教育について介入したかは明らかではない。おそらく教育内容の細目については指示しなかったであろう。しかし、八七年九月の新学年度からは法律学校はこの条規に従って入学試験を実施し、授業科目を設けて教育し、授業と試験の詳細について法科大学に報告したのである。授業を担当できる講師の資格は定められていなかったが、実際には、講師は外国で法律学を習得した者および大学と司法省法学校の卒業生に限られ、その人数が少なかったので、イギリス法とフランス法に分かれて、講師たちは二つあるいは三つの学校で教えたのである[12]。こうして各法律学校はそれぞれの創立の理念と特色が薄れて、画一化することになった[13]。

このように条規の目的は、法学教育の画一化と並んで、卒業生を判事・検事に任用することにあった。八七年一〇月には、五大法律学校は合わせて七一名の卒業生を推薦し、かれらに対して、法科大学の教員が、大審院検事長名村泰蔵を加えて、民法、商法、民事訴訟法、刑法、刑事訴訟法と一般の法理について、六日間にわたって口述試験をおこなった。一二月にその合格者一八名（そのうち英吉利法律学校卒業生は四名）に証書が交付されて[14]、その全員が判事補に採用された。

特別認可学校規則

つぎの問題は、私立学校の卒業生を行政官にも任用することであった。政府は国会開設の前に官僚体制を確立することを決意して、八六年二月に各省の官制を定め、その官吏を高等官、判任官、技術官に分けて俸給を定めた。八七年七月には官吏の服務紀律を定めて、天皇と天皇の政府に対して忠順に勤務し、法律命令に従い、それぞれの職務を尽くすことを義務づけた[15]。それとともに、文官試験試補及見習規則を定めて、法科大学を官僚養成機関として位置づけて、その卒業生を高等官の候補者（試補）とし、これに対して私立学校の卒業生については、普通試験を要しないで判任官補（見習）として採用することと[16]、高等官試験の受験資格を与えることを定めた。高等官には法学士などの一定の学歴をもつ者の任用が原則とされたので、試験による任用はいわば補充的なものであったが、ここにはじめて官吏任用の試験制度が実施されることになった。その意義は大きいものである。

そこで政府は特別監督条規を廃止して、八八年五月五日に特別認可学校規則を公布した。これによって、認可した私立学校に対して、判事・検事だけでなく行政官を供給する教育機関とし、文部省がその監督をおこなうことになった。この規則は、法律学、政治学、理財学（経済学）を教育する私立学校へと指定校の範囲を広げて、学校の入学資格、授業科目などについて規定した。そのなかで、一七歳以上で、尋常中学校卒業生、あるいは国語、漢文、外国語、地理、歴史、数学などの尋常中学卒業程度の試験に合格した者に限って入学させることと、法理学、法学通論、憲法、行政法、民法、訴訟法、刑法、治罪法、商法、国際法、財政学、理財学、統計学、史学、論理学などのうち、七科目以上を履修できるように授業科目を設け、法律学の学科には擬律擬判の科目を設けることが定められた。履修すべき科目は法律学が圧倒的に多く、行政官の資格として法律学が非常に重視された。これが官吏任用における「法律偏重」の最初の規定であり、それが今日まで存続していることは周知のとおりである。そのうえ、文部省は、各学校に対して、入学試験や学年試験の科目・時間割・学生の成績、および入学生・卒業生の氏名・族籍を報告することを義務づけ、委員を任命して、授業の場に赴いて監察させ、学校の管理や授業の実情を視察させることにし、不十分なときには、管理や授業について改善を命令し、特別認可学校の資格を欠くと判断したときには、認可を取り消すことにしたのである。こうして文部省は法科大学の監督よりも監督・規制を強化した。

これに対して、五大法律学校は五月一六日に会合を開いて協議し、個別に認可を申請することを決め、一二月までに全校が認可を受けた[17]。同時に独逸学協会学校専修科と東京仏学校法律科も認可を受けた。この規則に従って入学した学生は特別認可学生とよばれ、所定の科目を履修して卒業すると、普通試験を受けることなく判任官見習に任用されることが認められ、また高等官試験を受験する資格も与えられた。そのうえ、八六年一一月の徴兵令の改正によって、徴集猶予の特典が官立学校の学生と同じく「文部大臣ニ於テ認タル之ト同等ノ学校」にも認められていたが、八七年三月の文部省訓令によって、これらの学校の指定の学生にも適用されることとなった。ついで八九年一月の徴兵令の改正によって、かれらは在学中には二六歳まで兵役の徴集が猶予され、また一年志願兵となることができた[18]。

このように政府の規制を受けた法律学校は、司法官・行政官の任用、および徴兵猶予の特典を受けるとともに、授業科目、講師の選定、校長などの管理体制について対応する措置を取らざるをえなかった。とくに入学資格は大きな問題であったが、これについては次節で述べることにしよう。

校則の改正

重要なことは、政府の規制によって、法律学校の設立の理念と目的は変わり、その教育内容が画一化したことである。特別監督条規の第二条但書には、「各科ニ掲クル法律中、帝国ニ於テ既ニ制定頒布アリタルモノハ主トシテ之ヲ教授シ、外国法ハ傍ラ之ヲ対照スヘキモノトス」とあって、わが国が制定した法律を教育し、外国法は比較参考とすることとされた。英吉利法律学校は、八六年一二月の校則で、その目的について、「本校ハ帝国法律ノ実地応用ヲ練習セシムルヲ目的トシ、本邦制定ノ法律ヲ教授スルノ外、広ク法理ニ通達スル為メ、邦語又ハ原書ヲ以テ英吉利法律学ヲ講窮スルモノトス」と改めた。開校の翌年に早くもイギリス法を教育するという学校の目的は変更されて、わが国の法律を教授することが主目的になり、イギリス法の教育は補助的地位に移された。さらに特別認可学校規則制定の直後の八八年七月には、上記の校則を改正して、その後半を「邦語又ハ英書ヲ以テ法律学ヲ講究スルモノトス」と改め、「原書」を「英書」とした代わりに、「英吉利法律学」から英吉利の文字を削除して「法律学」と変えたのである。

特別認可学校規則では、法律学の授業科目は、特別監督条規とちがって、イギリス法、フランス法、ドイツ法の学科に分けて定められなかった。八七年の判事登用試験と代言人試験でも、それまでの外国法の分類による科目ではなく、法律科目が指定された。これは諸法典が制定される直前の措置である。しかし、民法典や商法典が制定されるまでは前記の試験はイギリス法とフランス法とに分けて問題を提出せざるを得なかった。この状況のもとで、各法律学校では英米法あるいはフランス法を引き続き教育した。英吉利法律学校は英米法の授業が充実しており、特別監督条規や特別認可学校規則で指示された科目を充足していたので、八九年度までは授業科目の大きな変更はなかったのである。

ついで八九年二月一一日に大日本帝国憲法が公布された。その日、法科大学や諸法律学校の学生と同じく、英吉利法律学校の学生と講師は提灯行列をおこなって祝賀した(19)。その直後には帝国憲法について山田喜之助、江木衷、渋谷慥爾によって特別の講義がおこなわれた(20)。九月からの新学年には、帝国憲法の科目が各学年に設けられて、山田喜之助、合川正道、穂積八束の三人(21)が講義を担当することになった。翌一〇月、英吉利法律学校の名称は東京法学院と改められて、イギリス法が校名から消えたのである。九〇年に民法・商法などの法律がつぎつぎと公布されると、法科大学と法律学校は、日本の法律を授業することになって、外国法の授業は著しく少なくなった。英吉利法律学校では、九月からは授業科目を全面的に改め、公布された民法・商法の講義が中心となって、英米法の多くの講義は廃止された。こうして創立のときのイギリス法を教育する理念は消滅して、新たな理念をもって法律学校として歩むのである。

（1）森有礼の教育政策については、海後宗臣氏などの共同研究「森有礼の思想と教育政策」（東京大学教育学部紀要、第八巻、一九六五年）に詳しく考察されている。このほか、大久保利謙「森有礼」（『明治維新の人物像』、大久保利謙歴史著作集　八）、吉川弘文館、一九八九年、本山幸彦『明治国家の教育思想』、第六章、思文閣出版、一九九八年参照。

（2）『東京大学百年史』、通史一、第三編第一章。寺崎昌男『日本における大学自治制度の成立』、第二章、評論社、一九七九年参照。各省が必要とする専門家を養成するために設けた学校を合併して、帝国大学に集中する施策がとられ、司法省法学校についで、八六年三月には工部省の工部学校を統合して工科大学が設置され、九〇年六月に東京農林学校を合併して農科大学が新設された。

（3）法科大学の学生入学定員は、法律学科が九〇名、政治学科が六〇名、合わせて一五〇名と大幅に増加した。その増加数は他の分科大学と比べて際立って多く、帝国大学の入学生定員の総数四〇〇名のうち三八%を占めるに至った。

（4）『専修大学百年史』、上巻、一九〇～一頁参照。

（5）特別監督条規の規制と法律学校の対応に関しては、『東京大学百年史』、通史一、九九四～一〇〇三頁。『中央大学百年史』、通史編上巻、一五三～七七頁、および他の法律学校の後身の大学の『百年史』に詳しく記述されている。東京大学所蔵の私立法律学校特別監督関係資料は、寺崎昌男・酒井豊氏によって紹介され（東京大学史紀要、第三号、一九八〇年）、『中央大学史資料集』（第三集、一九八八年）などに掲載されている。

（6）特別監督条規には、英吉利法律科の科目としてつぎのように定められている。第一年、法学通論、契約法、私犯法、代理法、刑法。第二年、親族法、組合・会社法、動産委託法、売買法、財産法、治罪法。第三年、財産法・破産法、証拠法、保険法、訴訟法、流通証書法、商船法、擬律擬判。英吉利法律学校はここに指定された授業科目をすでに教えており、指定の学年よりも前の学年で教えた科目が少なくなく、それ以外の科目も教えていたので、この条規によって変更することがなかった。擬律擬判については、訴訟演習でそれを教えていたが、八六年度からは訴訟演習とは別にこの科目を設けた。

（7）特別監督条規第八条には、帝国大学総長は、監督委員の報告によって、法律学校校主に対して、学科課程および教授法の改正を論告することができると定められている。

（8）穂積陳重ほか六名の別課法学科設立の建議のなかでは、「夫レ学識ノ標準尺度ハ之ヲ統理スルノ一黌所ナケレハ之ヲシテ統一ナラシムル能ハス。苟モ統一ナラサルトキハ世ノ法律ヲ学習セント欲スル者其適従スル所ヲ知ラント欲スルモ亦得ヘカラス」と述べ（『東京帝国大学五十年史』、上冊、五九八頁）、法学教育にはひとつの基準が不可欠であり、その統一を定める機関が必要であるとしている。

（9）文部省と司法省との間で、八六年一一月、合格者を無試験で判事補に採用する件が確認された。『中央大学史資料集』、第一集、二六五～七一頁。なお、この年には、司法省はかれらのほかにも試験を実施して判事補を採用した。

（10）この条規のあと、泰東法律学校（京橋区）と浅草法律学校（浅草区）が閉校となった。このように法律学校が淘汰されて、政府が認可した学校だけが発展することになった。

（11）『中央大学史資料集』、第一集、二〇頁。

（12）英吉利法律学校、東京専門学校、専修学校の英米法の三校で教えていたのは、伊藤悌治、江木衷、奥田義人、関直彦、戸水寛人、中橋徳五郎、松野貞一郎、三崎亀之助という多数であり、このほか二校で教えた講師が見られる。

（13）八七年八月、板垣退助は、政府が条約改正に失敗したあと、時弊を憂いて十数点にわたって意見書を記した。そのなかの一条には、「天下人民をして不羈独立の志気を長じ、思想の発達するを患ひ、専ら官立の学校を興隆して民間の教育を阻喪せしめ、画一の学校を敷き、人の心智を拘束し、彼の不羈の気、独立の志を消殺せんとするに至りては、其旨深くして其罪も亦た大なりと云ふべし」と、政府の教育政策を非難した。この文につづいて、つぎのように自由な教育政策を説いている。多様な才能を集め智徳を合するから、文化の美が現われるのであって、人の天賦がさまざまで長所も一様でないから、人の天賦を成長しようとする者は器に入ってはならない。政府の本来の職務についていえば、教育に干渉するのは人智の発達の自由を奪うものであると。『自由党史』、下、岩波文庫、二五三～四頁。この文章は『明治大学百年史』（第三巻、通史編Ⅰ、二三三頁）に引用されている。

（14）英吉利法律学校の四名の合格者のうち、石山弥平、山口正毅、山本勝助は講義録の筆記者であった。

（15）由井正臣・大日方純夫編『官僚制・警察』（日本近代思想体系　三）、岩波書店、一九八九年参照。

（16）試補は三年の勤務のあと本官（奏任官）に任じられ、見習は三年間の勤務のあと判任官に任じられるという定めであった。文官試験試補及見習規則に関する資料については、『中央大学史資料集』、第十三集参照。

(17)『中央大学百年史』、通史編上巻、一七四〜五頁、『明治大学百年史』、第一巻、資料編、二五九〜六一頁参照。
(18) 徴兵については、『専修大学百年史』、上巻、三六七〜八、五四二〜三頁、『中央大学史資料集』、第十三集、八九〜九二頁、天野郁夫『学歴の歴史』、二二六〜三二頁参照。一年志願兵は、八九年一月の改正徴兵令によれば、食料・被服・装具などの費用を納めて一年間兵役に服した制度であって、満期後には、二年間の予備役、五年間の後備役に服した。
(19)『中央大学百年史』、通史編上巻、二〇〇〜二頁参照。
(20) 山田喜之助・合川正道・江木衷の講義は、『帝国憲法要義』と題して、六法館から八八年四月に刊行された。家永三郎氏は、「明治憲法制定当初の憲法思想」で、憲法発布直後に刊行された数多くの憲法解説を調査して、その思想を詳しく論評している（『日本憲法思想史研究』所収）。
(21) 穂積八束は英吉利法律学校では憲法とともに国法学を担当した。かれは陳重の弟で、八三年に東京大学文学部を卒業し、ドイツに留学した憲法学者であり、英吉利法律学校ではドイツ法を専攻した最初の講師である。法科大学の憲法講座の教授として、かれは帝国憲法を支持する権威ある学者として見做された。かれの憲法思想については、マイニア『西洋法思想の継受』（佐藤幸治・長尾龍一・田中成明訳、東京大学出版会、一九七一年）、長尾龍一『日本法思想史研究』（創文社、一九八一年）など多くの論著で論じられている。

六　学　生

入学資格　中等教育の遅れ

わが国が西欧に倣って法体制を急速に確立するとき、多数の青年たちに対して法律を教えて、その知識を普及することは、大きな意義をもった事業であった。このことから、英吉利法律学校は[1]、他の法律学校と同様に、できるかぎり多数の学生を入学させた。初年度には、校内生は「作文、読方、書取」という国語・漢文の簡単な試験をおこなって入学させ、入学試験を受けない聴講生は員外生としていつからでも通学を許し、校外生はいつでも無試験で通信教育を受けることができた。

この法学教育にとって大きな障害となったのは、中等教育の普及がいちじるしく遅れていたことである。[2] 明治初年以後、裁判官、医師、技師などの専門家を養成する高等教育と、「必ず邑に不学の戸なく、家に不学の人なからしめんことを期」した初等教育とからはじめられた。小学校とその教員を養成する師範学校は重視されて、その充実が図られたが、小学校を卒業した者たちが入学する中学校に対しては、財政的に力が及ばなかった。文部省の調査によれば、一八八〇年（明治一三年）には、全国で初等中学校は公立が一三七校、私立が一八七校も数えられたが、私立中学校は漢学、英学、数学といった一〜二科目を教えたところがほとんどであり、東京以外では、旧藩の士族たちが中心となって設けられた学校であって、主として漢学を教えたところが多かったといわれる。

七九年に中学校を「高等ナル普通学科ヲ授ケル所」とし、ついで八一年に初等（三年）と高等（三年）に分け、設置基準を定めて設備、教員、教科の充実が進められると、私立学校のほとんどはその基準に達しなかったため、中学校からはずされて各種学校とされ、八五年には私立の中学校はわずか二校となった。府県立の中学校でも、地方官庁の財政が貧弱であったので、整理が進められて、八五年に一〇五校、八六年には五四校に減少した。生徒数も、八五年には約一万五千、八六年には約一万を数えるにすぎなくなり、中学校卒業生の数は非常に限られていた。さらに八七年の中学校令によって、[3] 中学校は尋常（五年）と高等（二年）と改められ、高等中学は全国に官立の五校を設けたが、[4] 各府県立の尋常中学校は一校に限って、町村立の中学校を認めないことにした。この事情から、私立法律学校は尋常中学卒業生以外の学生を多く入学させたのである。かれらは小学校や家塾で学んだあと、「青雲の志」を抱いて東京に「遊学」し、上級学校の予備校などで勉強した人たちが多かった。

しかるに、八六年の特別監督条規は入学資格を「必要ナ普通学科ヲ修メタ者」と指示し、法律学校は中学卒業生とそれと同等の学力をもつ者を入学させることになった。英吉利法律学校は、八七年度には、尋常中学校を卒業した者は無試験で入学させたが、その数はきわめて少数であった。それ以外の者については、法科大学に入試科目の範囲を問い合わせたうえで、国語、漢文、数学、地理、歴史の五科目の試験を、[5]第二科（英語法律科）では、それに加えて、英語の作文、素読、訳読の試験を実施して入学させたのである。

「普通学」といわれた尋常・高等中学校の教科の履修が法律学を学ぶのに不可欠であったことはいうまでもない。インズ・オブ・コートで学ぶ学生はオックスフォード・ケンブリッジ大学の卒業生が多かったことを考えると、法律学校は卒業生に対して直ちに弁護士の資格を与えるのではないが、基礎の学問を修めていない人を多数入学させたことは、授業のうえで大きな問題であった。[6]そのため、英吉利法律学校では、八七年に第一科（邦語法律科）の学生に対して毎週一二時間の英語の授業をおこなうことにし、[7]東京英語学校などで「普通学」を勉学することを奨励した。

ついで特別認可学校規則では、入学者は尋常中学校卒業あるいはそれと同等の学力をもつことと定められ、入学資格の規制が一層厳格になった。これに応じて、英吉利法律学校では、中学校卒業生以外の者に対しては、国語、漢文、外国語、地理、歴史、数学の六科目の試験で選抜した。こうして入学した学生は特別認可学生とよばれ、官吏任用と徴兵猶予に関する特典が認められた。それ以外の学生に対しては、漢文、作文、数学、第二科（英語法律科）では、それに加えて英語について試験して入学させた。[8]かれらは普通法学生とよばれ、特別認可学生と同じ授業を聴講し、同じ履修・卒業試験を受けたが、この特典が認められなかった。このため、特別認可学生となるため学生に基礎的な教育をおこなう学校を設立することになった。五大法律学校の有志たちは合同してこの予備的課程の学校を設けることを相談し、各校二名が評議員となって、八八年二月に法学予備校を設けて、英語、仏語、数学、歴史、地理、国語、漢文の授業をはじめたといわれる(9)。それとは別に、八九年には、明治法律学校、専修学校、東京専門学校では、それぞれ同様な予備校を設けたのである(10)。

以上、政府の規制に対応して、主として学生の入学の問題について述べた。英吉利法律学校の学生の記録は、その後の二度の火災のために失われており、今日知られることはわずかにすぎない。ここで残されている記録から、とくに数字をあげて、学生の進級・卒業や、英語法律科と特別認可学生の問題について述べてみよう。

卒業生の増加

英吉利法律学校の毎年の入学生の人数をあげることはできないが、卒業生の人数と氏名は知られている。開校の翌年から卒業生を出しており、他の法律学校と同じく、卒業生は年ごとに増加の一途をたどった。その人数を表記すると、第三表のとおりである。

英吉利法律学校を改称した東京法学院の卒業生は、創立後五年にして、九〇年には三〇九名であって、それまで最も多くの卒業生を出してきた明治法律学校に近づき、五大法律学校の全卒業生のうち三〇％を占めるに至った。翌九一年は東京法学院は三四四名を卒業させ、法律学校のなかで最多数となって、その全卒業生の半数を超えた。この年の卒業生は他の法律学校ではいずれも減少したのであり、東京法学院でも九二年には二九九名に減った。八〇年以来学生が大幅に増加して繁栄を誇ってきた法律学校は、九一〜二年で一時期を終えるのである。

『東京法学院学則』（九一年一月）には卒業生の名簿が掲載され、氏名とともに出身地（本籍地の府県）と族籍が記さ

第三表　五大法律学校卒業者数

	東京法学院 英吉利法律学校			専修学校法律科	東京法学校※	明治法律学校	東京専門学校法律科	計
	第一科	第二科	計					
1881				9				9
82				16		19		35
83				14		25		39
84				43		35	8	86
85				−	8	31	42	81
86	4		4	24	25	33	30	116
87	18		18	15	24	54	17	128
88	51		51	13	60	98	16	238
89	117	26	143	17	93	174	35	462
90	217	92	309	59	99	456	60	983
91	238	106	344	33	60	162	43	642
92	202	97	299	13	47	167	29	555

※　東京法学校は1889年５月に東京仏学校と合併して、和仏法律学校と改称した。
卒業生数については、各法律学校の後身の大学の『百年史』に記載された人数を記した。

れている。九〇年までの卒業生は五二五名であって、その族籍を見ると、士族が一九一名、平民が三三四名、華族が一名であった。平民はほぼ三分の二であって、残りの三分の一が士族である。[11] 法科大学の学生と比べると平民の比率が高い。豪農・豪商の子弟で、中学校に進学しなかったが、東京に遊学して、法律学校に入学した人が多かったのであろう。卒業生の出身地については、全国の府県に広がっており、北海道が四名、東北が四五名、関東が一二九名、中部が一五四名、近畿が四六名、中国が五九名、四国が二三名、九州が六六名である。関東と中部の二地方の卒業生で全体の半数を超え、とくに東京、長野、新潟の府県の出身者が多かった。

進級と卒業

この学校では、他の法律学校と同じく、入学はやさしく卒業はむずかしかった。学年は二学期に分かれ、前期が九月一一日から二月一〇日まで、後期が二月一一日から七月一〇日までであって、学期末にそれぞれ履修試験がおこなわれた。進級・卒業するためには、各科目について六〇点以上の成績を収めねばならなかった[12]。第一学年では、学生ははじめて法律学を知り、契約法をはじめとする英米法を習うので、それを理解するには多大な努力を必要としたであろう。試験では、法律学の問題について答案を書くのであるから、法律の思考力だけでなく、作文の学力が問題となった。基礎の学力をもたない学生は、この試験で合格するのがむずかしかったであろう。

幸いにも、八七年七月と一〇月の各学年の第一・二科の学生数の記録が残されている[13]。七月の学生数は八六年度末、一〇月のそれは八七年度はじめの数と考えられる。そうであるとすると、八六年度の第一科（邦語法律科）の第一学年生は学年末には三二二名であったが、八七年度はじめの第二学年生は一三九名であるから、家庭の事情や病気で退学した者がいたであろうが、半数以上の者が進級しなかった。このように第二学年への進級は容易ではなく、学生数が大幅に減少したことは注意されよう。それに対して、第二学年では履修科目が多かったが、法律学の勉強に慣れたであろうから、学年末の履修試験の落第者は比較的少なかったように思われる。第三学年は主として法理学と国際法などであって、学生はそれほど困難なく卒業できた。この点を前述の一三九名の第二学年生について見ると、八九年七月に卒業した者は一一三名であるから、第二学年に進級した学生の大部分が卒業したと考えられる。したがって、第一学年の履修試験が最大の難関であって、それを無事通過すれば、大部分の人たちは卒業できたといえよう。

第二科（英語法律科）では、八六年度末の第一学年生は一七二名であったのに、八七年度はじめの第二学年生は二九名に大幅に減少している。この変化は驚くべきことである。八六年度はじめの入学生は四〇名であったといわれ、それが一七二名に増加したのは、この科の最初の年度であったので、途中に入学する学生があったであろうが、第一科の学生の兼修を認めて[14]、それを奨励したことが大きな理由であろう。八七年度には特別監督学校となって、両科の兼修は認めないことになったので、兼修した学生の大部分は第一科に進級して、第二科の第二学年に進級した学生は大幅に減少したと考えられる。

第二科の最初の年度には、講師たちにとっては、英文法律書を用いて日本語で授業することがはじめてであったので、学生は大きな期待をもちながらも、英語能力の乏しさと英米法の理解のむずかしさから、十分な成績を収められなかったであろう。翌八七年度からは講師の教育方法が改められ、おそらくやさしくなったであろう。前述の第二学年生の二九名が卒業する八九年七月では、第二科の卒業生は二五名であるので、かれらの大部分が卒業できたと考えられる。同様に、八七年度入学の第二科の第一学年生は一八三名という多数であり、九〇年七月の卒業生は九一名であって、その比率は五〇％であって、その数だけからいえば、半数の者が卒業したことになる。これに比べて、第一科の八七年度入学生が二六三名であって、九〇年七月の卒業生は二一八名というように、比率は約八二％である。転科、退学、留年、編入といったことを考えねばならないが、第二科の方が第一科よりも履修がむずかしかったといえよう。

特別認可学生

つぎに特別認可学生の数を見てみよう。特別認可学校規則施行二年目の八九年九月には、学年別の数はわからないが、全学生については、特別認可学生は二五七名であって、普通法学生が一、四〇六名であるのに対して(15)、五分の一という少数であった。しかも第一科では、全員一、一五八名のうちで特別認可学生はわずか一〇二名であって、一〇分の一以下にすぎなかったのに対して、第二科では、全員五〇五名のうち、特別認可学生は三分の一弱の一五五名であって、第一科に比べてはるかに比率が高かった。特別認可学生は第二科の英文法律書を読むコースに多く学んだのに対して、普通法学生は第一科の日本語で法律を学ぶコースを比較的多く選択したといえよう。この点について、八九年七月の卒業生を見ると、[16]特別認可学生は、第一科の全員一一七名のうち三八名（三二・五％）であるのに対して、第二科が全員二六名のうち二〇名（七六・九％）である。九〇年七月の卒業生でも、第一科の二一八名のうち一〇一名（四六・三％）であるのに対して、第二科が九一名のうち七六名（八三・五％）である。このように卒業生でも、特別認可学生の比率は第二科の方ががはるかに高かった。

注意されるのは、特別認可学生の八九年の卒業生は五八名であったのに対して、九〇年の卒業生は一七七名であって、全卒業生のそれぞれ四〇・六％、五七・六％であり、人数も比率も大幅に増加していることである。特別認可学校に指定されたのは八八年七月であり、その九月に入学した学生から特別認可学生として認められた。かれらが卒業するのは九一年七月であるが、このように八九年と九〇年の卒業生にも特別認可学生として認められていた。[17]特別認可規則の公布のとき、五大法律学校は第二・第三学年の学生にもこの特典を与えることを要請したが、文部省は無試験で認めることに強く反対した。[18]そこで、各学校は特別認可学生の試験を準備する予備校を設けて教育して、毎年一、二回、特別認可学生の資格試験をおこなったので、特別監督条規に従って入学した学生のほか、多くの学生がその資格を得たのである。[19]

卒業生の進路

卒業生の進路と就職については、各法律学校は多大な注意を払っており、とくに代言人試験や判事登用試験の合格者の人数は、毎年『明法志林』などの法律雑誌に掲載された。判事、検事、弁護士の試験の合格者は、前述のように、法律学校の卒業生がしだいに独占するようになっていた[20]。そのなかで、英吉利法律学校は法律家の養成を主目的としたので、判事、検事、弁護士を多数輩出している。とくに花井卓蔵や卜部喜太郎などのすぐれた弁護士が活躍したことはよく知られている。九四年六月刊行の『法学新報』（第三九号）には、英吉利法律学校・東京法学院の卒業生を調査して、弁護士の一九六人と判事・検事の七四人の名簿を掲載している。英吉利法律学校・東京法学院は明治法律学校と並んで多数の法律家を育成したのである[21]。

（1）英吉利法律学校の開校当初の様子を想像することは、われわれにとって容易なことではない。そこで、最初の一八八五年に入学して八八年に卒業した工藤武重氏が、一九三五年の創立五〇年に際して記した回顧談は、学校の風景をよく伝えているので、長文であるが、引用しておこう。

「其当時の校舎は、旧幕時代の旗本屋敷の遺物であって、障子唐紙などを以て各教室を区劃し、ここで授業を開始したのであるが、何分天井は低く、室内は暗く、学校としては極めて不適当のものであった。開校匆々、屋敷内の空地に小規模の一棟を急設し、以て教室の不足を補ったが、これとても設備甚だ不行届で、極端に言へば、昔時の寺子屋に髣髴たるものがあった。」

「英吉利法律学校の設立者及講師は、皆な役人か代言人であって、授業は大抵午後三四時頃から始められた。講師の卓上には台ランプを置き、天井にも二三のランプを吊し、かくて講師は鹿爪らしく英吉利法律の効能を説き、「約因」がドウの、「法鎖」がドウのと、甚だ小六ヶ敷い事を翻訳講明し、生徒は薄暗い室内で之を筆記し、無我夢中に教授を受けたものである。又時々討論会が催され、生徒は臆面もなく生噛りの法律論を出し、先刻聴いたばかりの理屈を並べて、衷心頗る得意の体であり、之に対してそれぞれ講師の批判があった。」（「約因」は契約法の consideration の訳語、「法鎖」は obligation の訳語）

「其頃生徒の服装は、一二三の洋服連を除きては（之れは官庁勤務者なりと聞く）皆な和服の着流しであって、袴を着ける者などは、一人も見当らなかった。尤も之れは都下私立学校、何れも皆な同一で、独り本校生徒に限るのではない。」（「五十年

前の回顧」、『中央大学々報』、第八巻第四号）
この文には「生徒」と書かれている。一八八一年、東京大学では、大学の学生を「学生」とよぶことに決めた。このため、旧制の高等学校や専門学校などの学生は「生徒」とよばれることになり、その慣行は今日にまで及んでいる。しかし、本稿では、法律学校の学生を生徒ではなく「学生」と記すことにした。

（2）中学校については、本山幸彦編著『明治前期学校成立史』（未來社、一九六五年）、倉沢剛「中学校令の公布と中学校の組織改正過程」（『学校令の研究』、講談社、一九八三年）、米田俊彦『近代日本中学校制度の確立』（東京大学出版会、一九九二年）などを参照。学校数と生徒数は『文部省年報』の記載による。

（3）中学校令第一条には、「中学校ハ実業ニ就カント欲シ又ハ高等ノ学校ニ入ラント欲スルモノニ須要ナル教育ヲ為ス所トス」と規定され、尋常中学については、森有礼は中流の社会人を育成するところとした。

（4）高等中学校は八六年から八八年までに全国で官立の五校が設けられ、諸学校通則によって山口と鹿児島に開設された。この改正によって、東京大学予備門は第一高等中学校となった。第一高等中学校は本科に多数の学生を擁したが、他の学校では学生の学力が十分でないので、予科・補充科を設けて教育し、数年かかって体制が整うようになった。高等中学校は九四年に高等学校と改称された。これが旧制高等学校のはじまりである。

（5）八七年五月の募集広告によれば、第一科の入試科目は、国語、漢文（講読・白文・訓点）、数学（四則、分数、比例）、地理・歴史（日本・万国）で、第二科は英語（作文・素読）（マコーレイ氏ヘスティング伝、ギゾー氏文明史）、訳読（スキントン氏万国史）の試験をおこなった（明法志林、第一三七号掲載）。

（6）土方寧は普通教育の必要を強く説いたひとりである。かれは八三年八月に東京大学の教壇に立って、別課法学科の学生を教えた。学生二八名のうち二三名は尋常中学卒業生であったが、残りの五名は普通教育を受けていないので、学力の差がいちじるしかったという。第一・二学期の試験では五名の落第があり、かれらは推理力が乏しく論理上の証明ができず、また英文の訳読の学力がなく原書を参照できなかったと評している。『東京大学年報』、第四年報、一八八三〜八四年、『東京大学年報』、第二巻、三五一〜二頁。

（7）英吉利法律学校は、開校のときに、同じ校舎を使用していた東京英語学校で、学生が英語を履修することを奨励した。特別監督条規が実施されると、八六年度には、邦語科の各学年の学生に対して、毎週一二時間、英語の授業をおこなうことにした。それは、第一学年で習字、綴字、読本の素読・訳読からはじめて、第三学年にはブラックストン『英法註釈』、テリー『法律原論』の素読・訳読まで進む教育であった。この英語授業は尋常中学を卒業していない英語の能力が乏しい学生を対象としたものである。ついで特別認可学校規則が定められると、尋常中学卒業生とそれと同等の学力ある学生を入学させるのが原則となったため、この英語授業は廃止されたようである。八八年度以後の校則には見られない。

（8）　特別認可学生の入試科目の範囲は、国語・漢文（講読・作文・仮名交り文）、英語（講読、会話、作文、翻訳）、地理（日本・諸外国地理の要領）、歴史（日本、支那・万国史の要領）、数学（算術、代数・幾何初歩）であった。これに対して、普通学生には漢文（訳解）、国語、数学（四則、分数、比例）であった。

（9）　『専修大学百年史』、上巻、五九一～二頁参照。

（10）　『専修大学百年史』、上巻、五九二～六〇三頁、『明治大学百年史』、第三巻、通史編Ⅰ、二四九～五一頁。『中央大学百年史』、通史編上巻、一七四～五頁。

（11）　東京専門学校の八二～三年の学生の族籍については、士族が三八・八％、平民農民が四六・三％、平民商人が一四・九％であり（『早稲田大学百年史』、別巻Ⅰ、二五二～三頁）、英吉利法律学校の学生もこれと大きく変わらなかった。

（12）　八七年七月制定の校則には、進級・卒業の合否の判定規準が定められている（『中央大学史資料集』、第一集、二六～七頁）。それによると、学期試験（二回以上）の平均点数を二倍して、それに学年末の試験点数を加え、それを三で割った数を平均点数とする。各科目の平均点数が六〇点以上は合格・及第である。それ以外の場合では、例えば、学年末試験で三科目が六〇～五〇点の場合、学期試験の平均点が八〇点以上であれば及第するといったように、及第する基準が複雑に定められている。授業科目のうちで随意科目の扱いについては、規則を見出せなかったが、おそらく及落の成績とは関係しなかったのではあるまいか。

（13）　八七年七月の学生数は、徴兵猶予に関する請願書（『中央大学史資料集』、第一集、一八頁）に、十月のそれは「英吉利法律学校学則」の沿革紀要の欄（法学協会雑誌、第四四号に転載）に記されている。

（14）　第一・二科の兼修は、『明法志林』、第一二〇号、一八八六年七月二五日、朝野新聞、同年六月一七日（『中央大学百年史』、通史編上巻、一〇七頁）掲載の広告に記されている。それによると、兼修の場合、束修（入学金）は一円であったが、授業料は二倍の二円ではなく一円五〇銭であった。

（15）法理精華、第一巻第五号、一八八九年九月。

（16）八九年以後の『東京法学院学則』記載の卒業生名簿には、特別認可学生に△印が付されている。ここでは九一年一〇月刊行の『学則』によって特別認可学生の数を算定した。

（17）専修学校の法律科でも、卒業生のうち、特別認可学生は、八九年には七名、九〇年には一九名、九一年には一四名であった（『専修大学百年史』、上巻）。天野郁夫氏は、『大日本帝国統計年鑑』から、私立法律学校の八九～九二年の卒業生と特別認可課程卒業生の数を紹介しているが（名古屋大学教育学部紀要、第一八号、二三三頁）、東京法学院と専修学校の数はこれと少し異なっている。

（18）『明治大学百年史』、第一巻、史料編Ⅰ、二六〇頁。『専修大学百年史』、上巻、五四四～五頁。

（19）文部省は九〇年三月に特別認可学校規則を改正して、特別認可学生の入学資格試験を高等中学校で年に一、二回おこなうことにした。『専修大学百年史』（上巻、五六一～二頁）では、この試験は実施されなかったと推測しているが、調査する必要があろう。

（20）第二章第二節参照。

（21）手塚豊氏が紹介した「府下司法省指定法律学校卒業生就職先一覧表」（明治三〇年々末）によれば、弁護士は四六五人で、そのうち、東京法学院が一四三名、明治法律学校が一九〇名であり、判事・検事は三八七名で、そのうち 東京法学院が一三四名、明治法律学校が一二六名であったという（『手塚豊著作集』、第九巻、二四三～四頁）。

第四章　イギリス法の受容

一　法　理　学

イギリス法理学

法理学は穂積陳重が最初に使用したことばといわれ、[1] Jurisprudence の訳語として使われた。一九世紀後半にイギリスを風靡した法理学は、オースティンの分析法理学（Analytical Jurisprudence）とメインの比較・歴史法理学（Comparative and Historical Jurisprudence）である。わが国では、この二つの法理学は開成学校と東京大学法学部で外人講師のグリスビーとテリーによって教えられ、とりわけテリーはオースティンの分析法理学を祖述した人であって、学生のために近代法の基礎的な原理を平易に説明した『法の第一原理』（The First Principles of Law）（一八七八年）を著わした。[2] ついで大学の教壇に立った穂積陳重などが法の原理と法の進化を熱心に教えたので、学生は大きな関心を抱き、その理論はかれらの間で常識となったほどである。その卒業生たちが創設した英吉利法律学校では、法理学は重視されて毎週二時間が割り当てられ、分析法理学と沿革法律論の二科目に分けて授業されたのである。英語法律科では、沿革法律論のメインの書と並んで、分析法理学のホランドとマークビーの二書をテキストとして教えられた。これらの講義によって、西欧の法はどのようなものであり、どのように発展してきたか、わが国の法はどのようなものであったならばよいのかについて、学生は基本的知識を与えられたのである。

わが国でイギリスの法理学がどのように受容されたかを考察するにあたって、オースティンとメインを中心として、イギリスの法理学がどのように誕生し発展したかについて概観しておかねばならない。その法理論の特質ばかりでなく、その歴史事情を尋ねておくことは、わが国でそれがどのように受容されたかを確かめるうえで必要であろう。

分析法理学・オースティン

オースティン(3)(John Austin 一七九〇〜一八五九年)は、ベンサム(4)の功利主義(Utilitarianism)の思想と学問方法を継受し、厳格な分析によって法理論を解明して、イギリスの法理学を創始した人である。かれは一六歳で軍隊に入って五年間勤務したが、一八一二年に辞めて法律の勉強をはじめ、バリスターの資格を取得した。一九年に結婚したあとにベンサムやミル父子の居宅の近くに住み、かれらと交際して、ベンサムの功利主義を信奉するようになった。二六年にはベンサムの仲間たちによってロンドンのユニヴァーシティ・カレッジ(University College)が創設された。これは、オックスフォード・ケンブリッジ両大学とちがって、英国国教会派以外の子弟をも入学させて、古典研究を主とする伝統的教育ではなく、新しい理念による教育をはじめた大学であって、オースティンは法理学の初代教授に推挙された(5)。その講義のために、かれはドイツに赴いてローマ法の理解を深め、パンデクテン法学とサヴィニーなどの法理論を研究し(6)、持ち前の誠実さをもって入念に準備したあとで、二九年一一月から講義をはじめた。それはイギリスにおける法の一般理論の最初の講義であって、西欧の法に見られる基礎的な原理、概念と、法の分類法について克明に説明したものであった。教室では、かれは正確を期して仕上げた文章を読みあげたため、学生にとっては難渋でありかつ難解なものであって、熱心に聴講した少数の人に対して感銘を与えたが、多くの人を惹き付けることができなかった。三二年には講義の最初の部分（六講）は『法理学領域決定論』（The Province of Jurisprudence Determined）[7]と題して発表されたが、ほとんど注目されなかったといわれる。[8]ついで三四年にインナー・テンプル（Inner Temple）で講義したが、これも同様に不評であった。こうしてかれは失意のうちに法理学の講義を断念して職を辞した。[9]

かれの没後、サラ（Sarah）夫人[10]は六一年に『法理学領域決定論』を復刊した。そのときには、後述のメインの『古代法』の刊行と相俟って、この書はきわめて好評のうちに迎えられた。若きスティーヴン（J. F. Stephen）はオースティンとメインの二書について詳しく紹介して、法理論の究明ほど、イギリスで才能と学力が傾注されなかった領域はないが、それがこの二書によって変革されたと述べた。[11]このようにオースティンの書に対する評価が初版のときとは大きく変わったのは、「ベンサム時代」といわれる社会の風潮の変化である。[12]産業革命後の社会の変化に対応して、ブルーム（Lord Brougham）やロミリ（Lord Samuel Romilly）などによって刑法などの法改革がおこなわれたのであって、メインによって、この改革の法律でベンサムの影響を受けないものはなかったといわれたほどである。[13]この六一年には、イギリスの法と司法の改革について熱心に論議されており、そのため法理論の研究が要請されていた。それとともに、法学教育がドイツやアメリカと比べてきわめて遅れていると批判されて、インズ・オブ・コートや大学で法律学の講義がはじまったところであった。

そのあと、サラ夫人は夫の講義ノートを苦心して編集して、六三年に『法理学講義　実定法の理論』（Lectures on Jurisprudence, or the Philosophy of Positive Law）（二巻）を刊行した。夫人はその後も新版の刊行を企てたが、病気のためそれを果たせずに没した。それを継承して、ロバート・キャンベル（Robert Campbell）はジョン・スチュアート・ミル[14]が聴講したときのノートを用いて増補して、六九年に二巻、一、一〇〇頁を超える大冊を刊行した。[15]これによってオースティンの法理学の全貌が示されたのである。

オースティンは、『法理学講義』の最初の六講、すなわち『法理学領域決定論』で、法理学の対象を西欧の実定法に限定した[16]。かれによれば、法は独立の政治社会における主権者（sovereign 君主あるいは議会のような集団）が発する直接または間接の命令（command）であり、主権者に慣習的に従属する国民によってこの命令が義務としておこなわれ、それに違反した場合には制裁（sanction）が課せられるものである。これが法の主権者命令説である。かれは法と道徳とを峻別し、そのうえで、強制的に施行されない国際法および憲法の基礎的な規定を法の範疇から除外して、これらを実定道徳（substantive morality）とよんだ。また人びとが順守している道徳を「神の法」（divine laws or laws of God）とよび、それには明示されたものと暗示されたものがあり、後者を知るためには功利（utility）の原理が指針となると主張した[17]。こうして自然法論者や一部の法改革論者が説いた宗教・道徳と法との混同を批判し、またブラックストンが説いた自然法と実定法との結びつきを切断したのである。この立場から、かれは法制度の批判的研究、換言すれば、「あるべき法」の研究を「立法の理論」とよんで、この法理学とは別の学問とした。

このように法理学の領域をせまく実定法に限定した。そのあとで、ローマ法、大陸法、イギリス法に共通する権利、義務、制裁、意思、動機などの基礎的概念を一つ一つ厳格に分析し、法源の分類法を体系的・論理的に究明して、法の全体系の構成と個々の法の相互関係を考察した。これによって、イギリス法を理論的に精緻なものとして、法の改革、法典化に資することにしたのである。かれはイギリスの判例が大きな欠点をもっていることを示して、ベンサムとはちがった形で、その法典化の必要を主張したことも注目される[18]。

歴史・比較法理学・メイン

メイン（右）とスティーヴン（左）の肖像

『法学協会雑誌』、第四九号と第五一号（一八八七～八年）に掲載

これに対して、メイン（H. J. S. Maine　一八二二～八八年）は、六一年刊行の『古代法』（Ancient Law）によって一躍名声を博した人で、歴史・比較法理学の創始者のひとりである[19]。かれは四七年に弱冠二五歳でケンブリッジ大学のローマ法（Civil Law）の教授となり、ついでインズ・オブ・コートで法理学とローマ法を講義した。その講義をまとめて著わしたのが『古代法』であり、その副題として「その初期の社会の歴史との関連および現代の観念との関係」と記されている。この書はローマ法それ自体の研究ではなく、ローマ法を軸として、近代社会の法に至るまで、西欧社会の法の発展の基本的様相について理論的に論じたものである。かれは印欧語（Indo-European Languages）に関する比較言語学研究から刺激を受けて、印欧語族の社会の法を理論の対象とし、そのなかで、インド社会が停滞的であるのに対して、西欧社会だけが進歩的であると説いた。この進歩する社会の法は、順次、擬制（fiction）、衡平（equity）、立法（legislation）という作因（agency）によって進展して、法と社会の実情との間の隔たりを埋

めてきたことを説いた。この法の進歩にあたって、自然法が万民法（Juris Gentium）の形成に役割を果たし、それが国際法の誕生に寄与したことを論じた。ついで、相続法、財産法、契約法、不法行為法、刑法の各分野で、法がどのように進歩してきたかを理論的に説明して、法の進歩の類型を示したのである。かれの書は水晶のごとき明晰な文章と明快な論理で書かれており、「身分から契約へ」というような簡明な公式的文句が見られ、多くの人を魅了して、かれの法進化論は法学者ばかりでなく広く知られるようになった。

『古代法』の刊行のあと、六二年、かれはインド総督府の法律参事に任命されて[20]、五七年の大反乱後のイギリスのインド支配の再編成のため[21]、七年間にわたって立法の面で重要な役割を果たした。この間、インド社会に適合するかぎり、イギリス法の規則を法典化するいわゆる英印法典（Anglo-Indian Codes）の制定が進められたほか、パンジャーブやアウド地方の法を含めて、多くの法律が制定されて、インドの法と司法の体制が確立されたのであり、かれの法理論の識見と法律制定の能力は高く評価された。六九年に帰国すると、かれはオックスフォード大学の法理学教授に迎えられた。この大学の八年間の講義は、『東西の村落共同体』、『初期制度史講義』、『初期の法と慣習論』と題して出版された[22]。これらの著作には、インドやアイルランドの古い法と慣習に研究の対象が広げられており、比較法研究が進んだけれども、法の進化の理論については『古代法』の所論を補足するに留まった[23]。

二つの法理学の特色　ローマ法とドイツ法学

オースティンとメインの両法理学において顕著なことは、第一にローマ法を材料として用いて理論を構築した点と、第二にドイツ法学の理論と方法を摂取して理論を精緻にした点である。イギリスでは、ローマ法の継受と民法・刑法などの法典編纂がおこなわれなかったので、その法は判例法を第一次法源とするものであって、大陸諸国の法に比べて島国的であり顕著な特色をもっていた(24)。そのため、イギリスの法律家にとって、ローマ法やドイツ法と比較考察することは、西欧の法の性格を確かめ、イギリス法の特質とその改革を考えるうえで有用であった。

第一のローマ法については、オックスフォード・ケンブリッジ両大学で教えられていたが、ドイツに比べて、その教育も研究も貧弱なものであった(25)。ローマ法講座を担当したメインは、五六年、ローマ法がいかに法学教育にとって重要であるかを論じた「ローマ法と法学教育」を発表した(26)。かれは、イギリス法とローマ法の相違を述べて、ローマ法がイギリス法のことば・概念を明確にし、法の体系性を知るために必要であり、大陸諸国の法とその背後の道徳哲学、とくに国際法を理解するうえでも重要であると説き、そのうえローマ法が法理学の lingua franca（共通語）となっており、ローマ法に倣って法典化がおこなれる趨勢を説明した。その後、ブライス（James Bryce　一八三九～一九二二年）は、七一年のオックスフォード大学の教授就任講義で、「ローマ法の学問研究」と題して、法学教育におけるローマ法の効用を説いた。そこでは、ローマ法の勉強は広い教養を涵養すると強調され、ローマ法のことば・概念と体系について修練することによって、イギリス法を改善し、ローマの法学者の学問、高雅な趣味と洗練された文章に親しむことによって判決文がよくなるであろうと説かれたのである(27)。こうしてローマ法の「再生」（revival）といわれたほどに、その関心が広がり、大学の教育が整備されてくると、ローマ法に関する著作が多く現われるようになった。この「再生」にはオースティンとメインの著作の影響によるところが少なくなかったといえよう。

第二のドイツの法学については、一八一四年の民法典編纂をめぐる論争以来、サヴィニー、ティボー、さらにイエーリングなどの法学者が輩出して、法理論、ローマ法、法史学の研究はめざましく発展した。イギリスでは、この発展を注目して、かれらの著作が紹介・翻訳された(28)。その一例はリンドリ（Nathaniel Lindley）がティボーの『パンデクテン法』の総論の部分を翻訳したことに見られ、それは『法理学序説』と題して五二年に刊行された。[29]

しかし、オースティンの実定法の厳格な分析による理論もメインの法の進化の理論もドイツ法学には見られない独自なものであり、この二人によってイギリス法学の画期的な転換がもたらされた。メインはベンサムとオースティンの法理論を早くから評価した人である。[30] かれは二人の理論には時代と地域の歴史に対する考慮が乏しく、オースティンの法の主権者命令説や主権の概念などは古い社会には適用できないと批判した。[31] これがオースティンの理論を見直す端緒になったが、スティーヴンは、オースティンとメインの学問について、「反目するどころか、互いに補足し合うものであり、ともに安全に調整できるものである」と記している。[32] このように二つの法理学が矛盾、対立するものではなく、相互に補完するものであるという認識は、その後の多くの法学者によって一様に抱かれた。[33]

イギリス大学の法理学教育

ところで、六〇年代末から、オックスフォード大学などで、法学教育の体制がしだいに整備されて、メイン、ブライス、ホランド、アンスン、ダイシー、ポロック、マークビーといった法学者がつぎつぎに集まった。大学の法学教育は、弁護士養成のための実務教育とはちがって、法の一般理論の教育が重視されて、ローマ法と並んで、法理学は重要な科目として位置づけられた。それとともに、イギリス法の諸分野の講義は、法を合理的に考察して組織的な体系として構築された。[34] かれらの著作は実務参考書とはちがった理論的著書であり、学生たちの法の論理的理解を促進して、法の学問研究の意義を鮮明に示したのである。[35]

その法学教育では、分析法理学と比較・歴史法理学が並んで講義された。メインはインドの村落共同体やバラモンの古法典、ケルトの古い法などについての比較研究を講義し、かれの著作を通じて人類学や社会学などに広く影響を及ぼしたが、イギリス法の歴史研究がメイトランド（William Maitland　一八五〇～一九〇六年）などによって本格的におこなわれると、メインの学問を継承・発展させる法学者はほとんど見られなかった。[36] これに対して、オースティンの理論はマークビー、エイモス、ホランドなどによって継承され、法理学の主流となった。[37] かれらは、オースティンの主権者命令論、私法と公法の区別、国際法の非実定法論などを批判して、法の一般原理、法の分類、各分野の法の概念やその相互関係を論じた著書をつぎつぎに著わした。

そのなかで、マークビー（William Markby　一八二九～一九一四年）の『法の諸要素』（Elements of Law）（一八七一年）は最初の書であって、[38] 法の一般知識を与える書として広く読まれた。かれはカルカッタ高等裁判所判事在職中にインドの学生に対して講義した。この書はその講義にもとづいて書かれたのであり、法が合理的に定められたものであって、法の全体が組織的に構成されていることを強調した。そこでは、オースティンの理論を参考として、[39] 法の概念、法の淵源、権利、義務について述べ、ついで所有権、占有権、契約などの法の内容を説明した。そのなかには、サヴィニーの説を継承して、民事責任、法人や占有について説明している。[40]

エイモス[41]（Sheldon Amos　一八三五～八六年）は、六九年にロンドン大学の法理学教授となり、オースティンとメインの法理学を受けて、法学生や一般読者のために、『法理学の体系論』（A Systematic View of the Science of Jurisprudence）（七二年）と『法の科学』（The Science of Law）（七四年）を著わして、法と道徳、法の分類、法学教育、法典化などの多くの問題を解説した。

これに対して、ホランド[42]（T. E. Holland　一八三五～一九二六年）の『法理学綱要』（The Elements of Jurisprudence）（一八八〇年）は、オースティンの理論を発展させて、法体系全般にわたって論じたものである。はじめに法と権利について、法の定義、実定法、法源、法の目的、権利、権利の分類、動的な権利と静的な権利について論じ、つぎに私法について、対世的権利（対世権 right in hem）、対人的権利（対人権 right in personam）[43]、救済権、変則的権利、手続法について説明した。そのあとで公法、国際法について説明し、最後に法の適用について述べている。この書は法理学の代表的概論書として読まれ、かれが没するときまで長く版を重ねた。

このようにホランドたちの著書は大学教育を念頭にして書かれており、できるかぎり法体系の全般にわたって、法の構成と法の概念を明確にしようとした。そこにはベンサムの功利主義思想を論述することがなかったが、かれらのなかには、イギリス法を改革し法典化する必要を説く者もあった。

この法理学ではローマ法を重視して理論が構成されたが、イギリス法の理論研究が活発になるにともなって、イギリス法を素材として理論が構成されるようになった[44]。そのひとりはポロック[45]である。かれはコモンローの合理的な体系の構築に心を砕いた人であり、かれのロンドン大学教授就任講義ではこの立場から法理学の目的と方法を論じた[46]。他のひとりはサーモンド（J. W. Salmond 一八六二〜一九二四年）である。かれはイギリスで法律を学んだあと、ニュージーランドに移り、そこで法理学と法制史を研究して、一九〇二年に『法理学』（Jurisprudence, or The Theory of the Law）を著わした。かれはローマ法よりもイギリス法を分析して法の理論を構築し、ホランドの書に代わって法理学の権威書の座を獲得したのである[47]。

わが国の分析法理学研究と講義

このイギリスの法理学がわが国に紹介されたのは、その最盛期の一八七〇・八〇年代であった。イギリス法を学んだ人たちのなかで、法理学に対して強い関心を抱いて、それを自分の学問と定めたのは穂積陳重である。かれはロンドン留学中に法理学の講義を二年にわたって聴講しており[48]、オースティンの書を読んで、ドイツの法学研究が進歩していることを知ってベルリンへ留学した[49]。それと同時に、かれはメインの『古代法』を何度も読み返して、比較・歴史法学に傾倒した[50]。こうしてかれは法律がどのように進化したかを実証的かつ理論的に研究することをライフワークとしたのであり、かれの著書『法律進化論』(三巻)や『慣習と法』などにはメインの説がしばしば引用されている。

このように穂積陳重は二つの法理学を学んだのであり、「オースチン氏の分析法理学は解剖学の如く、メーン氏の沿革法理学は生理学に似たり。解剖、生理相伴うて始めて人体の理を究むるを得べく、分析法理学、沿革法理学互に相扶けて始めて法理を明らかならしむるを得べし」と説いて[51]、両者が相俟って法律の理論を究明できると考えた。同様に増島六一郎は、この両者について、「一ハ以テ今日法律ノ理論ニ関シ、一ハ以テ法律ノ沿革ニ関シ、其研究スル所ノモノ各其途ヲ異ニシ、従テ其目的ヲ同フセサルカ如シト雖モ、二氏カ法律学ノ進歩ヲ助クルノ一点ニ至テハ悉ク同轍ニ出テタリ」と述べている[52]。分析法理学と歴史・比較法理学は方法と目的とを異にするけれども、相互に補完して西欧の法の理論を究明するものと考えられたのである。そこで分析法理学と歴史法理学とに分けて、わが国における受容について述べ、そのあとで穂積陳重の法理学について述べよう。

イギリスの法理学に対して最初に関心を抱いたのは、土佐藩の出身でロンドンに留学して法律を勉強した小野梓(一八五二～八六年)と馬場辰猪(一八五〇～八八年)である[53]。小野は帰国後に司法省の官吏となったが、「明治一四年の政変」で辞職して、大隈重信に従って立憲改進党を結成し、また東京専門学校(今日の早稲田大学)を創立し、その指導的役割を果したことはよく知られている。かれは憲法と行政法を研究して、わが国の実情に照らして、国憲(constitution)について自分の思想を確立しようと努めた。ついで八二～五年に『国憲汎論』を刊行して、憲法についてかれの構想を明示した。[54] かれはベンサムに心酔して、功利主義の哲学を簡単に紹介した人である。[55] この書では、ベンサムの著作を咀嚼して、君民同治の体制のもとで、イギリスの立憲主義・議会制度をモデルとして所論を展開したのであり、議会の一院制か二院制か、有権者の範囲などの問題を含めて、国憲論・主権論から立法・国会、行政、司法、会計、軍事、地方自治に至るまで具体的に論述している。それは当時の最も体系的で詳細な憲法構想のひとつであった。また『民法之骨』を著わして、[56] ローマ法やベンサムの理論を参考にして民法の原理を説き、わが国の家族制度を論じて戸主制を批判して、民法の構想を述べている。これらの論著には、ベンサムやミル父子ばかりでなく、オースティンの法理論やサヴィニーなどのドイツ法学者の理論を多く紹介しながら、かれ自身の所説を明快に述べており、かれの法学に対する真摯な研鑽を物語っている。このころ、わが国では、ベンサムとJ・S・ミルの著作がさかんに翻訳されて広く読まれ、[57] フランスの民権思想と並んで、イギリスの自由思想が自由民権運動におけるひとつの思想的基盤となった。

ベンサムの弟子のオースティンの法理学を翻訳、紹介したのは大島貞益である。オースティンの『法理学講義』は膨大であり難解であったので、かれはロバート・キャンベルが学生のために短縮した書を苦心して翻訳し、それを八〇～八一年に二巻、千頁を越える書として刊行した。[58] これにはキャンベルの序論も訳されて、その理論の大綱を紹介したのである。しかし、この訳書は法律家を満足させなかった。関直彦は、東京日日新聞の編集発行のかたわら、『法理学講義』の訳業に取り組み、八八年に原書の第一八章までを刊行した。[59]

このオースティンの法理学を最も丁寧に講義したのは鳩山和夫である。かれはアメリカで一緒に学んだ相馬永胤が創立した専修学校で八一年度から教えた。今日見られるかれの講義録は、一八八九・九〇年度のものであって、四二六頁の大冊である。[60] かれはオースティンの法の理論が明確であって、法律学の領域を画然と定めた点を高く評価して、

『法理学領域決定論』の部分について、功利の理論の説明を省いて詳細に解説した。そのあとで法の淵源、判例法批判と法典化の論を紹介して、最後に法の分類について簡単に説明した。この講義は平易に説かれており、そこにはかれの博学の知識を披瀝している。当時のすぐれた講義録である。

このころ分析法理学の権威書とされていたのはホランドの法理学であり、それについて講義したのは江木衷である。かれは勤務先の警視庁で講義をおこない、それを八五年に刊行した[61]。この講義はホランドの書の順序に従って述べられ、法の定義、淵源、目的を説明し、ついで私法上の権利について詳述し[62]、公法にまで及んでいる。そこでは、かれはドイツなどの多くの法学者の説に言及して、西欧の法の原理を説いたのであり、ホランドの書を随所に批判して、公法と私法のほかに社会法[63]の範疇を設けるといった自説を展開している。刑法の理論書と同様に、この書は江木の才気煥発さを示すものである。英吉利法律学校で分析法理学を担当したのは、大学を卒業して間もない戸水寛人と塩谷恒太郎であり、二人は同じくホランドの書をテキストとして講義した[64]。ホランドの書はイギリス法を学んだ人たちの間でよく読まれたのである。

このように分析法理学は、わが国で法律を学ぶ人たちに対して、西欧の法原理と権利などの概念を教えたものである。そのうえ法学通論の講義では、西欧の法の基礎知識は、テリーの著書と同様に、分析法理学の理論によって説明されたので、その影響は決して小さいものではなかった。鳩山の講義でオースティンの功利の原理の説明は全く省かれたように、かれらの講義では功利主義について説くことがなかったが、分析法理学の背後にあるイギリスの思想も、イギリスの判例法の欠陥とその法典化を説く論説も知ることができたであろう。

メイン『古代法』の講義　馬場辰猪と増島六一郎

つぎにメインの比較・歴史法理学に移ろう。わが国で法律を学んだ人たちにとって、西欧の法がどのようにして生まれ進歩してきたかを知ることは切実な欲求であった。かれらが求めたのは、今日見られる西洋法制史の概説書の知識ではなく、西欧の法の進歩の原理を説いた書であって、そこに示された図式が普遍的な法の発展の類型と考えられて、わが国の法がその発展の段階のなかでどこに位置づけられるか、そしてそれがどのような方向に向かうかを知ることであった。この欲求に対してメインの『古代法』はよく応えるものをもっていた。この書以外には、法の発展の原理を説いた権威書は見当たらなかったのである。

メインの『古代法』を愛読したのは自由民権思想家の馬場辰猪である。かれは七九年にローマ法を講義したとき、法をつくる人たちが君主から貴族、ついで人民へと変わってきたことや、擬制、衡平、立法という作因によって法が発展してきたことを説いていた。(65) 八四～五年には、明治義塾で「法律史」と題する授業を担当し、『古代法』をテキストとして、ローマ法を中心として西欧の法の進化について一七回にわたって講義した。(66) この講義は第七章まで講義録に印刷され、それは三五六頁の分量であって、(67)『古代法』をかなり忠実に説明し、随所に西欧の学説を交えて紹介した。それは雄弁家として知られたかれの説得力のある講義であったと思われる。(68) メインの『古代法』は第五章までが総論で、第六～一〇章は各分野の法の進化の理論を説いた各論といえようが、かれの講義が中途で終わっていることは惜しまれる。前述の鳩山の法理学の講義と並んで、この講義は圧巻といえよう。

このメインの『古代法』の全章を翻訳したのは鳩山和夫である。(69) この翻訳はかれが八一年に東京大学を辞職したあと、文部省の依頼でおこなったものであり、直訳ではないが、すぐれた翻訳であって、ローマ法の用語が多くむずかしい書をよく訳している。

このあと、増島六一郎は英吉利法律学校で法律沿革論を担当し[70]、毎年、『古代法』にもとづいて講義し、それは九〇年度まで六年間も続いた。この講義は、『古代法』の順序を追って各章の趣旨を平易に説明した。その第七章までは前述の馬場の講義を利用しており[71]、第八～一〇章は馬場と同様な調子で説明した。この講義の最後の「訴訟法ノ発達」「法律分類法ノ沿革」の二章は、それぞれメインの『初期制度史講義』第九～一〇章と『初期の法と慣習論』第一一章から補って講義した[72]。

かれは、この講義の目的について、「法律沿革ノ真蹟ニ就キ一ノ学術トシテ論断スヘキ沿革原則ヲ示スニ在リ」と述べ、その原則は「万国千古不窮ノ理論」であって、法の進化の理論が普遍的に適用するものと考えていた[73]。しかし、メインの論説が印欧語族の法を材料として構成され、アジアのなかではインドについて述べるだけであって、わが国や中国に及んでいないことを指摘して、法の進化の理論がわが国の法の歴史にどのように適応できるかを検討することがひとつの仕事であると述べた[74]。このような西欧の法との比較考察、つまり「比較法律論」の効用は、「法律ノ制定ヲ容易ニシ、且法律実際ノ改良ヲ簡単ニスルニ在リ」と述べ、わが国の法の実情を認識して、将来の法の改革の指針を与えるものであると、その重要性を訴えた[75]。

穂積陳重の法理学

最後に穂積陳重の法理学について述べよう。かれは、大学の法学教育は法学通論にはじまり法理学で終わるのが欧米の大学の通例であると述べて[76]、この二つの科目の授業を重視しており、かれ自身が東京大学で毎年担当した。かれの法学通論と法理学の講義については、幸いにも聴講した学生が作成した謄写本が残されている[77]。それを見ると、オースティンやホランドの法理学はもとより、西欧の法学書を広く見て、独自の構想を立てて講義していることが知られる。法理学では、法律学がどのような方法と理論によって論じられてきたかを説明しており、法思想の歴史について、ギリシア・ローマの時代から概観して、とくにドイツのサヴィニーなどの法理論やイギリスの法理学の理論[78]について詳しく論じている。このことは他の講師の講義には見られなかったことである。このように、かれは法律学を学ぶ学生に対して、歴史的背景を踏まえて、広い見地から法を考察することを教えたのである。

この時期には、かれは当時広まっていた自然法の理論を古い遺産であると批判して、法律学は社会学の一部であって、社会の事物は悉く生存競争・自然淘汰の規則によっており、法律学はこの進化主義に立脚しなければならないと説いた[79]。かれ自身の学問である法律進化論については、「法現象の時間的観察に依って法律の発生・発展の理法を明かにするを目的とする」と述べ、「古今各国法規を異にし、複雑究まり無きが如しと雖も、其中必ず古今に渉りて変ぜず、万邦に通じて動かざる理法の存するものあり」と、人類の歴史に普遍的な発展法則があると信じた一九世紀中頃の風潮に倣って、かれは法においても段階的に発展する規則があると考えた。この規則を明らかにするためには、自然科学と同様に、「古今東西の法律事実を蒐集彙類し、其事実に貫通すべき普遍現象を見出すを以て其本務と為さざるべからざるなり」と記している[80]。このようにかれはメインの法の進化論を祖述して、広く法の歴史を調べ、歴史事実を分類して、劃一的な法則を定めて、一層進んだ理論の確立を目指したのである。この時期、かれは婚姻、離婚、相続といった家族法についてとくに注意して、法の段階的発展の類型を独自に示して、わが国の実情がそのなかのどの段階に位置づけられるかを論じた[81]。そこには、「我邦将来の法律の適用を明らかにし、或は法律の改良を補益」するという[82]、かれの実践的意義が示されている。

ローマ法研究　馬場辰猪と小野　梓

ここで法理学と関連して、わが国のローマ法研究について述べておきたい[83]。わが国では、明治初年から、ローマ法が西欧の法の源泉であると知って、イギリスやフランスの法を学んだ人たちは、その理解のためには、ローマ法まで遡って知ることが必要であると考えた[84]。ローマ法はフランス法の母法であったが、フランス法を学んだ人たちよりも[85]、イギリス法を学んだ人たちの方がローマ法に対して強い関心を抱いた。前述のように、オースティンやメインなどによってローマ法研究の重要性が説かれている。かれらはそれを読んで啓発されたのであろうが、西欧の法を淵源から探究して理解し、わが国の伝統的な法とはちがう近代法のあり方を確かめ、さらにイギリス法と大陸法との相違を知ろうとしたのである。このように、ローマ法に対する関心について、わが国がアジア諸国のなかで最も早く生まれ、しかも熱心であったことは注目されよう。

わが国でローマ法を最初に紹介したのは、法理学と同じく馬場辰猪と小野　梓である。二人は同時期にイギリスに留学して法律を勉強して、ローマ法に対して関心を抱いた。馬場は、帰国後の一八七七～八年に共存同衆という啓蒙運動の結社の講談会で、サンダース（J. C. Sandars）の著書にもとづいてローマ法について講義し、それを『羅瑪律略』と題して発表した[86]。これは七回だけの講義であって、ローマ法の沿革を簡単に述べ、十二表法を訳して、ガイウスの『法学提要』とユスティニアーヌス帝の『ローマ法大全』などの法源と総則の部分を述べて終わっている。それとほぼ同年に、小野はロンドンで入手したオランダのハウトシュミット（J. E. Goudsmit）の書の英訳によって、大冊『羅瑪律要』を著作した[87]。これはローマ法の権利を詳述し、家族、法人、物権の法を説明している。これは単なる翻訳ではなく、かれ自身の意見が随所に述べられている。ベンサムの信奉者であったかれは、ベンサムの『民法典の諸原理』(Principles of Civil Code) から多く引用し、その相続法の規則をほぼ全訳しており、さらにわが国の資本主義社会の法の樹立のために、土地売買の自由、家族法の改正を提言している。この原稿は司法省に提出されたが、遺憾ながらそこで保管されたままで公刊されなかった。それが司法省図書館から発見されて、早稲田大学比較法研究所から刊行されたのは一九七四年であった。この書には編者の詳細な解説が載せられている[88]。

大学に目を転じると、開成学校では、イギリスの学校に倣ってローマ法とラテン語がグリスビーによって教えられ、穂積陳重、岡村輝彦などが習った。ついで東京大学法学部では、法律の専門科目が集中的に教育されたが、ローマ法の授業はテリーやラートゲンがおこない、八六年に法科大学となると、穂積陳重が担当した。そのうえテリーや穂積陳重などの講義で、オースティンとメインがローマ法を大いに活用しているのを知って、学生たちはローマ法に対して関心を抱いた。八六年に土方寧が文学部卒業生の有賀長雄と一緒にハドレイ (Hadley) の『羅馬法綱要』を翻訳したのは[89]、かれらの関心の大きさを示している。また東京大学の別課法学科でローマ法を教えた渡辺安積は、その講義をまとめて同じ八六年に刊行した[90]。

英吉利法律学校では、開校当初、イギリス法の学校であったので、ローマ法は授業科目になかったが、半年後にその授業が科外科目としてはじまった。これについて、渡辺安積は、「法律全体ノ事柄ヲ研究シ、又其全体ヲ区別スル方法、其他法律ノ用語等ノ如キハ、仏蘭西独乙等欧州大陸ノ法制ノ基礎トスル所ノミナラズ、法律変遷ノ次第抔ハ羅馬法ニ拠リテ之ヲ講スルヲ最モ便捷トス。此等種々ノ点ヨリ考へ、英吉利法律ヲ学フ学校ニテモ羅馬法ヲ学フカ善カラントノ評議」があって開始されたと述べている[91]。最初の講義は幹事の渋谷慥爾が担当し、ローマ法の歴史を十二表法からユスティニアーヌス帝の法令まで説明し、次年度には渡辺安積は同じくその歴史を講じたが、かれの死のあとに、戸水寛人が人事、財産、義務、相続、訴訟の法を講義した。それからはローマ法は授業科目として定着して、第三学年で教えられた(92)。

ローマ法教育　穂積陳重

ローマ法を最も熱心に勉強したのは穂積陳重であろう。かれはラテン語とローマ法を開成学校で学んだ後、七七〜七八年に、ロンドンでバリスターのアトキンズから個人的教授を受け、ブライスの「ローマ法沿革史」の講義を聴講しており、法学院のローマ法の特別試験に及第している(93)。かれが東京大学でローマ法を講義したのは八六年度から九〇年度までである。かれの講義を聴講した学生が作成した謄写本が中央大学図書館に所蔵されており(94)、それはこの時期のものと思われる。それによれば、最初にローマ法研究の立法上および法学上の必要性を説き、ついでローマ法の歴史について四つの時期に分けて、ユスティニアーヌス帝時代までを説明し、とくに「十二銅標」(十二表法)が法律の歴史の金銀銅鉄を採掘できる鉱山のような貴重な資料であると述べて、その条文と後世の継承について詳述している。ついで註釈学派の歴史からヨーロッパ諸国の継受についても述べている(95)。後半ではローマ法の法、正義のことばの意味とその理念を説明し、法の分類、法の淵源を述べたあと、人に関する法(婚姻・家長権)と物に関する法(所有権、地役権など)にわたって講義している。

かれはイギリス・ドイツから帰国した直後、ローマ法研究の重要性を繰り返し説いた。八九年には、「羅馬法を研究する必要」と題する論文を発表して(96)、比較と立法の面から、ローマ法研究が重要であることを論じた。かれによれば、ローマ法は西欧の法の源泉であって、ローマ法を継受した大陸諸国ばかりでなく、判例法主義のイギリスでも、判決において「慣習として採りたるは悉く」ローマ法であり、最近はローマ法の研究がさかんであって、法学院ではローマ法に限って特別試験をおこなって奨励している。ローマ法のすぐれている点は用語が厳正であって、法典編纂の配置が整っていることである。ローマ法を学んだ者は西欧諸国の法を容易に学ぶことができるのであって、諸学者はローマ法を法学の材料として用いてきたし、国際法ではローマ法に依拠している。このローマ法の重要性については、かれは前述のメインの「ローマ法と法学教育」という論文から知って、留学中に自ら確信したのであろう。

かれはローマ法とそれを継承した大陸諸国の法をローマ法族と呼び、世界の法体系のなかで最も優勢であると判断して、日本の伝統的な法は消滅すべきものであり、ローマ法族から法を摂取しなければならないと考えた[97]。イギリスでも、ベンサム以来、法典編纂の必要が主張されており、将来それが実現されるならば、その法典はローマ法族に倣って編纂されるであろう。そして万国の法典はローマ法族に倣って作成されて、万国の法がローマ法族によって統一されるであろうと論じた[98]。そこでは、メインの「ローマ法と法学教育」から引用して、イギリスと大陸諸国の法律は他日「一に帰すべきもの」であり、「万国の法律が幼稚の時にありては如何に其性質を異にするも、其発達するに従ひ、稍其揆を一にするに至るべき」ものであると述べた[99]。さらに進んで、「羅馬法は文明諸国法律の基礎となりたるものなるを以て、其文明諸国の法律を模範として法律を制定する東洋諸国に於ても、将来の法律は羅馬法の子孫となること疑なし」と確信した[100]。このようにわが国でも将来ローマ法族が採用され、そしてローマ法族によって世界が統一されると、かれは結論したのである。

（1）　穂積陳重『法窓夜話』、岩波文庫、一七四～五頁。明治初年以来、法理論の学問は、性法・法理学・法律哲学・法哲学と名

称が変わり、その内容も変化した。この事情については、矢崎光圀『法哲学』、第三章補（青林書院、二〇〇〇年）に述べられている。

（2）テリーの『法の第一原理』は、裁判所、訴訟手続、大陸法と英米法の異同を簡単に述べてから、法の定義と権利などの法の概念についてオースティンの理論を参考として説明し、そのあとで契約法、財産法、刑法、不法行為法と、法の分類について紹介したものであって、日本人学生にとって親切な入門書であった。ここでは英米法を材料として述べられているが、ローマ法が随所に比較され、所論に援用されている。かれは、序文のなかで、コモンローの法典化のためには、一層理論的に法を配列し、その基本的な諸原理を合理的に相互に関係づけて正確なことばをもって表現し、相続における物的財産と人的財産の区別といったような封建時代からの多くの無用な区別を廃止することが必要であると説き、この書がそれに対して少しでも貢献し、学生の学習の困難を除きたいと述べている。

（3）オースティンとかれの分析法理学の展開については、八木鉄男氏が長年にわたって研究し、その主な論文は『分析法学の研究』（成文堂、一九七七年）と『分析法学と現代』（成文堂、一九八九年）に収録されている。また深田三徳「学問としての法理学の成立と展開」（『法実証主義と功利主義　ベンサムとその周辺』、第四章、木鐸社、一九八四年）参照。イギリスの法理学は一八六〇年代から分析法理学が主流となったが、一九六一年にハート（H. L. A. Hart）氏が『法の概念』（Concept of Law）のなかでオースティンの理論を改めて注目して以来、オースティンの生涯とその理論について多くの研究が著わされている。W. L. Morison, *John Austin* (Stanford, 1982) と、W. E. Rumble, *The Thought of John Austin : Jurisprudence, Colonial Reform and British Constitution* (London, 1985) とは、その代表的著作である。

（4）ベンサム Jeremy Bentham（一七四八～一八三二年）については、永井義雄『ベンサム』（人類の知的遺産、四四）、講談社、一九八二年、J・R・ディンウィディ『ベンサム』（永井義雄・加藤加代子訳）、日本経済評論社、一九九三年参照。ベンサムは功利の原理にもとづいて論理学、哲学、経済学に関して斬新な理論を唱え、法の面では、判例法の欠陥を鋭く批判して、刑法、民法、憲法、訴訟法の改革を説き、普遍的に適用される法典の制定を提唱した。かれは『道徳および立法の原理序説』を著わしたあと、一七八二年に法の一般理論に関する草稿を書いたが、それは刊行されなかった。この草稿はエヴェレット（C. W. Everett）氏によって編集されて、一九四五年に *The Limits of Jurisprudence Determined* と題して出版された。そのあと、ハート氏は草稿を再び調べて、ベンサム自身の意図に沿って編集して、七〇年に *Of Laws in General* と題して刊行した。この書については、永井義雄氏の前掲書と深田三徳氏の論文（「ベンサムの法理論」、前掲書、第二〜三章）に紹介されている。この草稿によって、ベンサムとオースティンは法の主権者命令説や基本的な法概念の分析について類似していることが一層明らかになった。なお、ベンサムとオースティンの法理論については、最近多くの研究が発表されている。G. P. Postema, *Bentham and Common Law Tradition*, Oxford, 1986. David Liebelman, *The Province of Legislation Determined: Legal theory in eighteenth century Britain*, Cambridge, 1889. Michael Lobban, *The Common Law and English Jurisprudence 1760–1850*, Oxford, 1991.

（5）Cf. G. W. Keeton, University College London and the law, *Juridical Review*, Vol. 51, 1939, pp. 118-33. これによれば、このカレッジはジェームズ・ミル（James Mill）やブルームが中心となって創設され、オースティンの講座はJurisprudence and the Law of Nationsであったという。

（6）かれは主としてボンに滞在して、ユーゴー（Gustavus Hugo）、ティボー（A. F. J. Thibaut）、サヴィニー（Friedrich von Savigny）などの学説を学び、ガイウスの『法学提要』を発見した歴史家ニーブール（B. G. Niebuhr）などと交際したといわれる。ドイツ法学からの影響については、A. B. Schwarz, John Austin and the German jurisprudence of his time, *Politica*, Vol. 1, 1934-35, pp. 178-99. 海老原明夫「オースティン法学とドイツ法学　その一〜三」、ジュリスト、九六三〜七、一九九〇年参照。

（7）この書は一九五四年にハート氏によって復刊された。そこには「法理学研究の効用について」という論説（The Uses of the Study of Jurisprudence）が収録された。また九六年にはランブル（W. E. Rumble）氏によってこの書の新版が刊行された。この二つの書には編者の解説が載せられている。

（8）Cf. W. E. Rumble, *op. cit.*, pp. 41-2. この書については、ベンサムの周辺の人びとの雑誌に紹介されただけであったといわれる。そのひとつはJurist (Vol. 3, 1832 April, pp. 105-22) であり、この雑誌の副題にはQuarterly Journal of Jurisprudence and Legislationと記されており、それはリンコンズ・インのバリスターたちを中心とする法改革の季刊誌であって、J・S・ミルも寄稿しており、ベンサムの法理論や大陸の法やインドの法についても論評したユニークな雑誌である。

（9）かれは一八三三年から刑法委員会委員、三六年からはマルタ島統治改正のための委員（Commissioner）を務めたが、いずれも短期間であった。かれは神経質で病身であったため、四三年からドイツやフランスで過ごした。四八年にはフランスで二月革命に遭遇して、かれの保守的な政治意見は強化されたといわれ、五二年に発表された憲法論（A Plea for the

Constitution）では、かれは選挙権の拡大や貴族院の改革に反対して、ミルたちを驚かせた。Cf. W. E. Rumble, *op. cit.*, pp. 193-7.

（10）サラ夫人（一七九三〜一八六七年）は才色兼備な人で、著名な歴史家ランケの『法王論』などのドイツ書の翻訳で知られ、家計のうえでも夫を助けたといわれる。Cf. Oxford Dictionary of National Biography Vol. 2, pp. 1006-8. 彼女が夫の遺稿を編集・刊行したことは、『法理学講義』の彼女の序文を読んで感激した穂積陳重が『法窓夜話』のなかで語っている（岩波文庫、二三一〜四五頁）。この文章は、「オースチン夫人が法理学の序を読んで涙を堕さざる者は学者にあらず」と題して、『法学協会雑誌』（第一一号、一八九二年）に掲載された文章を書き直したものである。

（11）J. F. Stephen, English jurisprudence, *Edinburgh Review*, Vol. 114, 1861, pp. 456-86 (unsigned). Cf. Leslie Stephen, *The Life of Sir James Fitzjames Stephen*, London, 1895, pp. 204-6. J. A. Colaiaco, *James Fitzjames Stephen and Crisis of Victorian Thought*, London, 1983, pp. 62-8.

（12）A・V・ダイシー『法律と世論』（清水金二郎訳、菊池勇夫監修）、法律文化社、一九七二年、一五九〜二一二頁参照。

（13）H. Maine, *Lectures on the Early History of Institution*, 3rd ed., 1880, p. 397.

（14）ジョン・スチュアート・ミルはオースティンの法理学についてすぐれた論文を一八六三年と八六年に著わした。*Collected Works of John Stuart Mill*, Vol. 21, edited by E. J. Robinson, Tronto, 1984, pp. 51-60, 167-205. またかれは『自伝』のなかでオースティン夫妻との交際、その学問と性格について語っている（山下重一訳『評注ミル自伝』、御茶の水書房、二〇〇三年）。

（15）オースティンの講義は五七講からなり、最初の六講は『法理学領域決定論』であり、第七〜一一講がなく、一二〜二七講は法の基礎概念について分析し、第二八〜三九講は法の淵源と関連して法を分類して説明し、第四〇〜五七講は法の目的、対象から法の分類について論じている。それに加えて、若干のノートと「法理学研究の効用について」「法典化と法改革」という二論説が収められている。そのうえ、この序文には、サラ夫人の貢献とミルのノートを含めて編集経過が述べられており、オースティンがインナー・テンプルの図書館に寄贈したドイツ書のリストが付されている。

（16）オースティンは、法理学について、ローマ法・大陸法・イギリス法に共通する実定法を扱う一般的（general）法理学と特定の社会の実定法を扱う特殊的（particular or national）法理学とに分かっており、かれは前者を法理学の主たる対象とした。

（17）第二〜四講は功利の原理を「神の法」との関係において詳しく記している。

（18）　かれの法典化の論は、第三九講、付論のノートと論文（pp. 669-704, 1021-39, 1092-1100）に記されている。内田力蔵「英米における『法典化』」、法律時報、第二八巻第二・四号、一九五六年、「イギリス法の『法典化』とジョン・オースティン」、『末延三次先生還暦記念　英米私法論集』、東京大学出版会、一九六三年、四五九～九四頁（『内田力蔵著作集』第二巻、法改革論、信山社、二〇〇五年、一二二～五三頁所収）。矢崎光圀『法思想史』、日本評論社、一九八一年、四三～五二頁参照。

（19）　メインについては、内田力蔵氏の「サー・ヘンリー・メーン　一～八」（法律時報、第一五巻第一〇号～第一六巻第一号、一九四三～四年）と「サー・ヘンリー・メーンとイギリスの『法典化』一・二」（社会科学研究、第一六巻第二号・第二〇巻第二号、一九六四・六八年）、「インドにおけるイギリス法の導入とメーン　一・二」（同誌、第二〇巻第三・四号・第二一巻第一号、一九六九年）という一連の研究がある。メインの伝記的研究としては、G. Feaver, *From Status to Contract, A Biography of Sir Henry Maine 1822-1888* (London, 1969) があり、その理論の研究には、R. C. J. Cocks, *Sir Henry Maine, A Study in Victorian Jurisprudence* (Cambridge, 1988) がある。一九八八年にかれの没後百年を記念してケンブリッジ大学でシンポジウムが催され、そのとき読まれたペーパーが編集されて刊行された。そこには、かれの進化の観念、社会科学への貢献、法の進化、法学教育やインド問題に関する二〇の論文と詳細な文献リストが掲載されている。Alan Diamond (ed.), *The Victorian Achievement of Sir Henry Maine, A Centennial Reappraisal*, Cambridge, 1991.

（20）　山崎利男「メインのインド法論研究序説」、創価大学比較文化研究、第八号（内田力蔵先生追悼記念号）、一九九二年参照。メインは『古代法』刊行直後、インド省での立法に関する職を希望して運動したといわれ、かれの学問がインドの法の改善に活用できると考えていた。かれが就任した法律参事（law member）の職は、インド総督府の最高執行機関である参事会のメンバーの一員として、インドの立法に関する事項を担当する重要な職であった。それはしばしば誤解されたような総督府の法律顧問ではない。

（21）　山崎利男「イギリスのインド統治機構の再編成　一八五八～七二年」、『アジア史における法と国家』、中央大学人文科学研究所、二〇〇〇年参照。

（22）　これらの書名と刊行年代を記すと、つぎのとおりである。*Village Communities in East and West* (1871). *Lectures on the Early History of Institution* (1875). *Dissertation on Early Law and Custom* (1883). このあと、メインは *Popular Government* (1885) を著わし、死後にはケンブリッジ大学の講義が *International Law* (1888) と題して刊行された。

(23) メインの学問については、かれの講座の二人の後継者が論じている。F. Pollock, Sir Henry Maine and his work, *Oxford Lectures and Other Discourses*, London, 1890, pp. 147–68. Ditto, Sir Henry Maine as a Jurist, *Edinburgh Review*, Vol. 147, July 1893, pp. 100–21. P. G. Vinogradoff, The Teaching of Maine (*Collected Papers of Paul Vinogradoff*, Oxford, 1928, pp. 173–89).（新井正男他訳「サー・ヘンリー・メインの教訓」、法学新報、第八二巻第六・七号、一九八六年）このほか、C. K. Allen, Maine's Ancient Law, *Legal Duties and Other Essays in Jurisprudence*, Oxford, 1931, pp. 139–55. Peter Stein, *Legal Evolution : The Story of an Idea*, Cambridge, 1980.（『法進化のメタヒストリー』、今野勉・岡崎修・長谷川史明訳、文眞堂、一九八九年）参照。

(24) スタイン氏は、ローマ法について、今日と当時とではつぎのような認識のちがいがあったことを注意している。今日では、古典期のローマ法とイギリス法との間に、問題を実際的にかつカズイスティックに扱い、権利よりもむしろ救済を強調して、限定した範囲で規則をつくるといった著しく類似した面があると考えられているが、一九世紀の法学者は、ローマ法を分類して理路整然とした制度に概念化したところの、ドイツのパンデクテン学者の目を通してみていたのである。P. Stein, Maine and legal education, Allan Diamond (ed.), *op. cit.*, p. 200. このようにローマ法は整然たる体系と見られていたため、オーステインは、「イギリス法研究からローマ法研究に目を転じると、混沌と暗黒の世界から、それと比べて秩序と光明の地と思われる世界に逃れるのである」と述べている。J. Austin, *Lectures on Jurisprudence*, p. 58.

(25) F. H. Lawson, *The Oxford Law School*, 1850–1965. 吉野悟「Oxford大学のローマ法」（大阪市大法学雑誌、第一九巻第三・四号、一九七三年）参照。吉野論文はローソンの書にもとづいて書かれたものである。

(26) H. Maine, Roman law and legal education, *Cambridge Essays* for 1856. これは *Village Communities in the East and West* のなかに一八七六年の第三版から収録された（4th ed., pp. 330–83）。Cf. P. Stein, Maine and Legal education, *op. cit.*, pp. 200–4. このメインの論文については、法典化論を中心として、内田力蔵氏によって紹介されている（社会科学研究、第一六巻第二号）。

(27) James Bryce, The academical study of the civil law, *Studies in History and Jurisprudence*, Vol. 2, Oxford, pp. 475–503.

(28) イギリス法学におけるドイツ法学の影響については、二人のローマ法学者・比較法学者の論文をあげておこう。P. Stein, Continental influence on English legal thought 1600–1900, and Legal theory and the reform of legal education in mid-nineteenth-

century England (*The Character and Influrence of the Roman Civil Law : Historical Essays*, London, 1988, pp. 209–30 and 231–50). F. H. Lawson, Roman law as an organizing instrument, and Doctorial writings : A foreign element in English law? (*Many Laws : Selected Essays*, Vol. 1, Amsterdam, 1977, pp. 147–73 and 207–27).

植民地インドでは、カルカッタ最高法院が一七七二年の制定法によって設立されたとき、その裁判の準則のなかに、明瞭な法が存在しないときには、「正義、衡平および良心」(justice, equity and good concience) に依拠して裁決すべきことが規定された。デレット氏はこの文句についてローマ法に遡って考察し、インドの裁判所におけるその実際の適用を考察した。J. D. M. Derrett, Justice, equity and good concience, *Changing Law in Developing Countries*, ed. J. N. D. Anderson, London, 1963, pp. 114–53. インドの司法においてイギリスの法律家がローマ法と大陸法を利用したことについては、J. D. M. Derrett, The role of Roman Law and continental laws in India, *Essays in Classical and Modern Hindu Law*, Vol. 2, Leiden, 1977, pp. 166–96 参照。

(29) Nathaniel Lindley, *An Introduction to the Study of Jurisprudence ; Being a translation of the General Part of Thibaut's System des Pandekten Rechts*, 1855.

(30) メインは、五五・五六年の論説で、ベンサムとオースティンの法の分析理論を高く評価しており (G. Feaver, *op. cit.*, pp. 27–8)、また、インドの立法参事会では、法案の趣旨説明や覚書 (Minutes) において二人の説をしばしば援用している。なお、マークビーは、オースティンが法理学において大きな影響を与えるようになったのは、メインの論説によるところが大きいと述べている (W. Markby, *Elements of Law*, Oxford, 1871, p. 7)。

(31) メインのまとまった批判は『初期制度史講義』、第一一・一二章に述べられている。H. S. Maine, *Lectures on the Early History of Institution*, 3rd ed., London, 1880, pp. 342–70.

(32) F. Stephen, *op. cit.*, p. 481.

(33) 二つの法理学が補完することは次の論著に述べられている。ポロックは、ロンドン大学の教授就任講義で、法理学には分析、歴史、比較の方法があることを述べた (F. Pollock, *Essays in Jurisprudence and Ethics*)。さらにロンドン大学のエイモスは、七四年刊行の法理学の案内書で、オースティンとメインの研究をあげており (S. Amos, *The Science of Law*, 9th ed., London, 1909, pp. 1–10)、ケンブリッジ大学のワイズは、学生のために二つの法理学を解説した書を著わした (B. R. Wise, *Outlines of Jurisprudence*, 1881)。

（34）オックスフォード大学では、七一年に法律・近代史学科から法学科が独立し、ローマ法、法理学、国際法のほか、イギリス法については国制史（Constitutional History）と物的財産法（real property）が講義された。七二年からはイギリス法の科目が増え、七七年には契約法が必修科目となった。イギリス法という科目では歴史を主として教えたといわれるが、八六年にイギリス法史の科目がつくられて、歴史は独立して教えられることになった。

（35）これについては次節で述べる。

（36）ヴィノグラドフ（P. Vinogradoff）は *Outlines of Historical Jurisprudence* (2 Vols., Oxford, 1920–22) を著わし、すぐれた序説と、部族の法、ギリシア都市の法を論述した。未完成に終わったが、この書はメインの歴史法学を継承する最大の成果といえよう。

（37）八木鉄男『分析法学の研究』、第四章参照。オースティンの学問は裁判官や弁護士ばかりでなく、法学者のなかでも好まない人がいた。ポロックやメイトランドはそのひとりである。*Holmes-Pollock Letters*, edited by M. de Wolfe Howe, Cambridge Mass., 1953, Vol. 1, p. 94, F. Pollock, *Essays in the Law*, London, 1922, p. 158. H. M. Cam (ed.), *Selected Historical Essays of F. W. Maitland*, Cambridge, 1957, p. 118. Cf. C. H. S. Fifoot, *Pollock and Maitland*, Glassgow, 1971, p. 13.

（38）マークビーはオックスフォード大学で数学を学んだあとバリスターとなり、一八六六～七八年にカルカッタ高裁判事としてインドに赴いた。その間の七八年度にはカルカッタ大学の副学長を務めた。かれは帰国した七八年にオックスフォード大学のインド法講座の初代の準教授（Reader）となり、一九〇六年に『ヒンドゥー法・イスラム法序説』を著わした。Cf. Oxford Dictionary of National Biography. Vol. 6, pp. 81–2.

そのあと、ラティガン（W. H. Rattigan）は、マークビーの『法律綱要』が網羅的ではなく、インドの学生には適わしくないと考えて、八七年に『法理学』（The Science of Jurisprudence）を著わした。かれはバリスターとしてパンジャーブのラホールで活動し、パンジャーブ州立法参事会、ついで総督府立法参事会の議員に選任され、またパンジャーブ大学の副学長を務めた。かれはドイツに留学して博士号を取得した人であって、サヴィニーの『現代ローマ法』の一部分を翻訳し（八四年）、また学生のためにローマ法の人に関する法を解説した著作がある（七三年）。かれの著作で名高いのはパンジャーブの慣習法の実務参考書（A Digest of Civil Law for the Punjab 初版一八八五年）であって、多くの版を重ねた。

（39）マークビーは、サラ夫人を助けてオースティンの著作の刊行にあたり、一八六六年に夫人の姪と結婚した（C. H. S. Fifoot,

Judge and Jurist in the Reign of Victoria, p. 48)。なお、かれは *Encyclopaedia Britanica*（11th edition, 1910, Vol. 2, pp. 938–40）にオースティンの項目を執筆している。

（40） Cf. C. H. S. Fifoot, *Judge and Jurist in the Reign of Victoria*, pp. 47–9, 78–9, 89.

（41） エイモスは六九～七九年にユニヴァーシティ・カレッジの法理学教授を務め、法理学のほか、ローマ法と国際法の著書を著わした。のちにエジプトの控訴院判事となった。

（42） ホランドは、一八六三年にバリスターとなり弁護士の実務をおこなったが、七四年にオックスフォード大学に帰ってイギリス法を教え、同年に国際法・外交講座の教授となった。国際法のほか、ユスティニアーヌス帝の『ローマ法大全』の解説書や一五・六世紀の法学者に関する研究を著わした。Cf. W. Holsworth, Thomas Erskine Holland, *Proceedings of the British Academy*, Vol. 12, 1926, *Law Quarterly Review*, Vol. 42, 1926, pp. 471–7. R. S. Cosgrove, *Scholars of Law, English Jurisprudence from Blackstone to Hart*, New York, 1996, pp. 147–78.

（43） 対世的権利と対人的権利は、ローマ法に由来する概念であって、前者はすべての人に対して法的義務を課す権利であるのに対して、後者は特定の人に対して法的義務を課す権利である。

（44） A. I. Goodhart, Recent tendencies in English jurisprudence, p. 30.

（45） ポロックについては、山崎利男「ポロックとインド」、『現代イギリス法　内田力蔵先生古稀記念』、成文堂、一九七九年参照。そこに掲げた論文のほか、A. B. Schwarz, Sir Frederick Pollock und die englische Rechtswissenschaft, *Rechtsgeschichite und Gegenwart*, Karlsruhe, 1960, pp. 125–48. R. S. Cosgrove, Sir Frederick Pollock, *Our Lady, The Common Law, An Anglo-American Community*, 1870–1930, New York, 1987, pp. 134–60がある。また、新井正男「科学としての判例法――サー・F・ポロックの論証」（法学新報、第九八巻第一・二号、一九九一年）は、長年にわたってイギリス法の判例理論を研究してきた著者がポロックの理論の今日的意義を検討した論文である。

（46） F. Pollock, The method of jurisprudence, *Essays in Jurisprudence and Ethics*, London, 1882. ポロックは、『法理学の初歩』では、分析法学者ではないと断って、学生のために、法の性格と目的、法の主題、法の分類について説明し、ついで法の重要な概念を述べ、後半ではイギリス法の淵源、判例集、判例と制定法について懇切に教えている。F. Pollock, *First Book of Jurisprudence*, 1896. 八木鉄男『分析法学の研究』第四章二を参照。

(47)　J. W. Salmond, *Jurisprudence or the Theory of the Law*, London, 1902.　八木鉄男氏は、かれの法理学について、法の目的として正義の概念を導入し、それを司法過程に現われる個々の場合に即して現実的・具体的な規準として取り扱い、実証主義的理論を形成したと述べている（『分析法学の研究』、二〇〇頁）。

(48)　穂積陳重が聴講した法理学講義は、ロンドン大学では、前述のエイモスとハンター（Alexander Hunter）であり、ミドル・テンプルではハリソン（F. Harrison）である。穂積重行『明治一法学者の出発』、一五一〜二頁参照。ハンターは法理学とローマ法を教え、のちに下院議員となった（同上一七六頁）。ハリソンは七七〜八九年の間にインズ・オブ・コートの法理学の教授を務めた。Frederic Harrison, *Autobiographical Memoirs*, Vol. 2, London, 1911, p. 295.　かれはメインの教え子で、メインの遺稿『国際法』をポロックとともに編輯・刊行した人である。

(49)　穂積重行、前掲書、二二〇〜一頁参照。

(50)　穂積陳重「サー・ヘンリー・メーン氏の小伝」、『穂積陳重遺文集』、第二冊、一八〜二三頁。そこには、「近世沿革法理学の泰斗サー・ヘンリー・メーン氏逝けり。法律世界の人士誰か此訃音に接して転た悵然たらざる者あらんや。メーン氏の著書は夙に本邦に伝来し、法理学を修むるの学士学生は、概ね皆之を講読せざる者なし。故に本邦の学士学生がメーン氏に対して抱く所の感情は、恰も海濤万里未だ相見ざるの師弟の如し。方今我邦法学の機運漸く熾んにして、法学校数個、法学生数千、氏の書を読んで之を喜び、氏の死を聞いて之を悲しむ者、果して幾千人ぞ」と記されており、この文はしばしば引用された。陳重の『慣習と法律』（一九二九年、岩波書店）の編者穂積重遠氏の序文には、著者がメインに傾倒したことが記されている。

(51)　穂積陳重、前掲追悼文、二〇頁。

(52)　増島六一郎「法律沿革論」（山口正毅編輯）、一八八六年度、七頁。明法志林、第一〇一号、一八八六年一月一六日、七頁。

(53)　小野梓については、早稲田大学大学史編纂所編『小野梓の研究』、早稲田大学出版部、一九八六年、中村尚美『小野梓』、早稲田大学出版部、一九八九年、『図録小野梓』、早稲田大学出版部、二〇〇二年参照。『早稲田大学史研究』には、小野梓に関する多くの論文が掲載されている。馬場辰猪については前掲の萩原延壽『馬場辰猪』参照。小野梓と馬場辰猪は出身地も外国留学も同じくし、ともに法律を学び、共存同衆の同人となり、親交があったけれども、二人は生き方を異にして、一方は改進党、他方は自由党の領袖となって、政治活動も思想のうえで、二人の相違が顕著になった。この二人の比較研究は明治初期の知識人の行動と思想を考察するうえで興味深いものである。

なお、共存同衆は小野が馬場たちとロンドンで話し合い、帰国後に結成された結社であって、毎月講演会を開いて啓蒙活動をおこない、『共存雑誌』を刊行した。それは七五年一月に創刊され、途中休刊して、八〇年五月の六七号まで続いた。『共存雑誌』の全冊は、一九八六年に明治仏教思想資料集成編集委員会の編集によって、同朋舎出版から刊行された。

(54) 小野梓『国憲汎論』、『小野梓全集』、第一巻、一九七八年。福島正夫氏の解説が掲載されている。この書はかれの代表作として名高いものである。かれは、一八七八年、元老院に務めていたときに『国憲論綱』を執筆し、翌年に『共存雑誌』に七回にわたって連載した。それを拡充して完成させたものが『国憲汎論』であって、多忙な時期に三冊に分けて刊行された。『国憲汎論』については、『共存雑誌』掲載のものとそれよりまえに同郷の元老院議官細川潤次郎に呈した稿本とがあり、両者は『小野梓全集』、第二巻、三六八〜四四九頁に掲載されている。なお、後者の稿本は司法省図書館に所蔵されており、早稲田大学比較法研究所から後述の『羅馬律要』とともに刊行された。『国憲汎論』と『国憲論綱』に見えるベンサムの影響については、山下重一氏の「ベンサムと小野梓」(国学院法学、第六巻第三号、一九八九年)と「小野梓とイギリス政治思想」(武田清子等『イギリス思想と近代日本』、北樹出版、一九九二年)に論述されている。

(55) 小野梓『利学入門』、『小野梓全集』、第三巻、早稲田大学出版部、一九八〇年、二一〜四一頁。これは一八七六年に起草し、『共存雑誌』に掲載されたが、未完成である。

(56) 『民法之骨　上篇』、『小野梓全集』、第二巻、二三三〜三五一頁。法人(集合人)については関心を抱いて説き、物権についてははじめのところで終わっている。

(57) ベンサムの影響については、永井義雄『ベンサム』、三五二〜六二頁参照。

(58) 大島貞益『豪氏法学講義節約』、文部省刊行。キャンベルが学生のために簡約にした書は一八七五年に刊行された。大島貞益は自ら法律学に通じていないと述べて、この訳書では訳が定まっていない法律用語はカナ書きにしている。

(59) 関直彦『オースチン氏法理学』は一八八四年から刊行をはじめ、八八年に完成した(錦森閣、一一九七頁)。かれは英吉利法律学校で一八八五・八六両年度に法理学を担当したが、その講義録は刊行されなかった。しかし、東京専門学校のかれの講義録は島村作太郎編輯のものがあり(一六一頁)、それは八九年度のものと思われる。それはオースティンの『法理学領域決定論』にもとづいて述べたものである。

(60) 鳩山和夫『オースチン氏法理学』(山村鉄六筆記)、専修学校講義録、一八八九・九〇両年度。『専修大学百年史』、上巻、四七七～八頁参照。
(61) 江木衷『法理学講義』は『冷灰全集』第一巻(一九二七年、九七～三六五頁)に収録されている。
(62) 権利に関しては、オースティンに倣って、動権と静権、対人権と対物権、原権と救済権、変格権に分けて、それぞれ詳しく説明し、最後の権利侵害に対する訴訟について述べている。この部分はこの書の大部分を占めている。
(63) 江木衷『法理学講義』、一七六～八〇頁。『法学通論』、八七年度講義、一一八～二四頁。
(64) 戸水寛人『分析法理学』(石山弥平編輯)、塩谷恒太郎『分析法理学』(岩波一郎編輯)。
(65) それは後述の馬場辰猪『羅馬律略』に述べられている。
(66) 馬場辰猪「メーン氏法律史」、『馬場辰猪全集』、第二巻、一九五～三五四頁。
(67) この講義録の中央大学図書館所蔵本には、「明治義塾法律学校講師馬場先生講述」と印刷されている。これは英吉利法律学校で販売したものであろう。同校の広告から、この「法律史」が、「英国訴訟法」(増島六一郎)や『法律原理』(テリー著、元田肇訳)と並んで発売されたことが明らかである。
(68) 馬場は、ローマの共和制時代について、人民がもっとも自由を得たという。そのときは、法律家が競って法律を研究し、訴訟の制限がなかったので、種々の訴訟が起こり、それらによって法律家が競って研究した。法律家は偏狭なる法律に拘泥せず、至公至平の主義をもって解釈することに努め、法律を改良して名誉を獲得しようとしたと述べている(二一九～二二一頁)。これは当時のわが国の状況を批判して述べたものであろう。
(69) 鳩山和夫『古代法』、文部省、一八八五年、五一〇頁。かれの「法理学」の講義録などを読むと、かれがメインの法の進化の理論に強く関心を抱いたとは思えない。
(70) 増島六一郎『法律沿革論』(山口正毅編輯)一八八六年度講義。二八六頁と三六六頁、合わせて六五二頁の大冊である。そこでは、緒論とメインの『古代法』の各章の「概説大要」(二六～一四五頁)のあと、本論として、つぎの一二章で講義した。その章名をあげると、つぎのとおりである。1古代ノ法典、2陰制(fiction)、3性法及衡平法、4自然法ニ関スル中古ノ歴史ヲ論ス、5幼稚社会ト古代法トノ関係ヲ論ス、6古代遺嘱相続ノ沿革ヲ論ス、7遺嘱及相続ニ関シ古今ノ思想ヲ論ス、8財産法ノ沿革ヲ論ス、9契約思想ノ発達ヲ論ス、10犯罪沿革史、11訴訟法ノ発達ヲ論ス、12法律分類法ノ沿革ヲ論ス。八八年度には、「概説大要」を講義したが、翌年度からは省略した。また八八～九〇年度では、本論の第三、四、六章を省いた。この三章は馬場の講義録に記されている章である。九〇年度には、第一学年の授業は増島が講義し（窪田欽太郎編輯、三八九頁）、第三学年の授業は菊池武夫が講義した（窪田欽太郎編輯、一七〇頁）。翌九一年度には、増島が退職して、菊池が講義し、かれの講義録は、東京法学院を九一年に卒業した高松太喜次が筆記、編輯している（一六五頁）。

(71) 馬場の文章を用いて、それを加除修正した個所が多い点は、小沢隆司氏によって指摘されている（早稲田大学大学院法研論集、第七一号、一九九四年、三七～四〇頁）。

(72) この点はすでに内田力蔵氏によって指摘されている（法律時報、第一五巻第一〇号、一九四三年、三三頁）。

(73) 増島六一郎『法律沿革論』（山口正毅編輯）一八八五～六年。

(74) 増島六一郎、前掲講義録、二～三頁。

(75) 菊池武夫は、九〇年の民法親族編の公布の直前の講義で、諸国の法の発達の順序は一様であるが、法典編纂にあたって最もむずかしいのは家族関係の法であると述べて、「家族制度ニ関スル法規中窮屈ニ過クル規則ハ之ヲ寛裕ニシ、併セテ家族制度漸ク衰頽ヲ来シ個人之ニ代テ国家ノ原子ト為ルノ大勢ヲ沮格スルカ如キ規定ヲ設置スルコト勿ランヲ要ス」（沮格は阻害と同じ意味）と注意している。かれは、沿革法理学の研究が現行法の真意を解するだけでなく、将来の立法の方針を定めるのに必須の学問であることを強調して、「法制ノ変遷ヲ探究シ、法律ノ改正竝ニ将来ノ立法ヲシテ其沿革ニ適合セシメハ、社会ノ状勢ニ背馳スルコトナク、実際法制両ナカラ能ク妥協スルニ庶幾カラン乎」と述べている。「法律沿革論」（窪田欽太郎編輯）、四～五頁。

(76) 「近世欧米諸国ノ大学ニ於テ法律ヲ専修セントスルモノハ、法学通論ヲ始メトシ法理学ニ終ルヲ以テ、普通ノ順序トス」。穂積陳重『法理学』、謄写本、一頁。

(77) 法理学と法学通論の講義は聴講した学生によって謄写本がつくられ、それが東京大学総合図書館などに所蔵されている。法理学については、法科大学を一八九二年に卒業した安達峰一郎（外交官、フランス大使）の在学中の聴講ノートが慶應義塾大学図書館に所蔵されており、その調査報告が森征一・岩谷十郎監修・法文化研究会「帝大生・安達峰一郎の『法学』ノート――『法律講義案集』の伝える明治中期の法学教育」として掲載された（法学研究、第七三巻第一〇号、二〇〇〇年）。そのなかには一八九一年度（第三学年）の穂積の法理学の聴講ノートがあり、その目次が示されている。それを見るかぎり、前述の法理学の謄写本は章と節がかなりちがい、同じ年度の講義ではない。しかし、法律学の定義や種類など、共通した点が多く、両者がほぼ同じ時期であろうと推測される。

また東京専門学校の講義録のなかには、穂積の「法理学」の講義録があり、八七年に同校を卒業した島村作太郎が編集している。穂積が同校に出講したのは、特別監督条規が廃止された八九年以後と考えられるので、この講義録は八九年度のものであろう。それは総論だけの九一頁の講義録であって、その内容は前述のかれの謄写本「法理学」「法学通論」に見られる。なお、穂積陳重は英吉利法律学校で八五年度に法理学を講義したが、その講義録はつくられなかった。

法学通論の謄写本は法理学の講義録とはちがった筆致で書かれているが、紙質と謄写方法が類似しており、同一人によって図書館に寄贈されたものであって、同時期のものであろう。法学通論については、安達は八八年度に第一高等中学校で穂積の講義を聴講した。法学通論の科目はこの年度から大学から高等中学に移されたのであり、穂積がそこで講義したのである。この講義の謄写本と安達のノートの目次とを比べると、前半が同じであり、後半の各論の部分では、安達のノートが憲法、行政法、民法であるのに対して、謄写本は民法の総論、婚姻編、財産編である。

(78)　穂積陳重は、八九年六月の東京専門学校の雑誌に、オースティンの主権論とそれに対する批判について紹介して、法の問題について学生自身が考察することを促している（「法理難問」、『穂積陳重遺文集』、第二冊、一〇〇～一五頁）。

(79)　穂積陳重「法律学の革命」、前掲書、第二冊、八三～九頁。

(80)　穂積陳重『法律進化論』、第一冊、一九二四年、三頁。「法律学の革命」、『穂積陳重遺文集』、第二冊、八七、八九頁。

(81)　穂積陳重「婚姻法論綱」（一八八一～二年）、「離婚法比較論」（八五年）、『夫婦別産法比較論』（八六年）、『相続法三変』（八八年）。このほか、「婦女権利沿革論」（八七年）、「婦人の財産」（八九年）にも法の発展が記されている。また「証拠法論綱序」（八六年）、「刑法進化主義」（八七年）、「法律進化の話」（一八八八年）（『復讐と法律』、岩波文庫、一九八二年所収）にも同様に証拠法や刑法の発展段階論が記されている。婚姻、相続などについてのかれの段階論を表示すれば、次頁のようである。

松尾敬一氏は、「家族法の進化について、進化の極に一夫一婦婚、共諾婚、配偶者双方平等の自由離婚、財産相続といった「近代家族」を見ていたのであり、「夫婦の財産」「婦人権利沿革論」には、これまた当時の婦人論としては進取的な見解を示していた」と述べている（「穂積陳重の法理学」、神戸法学雑誌、第一七巻第三号、一九六七年。一〇頁）。

	太古	上古	中世	近世	出典（『穂積陳重遺文集』）
婚姻	酋族共同婚	数夫一婦婚	一夫数婦婚	一夫一婦婚	第一冊一〇八～一一九頁
	掠奪婚	売買婚	贈与婚	共諾婚	同一一九～一二八頁
離婚	自由離婚		離婚禁止・制限離婚・自由離婚		同三八九～四〇四頁
相続	祭祀相続→身分相続→財産相続				第二冊一一～七頁
婦人の財産	帰一主義→嫁資主義→共通主義→別産主義				同一四二～五一頁

(82) 穂積陳重「英仏独法学比較論」、前掲書、第一冊、三四八頁。

(83) わが国のローマ法研究・紹介の歴史については、原田慶吉「我が国に於ける外国法史学の発達」（『東京帝国大学学術大観』、法学部、一九四二年）、矢田一男「明治時代のローマ法教育」（法学新報、第四四巻第三・四号、一九三四年）、佐藤篤士「日本におけるローマ法学の役割」（早稲田法学、第四〇巻第一号、一九六四年）の論文がある。

(84) 馬場辰猪は、前述の「法律史」の講義で、ローマ法の重要性についてつぎのように述べている。「羅馬ノ法律ハ今日吾人ノ認知スル許多ノ法律中ニ於テ最モ永久ニ継続シ、且ツ其変遷ノ順序明亮ニシテ、之ヲ変革セシ精神ハ終始只一ツニ其善法良律ナランコトヲ勉メシモノナリ。故ニ先ヅ羅馬律ヲ基礎トシ以テ漸々進歩スル社会ノ穿鑿ヲ為サザルヲ得ズ」（前掲書、二一一頁）。増島六一郎「沿革法律論」にも同様な文が見られる（一八八七年度講義、七六頁）。cf. H. Maine, *Ancient Law*. 4 th ed., pp. 28-9.

(85) 原田慶吉氏によれば、富井政章と梅謙次郎は、フランスのリヨン大学に提出した博士論文で、ローマ法をよく調べて論述しているという。

(86) 馬場辰猪「羅瑪律略」、『馬場辰猪全集』、第一巻、一九八六年、岩波書店、四七～五八頁。かれの一七回の講義のうち七回分が『共存雑誌』に連載された。

(87) 『羅瑪律要』、『小野梓全集』、第二巻、一九七九年、三六八～四二七頁。佐藤篤士「小野梓とローマ法」、早稲田大学史紀要、第三六号、二〇〇四年参照。

(88)　これは、小野梓纂記附註『羅瑪律要』と題されており、編者は福島正夫・中村吉三郎・佐藤篤士の三氏である。
(89)　土方寧・有賀長雄訳述『羅馬法綱要』。Janes Hadley, *Introduction to Roman Law* の訳書である。
(90)　渡辺安積講述『羅馬法』、英蘭堂。
(91)　渡辺安積『羅馬法』（山口正毅編集）、一〜二頁。この文章は矢田一男氏の前掲論文に引用されている。この講義録にはかれが参考にしたローマ法の英書としては、F. Mackeldey, *Modern Civil Law*, 1845. W. A. Hunter, *Introduction to the Study of Roman Law*, E. Poste, *Elements of Roman Law by Gaius*, T. C. Sanders, *The Institutes of Justinian*, Lord Mackenzie, *Studies in Roman Law with Comparative Views of the Laws of France, England and Scotland* があげられている。そのなかでマッケンジーの書は、一八七七年に何礼之によって訳され、九一年には松野貞一郎と伊藤悌治によって翻訳された（『羅仏英蘇各国比較法理論』、司法省）。
(92)　その後、ローマ法は東三条公恭、渋谷慥爾、朝倉外茂鉄によって講義された。東三条は八六年度には「羅英両法異同弁」と題する講義をおこなっており、それはローマ法とイギリス法の間の家族法の相違点について述べたものである。なお、第二科（英語法律科）にはローマ法の授業がなかった。
(93)　穂積重行『明治一法学者の出発』、一五一〜二頁。
(94)　穂積陳重のローマ法講義の中央大学図書館所蔵の謄写本は、前述の『法学研究』に紹介された安達のローマ法講義の聴講ノートと比べてみると、章と節のことばがまったく同じである。ノートは八九年度の講義であり、謄写本には、かれが八九年に発表した「羅馬法を講ずる必要」の趣旨が記されている。このことから謄写本は八九年のころのものと思われる。
(95)　西欧諸国におけるローマ法の継受については、「万法帰一論」（一八八五年）（『穂積陳重遺文集』、第一冊、三六四〜七五頁）に記されている。
(96)　穂積陳重「羅馬法を講ずる必要」（一八八九年）、前掲書、第二冊、九〇〜九九頁。
(97)　穂積陳重「法律五大族之説」（一八八四年）（前掲書二九二〜三〇七頁）、「万法帰一論」、前掲書、第一冊、三五九〜七八頁。
(98)　穂積陳重「万法帰一論」。
(99)　『穂積陳重遺文集』、第二冊、九九頁。これは「万法帰一論」の結論であり、ほぼ同じ文章が記されている（第一冊、三七七〜八頁)。内田力蔵氏が指摘したように、穂積はメインの論を「ローマ法と教育」の論文(*Village Communities*, pp. 332-3)から引用した(「サー・ヘンリー・メーンとイギリス法の『法典化』」、社会科学研究、第一六巻第二号、一八頁)。

(100)『穂積陳重遺文集』、第二冊、九四頁。

二 契約法・不法行為法

契約法の重要性

イギリスは政治・経済・軍事で最も進歩して繁栄を誇っており、憲法、契約法、不法行為法、商法、刑法といった法の分野でも、法典がないために形態が整っていないが、実体はフランスよりもまさっている。とりわけ法の実際の適用(実地応用)については、フランスよりもはるかにすぐれている。このように英吉利法律学校の講師たちは信じていた。

この英吉利法律学校は、わが国の法体制の確立のために法律家を養成することを目的として、イギリス法の多数の科目を教育した学校であって、民商法に重点を置いて授業をおこなった。それらの科目のなかで、契約法は第一学年で履修する科目であって、その授業時間は、他の科目が毎週一時間であったのに対して、法学概論と並んで、毎週二時間が割り当てられて重視された。学生にとっては、契約法ははじめて習う法律科目であり、約因(consideration)や法鎖(obligation)などの耳慣れないことばに驚き、契約の成立要件をはじめとする法の論理に感心して、心に深く残

ったのである。(1)

イギリスの契約法は、産業革命以後の経済・社会の発展に応じて、裁判所の判例によって著しく進歩した。こうして契約法はその重要性が大きくなり、しかもフランスなどの大陸諸国の法とちがって、独自の法分野として確立し、コモンローの代表的分野のひとつとされた。メインは「身分から契約へ」と述べて、契約が果たす役割が増大したことを力説したことはよく知られている。このころ、「契約の自由」は近代社会の法の原則のひとつとして説かれ、判例で確立されたのである。(2)

契約法については、イギリスでは包括的な法律は制定されなかったが、植民地インドでは、一八七二年にインド契約法（Indian Contract Act）が制定された。(3)その原案はロンドンに設けられた第三次インド法律委員会でイギリス人の法律家によって作成され、インドの実情に適合するかぎり、イギリス法の規則を条文化したものであった。それはインド総督府側で検討され、最終的には法律参事のスティーヴンによって修正されて制定された。(4)この法律には、契約のほか、動産売買、寄託、代理、合名会社に関する条文も含まれている。これによって知られるように、契約法の原理は広い範囲に活用できるのである。

翻ってわが国を見ると、明治維新以後、幕藩体制を解体して、士農工商の身分制度を廃止し、土地の売買を公認し営業を自由にして、急速に資本主義経済体制を樹立しつつあったので、取引を円滑に運用するため、また外国との交易を促進するために、契約法の確立は緊急の課題であった。このような新しい経済・社会の秩序のために、契約は有効に確実につくること、契約は誠意をもって履行すること、契約の違反に対しては、裁判所に訴えて法的救済が得られること、——こうした西欧の契約意識を普及させることも大切なことであった。(5)

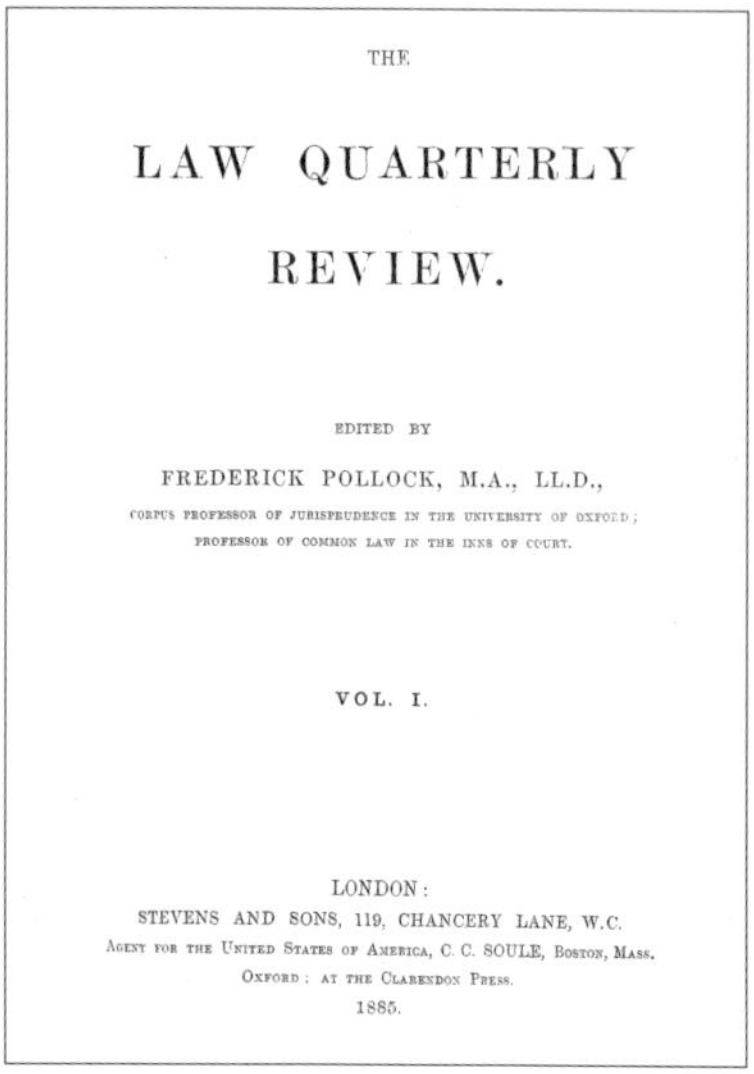

THE

LAW QUARTERLY REVIEW.

EDITED BY

FREDERICK POLLOCK, M.A., LL.D.,

CORPUS PROFESSOR OF JURISPRUDENCE IN THE UNIVERSITY OF OXFORD;
PROFESSOR OF COMMON LAW IN THE INNS OF COURT.

VOL. I.

LONDON:
STEVENS AND SONS, 119, CHANCERY LANE, W.C.
AGENT FOR THE UNITED STATES OF AMERICA, C. C. SOULE, BOSTON, MASS.
OXFORD: AT THE CLARENDON PRESS.
1885.

The Law Quartery Review 創刊号の扉、一八八五年。

このイギリスの代表的法学雑誌はポロックたちによって創刊され、かれは第三四巻（一九一九年）まで編集人を務めた。

ポロック

ポロック著（小寺謙吉訳）『政治学史大綱』（政治学普及会、一九二二年）所載

ポロックとアンスン

ところで、わが国では、イギリス契約法の授業にあたって、教科書・参考書として、ポロックの『契約法原理』(6)（初版、七六年）とアンスンの『イギリス契約法原理』(7)（初版、七九年）が用いられた。両書はともに若い法学者によって書かれ(8)、契約法について理論的、体系的に分析した新しい論著として高く評価されたのであり、そのうえ法学教育を変革した書と評された(9)。両書が出現したあとに、英吉利法律学校の授業がはじまったことは幸いであった。（この学校では、ポロックの書の八五年刊の第四版とアンスンの書の八四年刊の第三版を翻刻・刊行した。）そこでこの二人の著作の意義とその背景とについて述べておこう。

まず述べねばならないのは、一八七三年と七

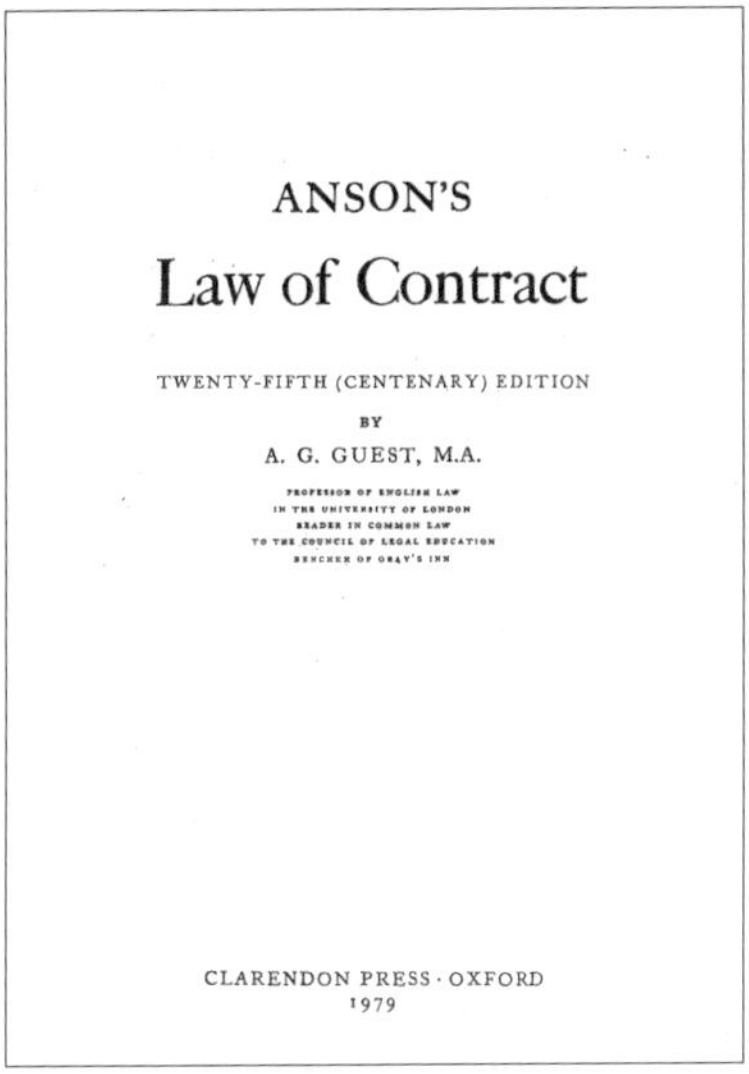
ANSON'S

Law of Contract

TWENTY-FIFTH (CENTENARY) EDITION

BY

A. G. GUEST, M.A.

PROFESSOR OF ENGLISH LAW
IN THE UNIVERSITY OF LONDON
READER IN COMMON LAW
TO THE COUNCIL OF LEGAL EDUCATION
BENCHER OF GRAY'S INN

CLARENDON PRESS · OXFORD
1979

Law of Contract 第二五版
（一九七九年）の扉

アンスンの『契約法』は長期にわたって刊行され、これは百年記念の出版。

アンスン

H. H. Henson (ed.), A Memoir of the Right Hon. Sir W. Anson, Oxford University Press, 1920 に掲載

五年の法律によって、イギリスの裁判所制度が改革されたことである。[10] 長い歴史をもつコモンローの三つの裁判所とエクイティの大法官府裁判所（Court of Chancery）が統合されて、高等法院（High Court）が開設された。コモンローの法廷は女王座部（Queen's Bench Division）、民訴部（Common Pleas Division）、財務部（Exchequer Division）の三部からなり、三部はそれぞれ統合前の裁判所の権限を継承したが、それらが競合したので、八〇年の枢密院令によって、三部をひとつにして女王座部とした。女王座部と大法官府部はコモンローとエクイティの両者の権限を行使できることに改め、両者の間に相違のある場合にはエクイティが優先することにした。[11] このように複雑な裁判所の管轄と権限を単純化したうえ、民事事件の上訴制度を明瞭にして、高等法院からの上訴は新設の控訴院（Court of Appeal）で審理し、また貴族院の裁判権を存続

して、最終審裁判所として機能を新たにした。

この一八七〇・八〇年代は、大学におけるイギリス法の研究と教育が活発になったときである。オックスフォード、ケンブリッジ、ロンドンの大学では、卓越した法学者が輩出して、かれらは契約法、不法行為法、憲法、財産法などのイギリス法の諸分野について体系的な論著をつぎつぎに著わし、不振をきわめた法学教育を革新した。(12) 八三年、ダイシー（A. V. Dicey）は教授就任演説で大学の法学教育の意義を強調し、(13) 裁判所や弁護士事務所で法の実務を修業するのとはちがって、大学では、法の全体をまとまりのある一体として、ある一分野の法を他の分野との関連において考察し、法を体系的、論理的に教えて、学生に法の諸概念を分析し定義する習性を培うのであり、この教育によって、学生は法の実務の習得を容易にするばかりでなく、法の改善に対して貢献することができると説いた。法学者たちは、前節で述べた法理学とローマ法の研究に加えて、イギリスの諸分野の法を合理的にかつ体系的に論述することに精力を注ぎ、そのためにローマ法の研究やフランス・ドイツの法学を活用して、イギリス法の一般性と特異性を考察した。とくにドイツのサヴィニーは「近代ヨーロッパにおける法の原理の最大の解説者」といわれ、かれの法の分析の論理性と文章の明晳さは高く賞賛された。(14) ポロックとアンスンの契約法の著書にはサヴィニーの理論が取り入れられている。

ポロックの『契約法原理』は、この裁判所制度の改革の直後の七六年に刊行され、コモンローとエクイティにわたって、契約の成立を中心として法の原理を統一的に分析した。(15) それまでの弁護士のための実用書とちがって、(16) この書は新しいイギリス法学の到来を告げる理論書であった。かれは弁護士の実務をおこなったが、かれ自身の性格から、その実務よりも法学の研究に向いていることを自覚して、イギリス法の判例と理論ばかりではなく、その歴史を遡って研究し、さらにイギリス法と対比してローマ法・大陸法について研鑽を重ねた。(17) また植民地インドにおけるイギリス法の法典化とその影響に関心を抱き、イギリス法を移植したアメリカ法の動向にいち早く注目した人である。[18] この『契約法原理』では、契約の訴訟方式（form of action）の展開を考察し、約因（consideration）などの法概念を歴史的に説明し、「島国的」なイギリス法の歴史性・独自性を究明して、[19] その契約法の合理性・論理性の解明に尽力した。こうしてこの論著は大きな影響を与えたのである。

つぎに、アンスンの『イギリス契約法原理』は、友人のダイシーによれば、「教師としての非凡な能力の成果であり、その証拠である」といわれる。[20] アンスンが初版の序で述べているように、七七年にオックスフォード大学法律科ではじめて契約法の授業がおこなわれて以来、かれはこの授業を担当して、学生が契約法を学ぶときのむずかしい点を知り、初学者が理解できるようにこの書を書いたのである。[21] そこでは、いかに契約がつくられるか、それが拘束力をもつにはなにが必要か、その効力はなにか、その文言はいかに解釈されるか、いかに契約を解消し終結するか、こういった契約法の問題の全体にわたって一般的な原理を平明に論述し、おわりに契約と関係して代理のむずかしい問題について説明した。

ポロックとアンスンの著書は著述の目的と範囲において相違があったが、[22] 二人はアティア（P. A. Atiyah）氏のいう契約法の古典モデルにもとづいて論述した。この古典的モデルは一八七〇年までに成熟の形態に達したといわれ、「契約の自由」を基調として、公序（public policy）に抵触しない限り、契約の当事者の意思が尊重されたのであり、裁判所は契約の内容に介入しなかった。契約の理論のうえでは、フランスやドイツでは、当事者の合意（agreement）を重視し、いわゆる意思理論（will theory）が唱えられ、この理論は二人ばかりでなく、マークビーやホランドによっても受け入れられたのである。[23]

ポロックとアンスンの著書は好評を博して版を重ね、とくにアンスンの書は驚異的な部数が販売された。このときは契約に関係ある法律が次々に制定され、また契約法の重要な判決が宣せられた時期であって、二人は版を重ねるごとにそれらを取り入れて内容を充実させた。アンスンはサヴィニーの理論を摂取して、弁護士の利用に応じて多くの判例を加えて説明した。これに対して、ポロックは、八一年の第三版では、法の義務が生じ履行されるところの約束(promise)を重視して新しい理論を展開した。[24]

わが国の契約法講義

英吉利法律学校では、アンスンの書が契約法の全般にわたって比較的平明に書かれているため、講師たちはこの書にもとづいて講義した。八五・八六両年度には、土方寧は、はじめに契約法の法学における重要性を述べ、申込・承諾、方式・約因といった契約の成立に関する問題を詳細に説明した。ついで当事者が能力を欠く例を挙げ、錯誤、詐欺、不実表記、強迫、不当な威圧という契約が成立しない例を説いた。ついで不法な契約や、契約の効果を述べ、契約違反に対する法的救済、契約の譲渡、契約の解消を説明した。[25]この講義録はかれの自信作であって、大陸法とイギリス法の沿革と学説を紹介し、多くの判例を例示している。土方がロンドンに留学すると、山田喜之助が代わって講義した。かれも同様に契約の性質、成立、効力、解釈、消滅の五編に分けて、法の規則を掲げて解説しただけでなく、判例を多く紹介して、[26]約因などの重要な概念を説明している。これらの八五年以後に刊行された法律学校の講義録は、それ以前の専修学校や東京専門学校の講義にもとづいて刊行された教科書と比べると、[27]英米法の講義が格段に詳細になり、丁寧に教えられるようになったことが知られる。わが国の教育と研究が一段と進んだのである。

この講義録のほか、アンスンの書については、渡辺安積が八四年五月から詳しい「講義」を独自に刊行しはじめた。

かれは錯誤の部分までを分冊の形で刊行したところで不幸にして夭折したので、伊藤悌治がこれを引き継いで完成させて、八八年に『安遜氏契約法』と題して、合わせて九百頁ほどの二巻本を出版した（三省堂）。それは各章ごとに概要を記して説明したものであって、多くの判例を簡単に紹介したうえ、ポロックの説やフランスの法に言及しており、その記述の形態は法律学校の講義録と共通している。

不法行為法

つぎに不法行為法（私犯法）（tort, or civil wrong）に移ろう。不法行為は、他人の身体や財産に対する権利・利益を侵害する行為、または注意を怠ることによって損害を与えること（不行為）であり、法のうえでは契約の違反とは区別して扱われる。[28] この分野の法は訴訟方式によって独自の法の発展を遂げたが、一九世紀にはネグリジェンス（negligence　過失）、さらにニューサンス（nuisance　生活妨害）の判例が発展して、契約法と並んで、コモンローの重要な領域として確立した。[29] 奥田義人は「欧州大陸諸国ノ法律ニテハ、英国ニ於ケルカ如ク、学者カ一種別ニ其規則ヲ編纂シタルモノナキノミニシテ、其実ハ法典中ノ諸所ニ散乱セルモノノ如シ。去リナカラ其私犯ノ法理ニ至テハ、之レヲ諸国ニ比セハ、英国私犯法ヲ以テ最モ進歩シタルモノトナササルヘカラス」[30] と、イギリス法が大陸の法と比べてすぐれており、論著にまとめられていることを述べている。フランス民法典では、不法行為については、フォート（faute 非行・故意・過失）による行為・不行為の一般的規則を定め、その条文はわずか五条である。これに対して、イギリス法では、不法行為の多くの類型について法の規則がつくられた。ポロックが一八八二年に起草したインド不法行為法案（Indian Civil Wrongs Bill）は、イギリス法の規則を条文化したものであって、条文は七三条にのぼった。[31]

わが国では、この法の教科書としては、アンダーヒル（Arther Underhill）の『不法行為法概要』[32]（一八七三年、初版）が大いに用いられた。これは不法行為法の原則を一三〇ほどの条文として掲げ、それを詳しく説明し、そのうえ判例を紹介して解説したものである。この書にもとづいて、山田喜之助の『英国私犯法』（一八八三年、初版）は法の規則を掲げてその説明を簡潔に記した。[33]これに対して、八七年には、ポロックは『不法行為法原理』を刊行して、『契約法原理』と同様に、理論的、体系的に論述した。[34]かれは、文明化した国のすべての人が、正当な理由や免責理由なしには、他人に対して害を与えないという一般的義務があるとして、不法行為の諸類型を通じて一つの原理が見出せると述べた。この書はかれの『契約法原理』以上に高く評価されて、その後の研究に大きな影響を及ぼした。英吉利法律学校は、アンダーヒルの書についで、新著のポロックの書を翻刻して、英語法学科では両書とも教科書として使用したのである。

英吉利法律学校では、不法行為法の科目は契約法と並んで第一学年に割り当てられた。この科目の授業を担当した奥田義人は、この分野の法に関心を抱いて、熱心に勉強して講義した。[35]そこには、総論として、不法行為とはどのようなものであるかを述べ、これに該当する行為でも公務や正当の理由で免責される例、また行為者が責任能力のないために免責される例を説き、不法行為を受けた場合の損害賠償などの法的救済について説明した。各論としては、人身と財産に関する不法行為に分けて、誹謗、殴打、不法監禁、姦通、横領、詐欺、トレスパス（trespass 侵害）、ネグリジェンス、ニューサンスをあげて説明した。かれはイギリス法律家の説に批判を加えて取捨選択して、わが国の法に役立つように論理的に整理して講義したのである。

イギリス法講義の特色　教科書と判例

このようにイギリス法については、講師も学生も英文の法律書を教科書として勉強した[36]。いうまでもなく、イギリス法の大部分は判例によって形成され、判決で示された法の規則が積み重ねられて、それが発展してきた。この規則を判決から正しく抽出するのは容易なことではないが、教科書にはその規則が整理されて述べられている。したがって、かれらが英文教科書から勉強したのは自然である。講師たちは一冊の教科書によるのではなく、何冊もの論著を読んで、法の原理を学ぶとともに、わが国に採用できる法の規則を選択して、学生に理解できるように説明しようと努めた。これらの講義録を見ると、かれらが並々ならぬ研鑽を重ねたことを知ることができよう。

裁判においては、裁判官は弁護士の弁論を聞き、複雑な一連の事実を調べ、その証拠を吟味したうえで争点の事実を確認して、法を適用して判決を言い渡して事件を処理する。ここに裁判官の叡智が表われている。アンスンは、『イギリス契約法原理』の序文で、すぐれた裁判官が複雑な事実を検討して法の原理を適用する判決は、コモンセンスの精力的な所産であって、それを見る以上に、思考の健全な訓練はないと述べている。わが国のイギリス法を学んだ人たちはこの裁判における法の実地応用に感銘して、裁判官の叡智を礼賛した。したがって、渡辺安積はアンスンの書を紹介するにあたって、「凡テ英国法律ノ長所ハ多ク判決先例ヲ引キテ其事実ト法律適用トヲ説明シ、学者ヲシテ法官状師等ノ実務ニ熟達セシムルニ在リ。故ニ余ハ本書ヲ講述スルニ方リ、煩ヲ憚ラズシテ、可成許多ノ判決先例ヲ記載シ、以テ英法ノ長所ヲ発揚センコトヲ期シタリ」と記している[37]。イギリス法を教育するには、英文教科書にもとづいて講義するだけでは不十分であって、判例について教えることが必要であった。

英吉利法律学校では、判例を教材として、その事件はどのようなものであるか、原告と被告の争点はなんであって、双方がどのように主張し、裁判官がどのように法を適用して判決を言い渡したかについて講義した。そこから法の実地応用を具体的に教えようとした。これが判決例という科目であり、この学校の授業の顕著な特色である。この科目は開校のときから設けられたが、八七・八八年度には契約法、不法行為法、雑の三部に分けて講義された[38]。この講義では契約法と不法行為法がコモン・ローの基本的な学習科目であって、わが国で受容できる法の分野として重視されたのである。

増島六一郎の判決例講義

この判決例の講義録のなかで最も充実しているのは、増島六一郎の八八年度の「契約法判決例」であって、五〇〇頁にのぼっている。かれは契約の思想について説明したあと、成立の要件である申込、承諾、合意、約束の概念からはじめて、契約の方式、契約者の資格、契約の目的、権利・義務の移転、証拠、文言の解釈、契約の履行の各問題について、八四件ほどの判例を例示して、各事件の事実、論点、両当事者の弁論、判決を説明して[39]、判決の重要性とそれを読む習慣を身につけることを教えた。

かれによれば、判例を学ぶのは、「英国判事カ其学識実見及非凡ノ能力ヲ以テ漸次ニ論定シタルモノナリトナス故ニ、人間千変万化ノ混雑極リナキ事実ニ就テ、法律ノ真理ヲ適用シ、法律ヲシテ実地円滑ニ其用ヲ為サシムルノ術ヲ知ラント欲セハ、此練磨ヲ極メタル英国判事カ其執務上契約ニ関シテ判決シタル裁判例ノ沿革ヲ学フニ若カサルナリ」[40]と、イギリスの裁判官が培ってきた法の叡智を学び、事件の事実に対して法を適用する修練を自分で体得することが肝要であると述べた。そして、ひとつの法の規則にはそれが生まれた事件の事実と理由があるから、規則を見て、それを直ちに法理に適合すると速断してはならない。判例を読んで沈思熟考して、法が生まれた事実と理由などを仔細に探求して、このような事実があれば、かく裁判しなければならないと考え、自分の判断力を働かせて、法律家としての学力を練磨すべきであると教えたのである。(41)(42)

増島はこのように判例を重視した。判例によって法がつくられ、また法は判例によって知ることができるのであるから、判例集の編集と刊行は大事である。判例集の長い伝統のあるイギリスでは、一九世紀になると、多くの判例集が刊行されて、その質の向上が図られた。そのなかには一部の裁判官自身が点検した判決文を載せる報告が出版されたことがあるが、信頼できる権威ある判例集が恒常的に刊行されることが求められるようになった。そこで一八六五年には「判例刊行協議会」(Incorporated Council of Law Reporting) が設立されて、バリスターとソリシターの数人が選ばれて報告すべき判決を選び、その担当の裁判官の承認を受けて、半公式の判例集 **Law Reports** が刊行された。(43)この信頼できる判例集の刊行によって、裁判所制度の改革とあいまって、長年慣行とされてきた「先例拘束の原理」(doctrine of precedent) が確立したのである。(44)

わが国では、大審院の民事と刑事の判決録は一八七五年から刊行されたが、分量が少なく、収録が不十分であったうえ、法律家の間で判例の重要性が認識されていなかった。増島はこの事情を嘆き、判決文を独力で集めて編集して、『法学協会雑誌』に判決文を掲載して注意を喚起し、そのあとで『裁判粋誌』と題する判例雑誌を八八年七月から毎月三回刊行した。(45)かれはこの雑誌を大々的に宣伝して、弁護士を中心として購読者を増やし、かなりの部数を販売したようである。八八年の第一巻の一八冊は大審院の民事・刑事事件の判決、控訴院、東京や横浜の始審裁判所などの判決を一緒に掲載し、八六年前の大審院判決も収録した。そこには、事件名と弁護士名を最初に掲げ、判決の要旨と関係する法律を記したあと、弁護士の弁論を含めて、判決文を掲載した。この刊行については、『法学協会雑誌』に好意的な批評と要望が掲載されると[46]、それを参考として、八九年一月の第二巻からは、毎月二回刊行して、大審院判決に限って、民事事件と刑事事件に分けて収録して、判例集の体裁を整えた。そのうえ各巻は合本して、事件、事項と法律分類の三種の索引をつけて販売した。この雑誌は一九〇〇年までに一三巻が継続して刊行されたことが確かめられている。このように個人が独力で判例集の編集・刊行をおこなったことはまことに賞賛すべき事業である。一八八八年から九六年までの『裁判粋誌』（第一巻から第一〇巻まで）は、大審院判例集の不十分な部分といわれ、文生書院から一九九四年に復刻された[47]。

法典化慎重論

このとき、政府はフランス人あるいはドイツ人に依頼して作成させた民法や商法の草案を審理して、法律の制定に向って急いでいた。英吉利法律学校の講師を含めて、イギリス法を学んだ人たちはこの編纂の進捗を知っていたが、イギリス法を基礎にして、わが国の民法、その一部の契約法といった特定部分の草案をつくることをしなかった。かれらはイギリス法の原理の理解に努め、わが国に受容できる法の規則を探求して、学生に向かって熱心に講義したが、イギリス法をそのまま導入することは不可能であり、わが国の事情に十分に考慮せずに、外国法を移植することは、よくないことと考えていた。これはメインなどのイギリス法理学から学んだことである。

イギリスでは、毎年多くの法律が制定され、そのなかには商事法の一部が法典化されたが、スティーヴンの刑事法の法典化は失敗した。多くの法律家は大陸諸国のような法典編纂に好意をもっていなかったのである。講師たちはこのイギリスの事情を知っていた。しかし、イギリスとちがって、わが国ではコモンローの伝統がなく、全国にわたる劃一的な法は定まっていなかった。また法律家は誕生して二〇年もたっていなかった。そのうえ、わが国の念願である不平等条約の撤廃のためには、主要な法典の制定が要件となっていた。このような事情から、かれらは法典編纂の必要を理解しており、イギリスの法律家のような不成文主義を強硬に唱えなかった(48)。

そして政府が進めていた民法と商法の法典編纂に対して、八九年五月に「法典編纂ニ関スル法学士会ノ意見」が発表された。これがいわゆる「法典論争」の端緒となったことはよく知られている。法学士会はこの学校の講師たちが参加し、かれらはこの意見書を起草した人たちである。ここには、政府が民商法の編纂を急ぐことに反対して、ヨーロッパの制度を模範として編纂し、しかも民法はフランス人、商法と民事訴訟法はドイツ人が起草したのは、相互に抵触する点があって一貫しない怖れがあると鋭く批判した。そしていま「社会ハ封建ノ旧制ヲ脱シ、百事改進ノ際ニシテ、変遷極リナキカ故ニ」、単行の法律を設けて、法典編纂は社会が定まるのを待つべきであるという慎重論を、かれらは唱えたのである(49)。

（1）　卒業生の工藤武重氏の回顧談。本稿、第三章第二節注（1）参照。なお、長谷川如是閑は一八九三年に東京法学院英語法学科に入学して、アンスンの『イギリス契約法原理』を教科書として土方寧から学んだ。一九一〇年、かれは朝日新聞の記者としてロンドンを訪れて、庶民院（下院）の演説を傍聴したとき、教育問題で長々と弁じている老紳士がアンスンであることに気付いて、この「僕の教師」に敬意を表わし、契約法を勉強した学生時代を思い起こしている（『倫敦！　倫敦？』、岩波文庫、一九九六年、二八二～三頁）。

（2）　P. A. Atiyah, *An Introduction to the Law of Contract*, 5th ed., Oxford, 1995. アティア氏は一八世紀以降のイギリス契約法の発展について、「契約の自由」の法理の成立とその変貌に焦点をあてて論述した大著、*The Rise and Fall of Freedom of Contract* (Oxford, 1979) を著わした。この書の各章ごとの詳しい要約は、矢崎光圀監修、法文化研究会「イギリス契約法史の一潮流

—アティアの近著に依拠して—」（阪大法学、第一二五～八号、一九八三年）に掲載されている。

（3） インド契約法については、W. Stokes, *The Anglo-Indian Codes* (Vol. 1, Substantive Law, Oxford, 1887, pp. 490–557) に、条文とともに、長年「英印法典」の制定に携わった編者の解説が掲載されている。Cf. G. Rankin, *Background to Indian Law*, Cambridge, 1946, pp. 88–110. わが国では、この法律はイギリス契約法の要約と考えられて、伊藤悌治訳『英領印度契約条例註釈』（輿論社、一八八六年）として、カルカッタ高裁の判事と弁護士の註釈書の抜粋を付して、最初の部分だけが翻訳された。のちにはインド契約法は東京大学や中央大学でテキストとして使用されて翻刻された。この法律は一部分が修正されて今日も効力をもっており、一九六八年五月現在の法律は安田信之氏によって訳されている（アジア経済研究所、一九七二年）。

（4） 第三次インド法委員会はロンドンに設置されて、記録長官ロミリ（Master of Rolls, Lord John Romilly）（Samuel の子）を長として著名な裁判官とインド司法経験者の六人がメンバーとなって、イギリス法にもとづいて、相続法、契約法、流通証券法、動産移転法、証拠法、刑事訴訟法改正の草案を作成した。契約法の草案については、六七年に法律参事のメインによってインド総督府立法評議会に法案として上程されたが、官吏たちの反対によって頓挫し、特定履行（Specific Performance）の章の条文が削除された。ロミリたちは草案の法律制定の遅滞に抗議して、七〇年に辞任した。スティーヴンはメインのあとを受けて法律参事となると、この法案をかなり修正したうえ、総論（preliminary）の部分を加えて制定したのである。

（5） 日本の契約観については、川島武宜『日本人の法意識』、岩波新書、一九六七年、星野英一「契約思想・契約法の歴史と比較法」と「日本における契約法の変遷」（『民法論集』、第六巻、一九六一年所収）などを参照。

（6） この書の初版のフル・タイトルは、*Principles of the Contract at Law and Equity*: Being a Treatise on the General Principles concerning the Validity of Agreements, with a Special View to the Comparison of Law and Equity, and with References to the Indian Contract Act, and occasionally to Roman, American and Continental Law であった。ここにポロックの態度がよく示されている。その後の版では書名は短縮された。

（7） この書のタイトルは、*Principles of the English Law of Contract and Agency in Relation to Contract* である。

（8） 契約法の著書を著わしたのは、ポロックが三二歳、かれより二歳年長のアンスンが三六歳のときである。

（9） C. H. S. Fifoot, *Judge and Jurist in the Reign of Victoria*, London, 1959 pp. 27–30.

（10）一八七三年と七五年の裁判所法（Supreme Court of Judicature Acts）については、W. Holdsworth, *A History of English Law*, Vol. 1, 7 ed., London, 1956, pp. 635-45. フィーフット『イギリス法　その背景』、伊藤正己訳、東京大学出版会、一九五二年、一三～六頁、内田力蔵「判例というものの考え方（七～一四）」、法学セミナー、八六～九三、一九六三年（『イギリス法入門』、信山社、二〇〇六年所収）参照。

（11）この併合前には、コモンローとエクイティの裁判所はそれぞれ独立して権限を行使した。たとえば、契約違反の事件では、原告はコモンローの裁判所で損害賠償の請求を訴えたが、被告に約束を履行させるには、大法官府裁判所で特定履行の命令を得ねばならなかった。またこの裁判所法によって、伝統的な訴訟方式（forms of action）は最終的に廃された。「訴訟方式は埋葬されたが、墓場の下からいまだにわれわれを支配している」というメイトランドの有名なことばのように、訴訟方式はその後も裁判所の審理に影響を与えたといわれる。

（12）オックスフォード大学では、メインについで、ブライス、アンスン、ホランド、マークビー、ダイシー、ポロックが職に就き、イギリスの大学のなかで最も早く活発に法学の教育・研究が振興した。Cf. F. H. Lawson, *The Oxford Law School, 1850-1965*, Oxford, 1968, pp. 72-3. *The History of the University of Oxford*, Vol. 7, Part 2, Oxford, 2000, pp. 385-96 (per B. Nicholas). 他の大学については、*A History of the University of Cambridge*, Vol. 3, Cambridge, 1997, pp. 186-93 (per Peter Searby), Vol. 4, 1993, pp. 216-24 (per C. N. L. Brook), J. H. Baker, University College and legal education, 1826-1976, *Current Legal Problem*, Vol. 30, 1977, pp. 1-13 参照。

（13）A. V. Dicey, *Can English Law be taught at the Universities?* 1883.（未見）Cf. R. S. Rait, *Memorials of A.V. Dicey*, London, 1925, pp. 85-7. R. S. Cosgrove, *The Rule of Law, Albert Wenn Dicey, Victorian Jurist*, London, 1980, pp. 52-3.

（14）F. Pollock, *For My Grandson*, London, 1933, p. 169.

（15）この書の第四版では、同意・申込・承認、契約の方式、約因、契約者の権利・義務、不法な同意、不可能な同意、錯誤、不実表記、詐欺、脅迫・強迫・不当な威圧、不完全な義務の同意の章からなる。ここには、契約の文言の解釈、契約の履行とその解消について記されていない。

（16）ポロックの書の前には、契約について数点の実用書が出版されており、そのなかで、一八六七年に刊行されたリーク（S. M. Leake）の『契約法原理』（*Principles of the Law of Contract*）は、契約の成立、契約の当事者、契約に関する諸概念、契約の履行、契約違反に対する救済、契約の譲渡の六章に分けて、判例を網羅的に記述して、契約の一般原理を論述した千頁を越える大著である。Cf. W. Holdsworth, *History of English Law*, Vol. 15, p. 301. このタイトルは、かれの土地法の著書のタイトルに合わせて、七六年からは An Elementary Digest of Law of Contract と改められた。

（17）　この書の第四版の序文参照。ポロックは、リンドリ（Nathanial Lindley）の弁護士事務所で学び、ウイルズ（James Shaw Willes）の巡回裁判の秘書を務めた。この二人は学識に秀でた裁判官として有名となった人であり、かれは二人からイギリス法について指導を受けたばかりではなく、その歴史を遡って探求し、またローマ法とサヴィニーの法学を勉強することの重要さを学んだと記している。Cf. Neil Duxbury, *Frederick Pollock and the English Juristic Tradition*, Oxford, 2004, pp. 21-2. ポロックの伝記の研究は久しく試みられなかったが、ダックスバリ氏がかれの法学を丹念に検討した前掲書を発表した。この書は、ポロックの法学者としての生涯を述べたあと、かれの法理学がオースティンの分析法理学と異なる意義と、かれが使命としたコモンローの理解について検討し、ついで契約法と不法行為法の主要著作の各版を調べて、かれの法学上の貢献を詳細に論じ（一八四～二八三頁）、最後に Law Quarterly Review の編集者と Law Reports の総編集人として果たした役割を考察した書である。

（18）　R. S. Cosgrove, *Scholars of Law, English Jurisprudence from Blackstone to Hart*, New York, 1996, pp. 147-78. 山崎利男「ポロックとインド」『現代イギリス法　内田力蔵先生古稀記念』、成文堂、一九七九年。同「ポロックのインド法論」、『山本達郎博士古稀記念　東南アジア・インドの社会と文化』、下巻、山川出版社、一九八〇年参照。

（19）　かれは、イギリス法について、「われわれの法は著しく国民的（national）でかつ実際的（positive）である。われわれの特殊な法気質は、おそらくわれわれの島国的な特徴のうち最も島国的である」と述べている。F. Pollock, English Opportunities in Historical and Comparative Jurisprudence, *Oxford Lectures and Other Discourses*, London, 1890, pp. 1-36. cf. Neil Duxbury, *op. cit.*, pp. 147-57.

（20）　H. H. Henson (ed.), *A Memoir of the Right Hon. Sir W. Anson*, London, 1920, p. 90. (per A. V. Dicey) ここで、ダイシーは、アンスンが法学について深い知識を持ち、学生に対して明解なことばで語り、学生の関心を燃え立たせることができる教師であり、最良のチューター（tutor）の資質をもっていたという。

（21）　アンスンは、一八九一年の第六版の序で、学生に法の問題を説明する間に、自分の考えを点検する必要に気付き、それが自分の無知や考えの混乱であることを自ら悟ることがあり、また学生がむずかしいとする点がしばしば教師にとって当たり前となっているのを考えなおすことがあると述べて、学生に対して感謝の意を表わしている。

(22) アンスンは七二年以来トゥリニティ・カレッジ（Trinity College）でイギリス法のチューターを務め、七四年にヴァイナー講座（Vainerian Chair）の準教授（Reader）となり、八一年にオール・ソールズ・カレッジ（All Souls College）の学長（Warden）に選ばれて、死ぬまでその職を務めた。このカレッジは法学の中心となり、大学の法学教育に最も重要な役割を果たした。これに対して、ポロックはロンドンから週に一、二度通って講義し、学生の指導には熱心でなかったといわれる。

(23) P. A. Atiyah, *The Rise and Fall of Freedom of Contract*, pp. 681-5. 木下毅『英米契約法の理論』、第二版、東京大学出版会、一八八五年、五〇～五一頁参照。

(24) 増島六一郎はこの約束説に賛成している（「契約法判決例」、一八八八年度講義録、一三～五頁）。なお、一九三二年の『条解米国契約法』（末延三次訳、弘文堂、一九五七年）第一条には、「契約とは一つの約束または一組をなす複数の約束であって、その違反に対して法が救済を与え、またはその履行を法が何等かの方法で義務として認めるものである」とあり、ポロックと同じく、合意でなく約束を重視している。Cf. A. L. Goodhart, Introduction to F. Pollock's *Jurisprudence and Essays*, London, 1961, pp. x-xi.

(25) 土方寧はこの講義録を単行本として刊行した（『英国契約法』、博聞社、一八八七年）。

(26) 捺印証書によらない契約（単純契約 simple contract）が有効なためには、consideration（約因）が必要であるという有名な規則がある。約因についてはわが国のイギリス法学者の多くが論じた問題である。山田喜之助は consideration を約報と訳し（「英国契約法」、一八八七年度、山本勝助編輯、八三～九六頁）、後述の渡辺安積は報償と訳しており、このころに約因という訳語に決まったのである。なお、増島はわが国ではこの約因の法理の必要がないと述べている（「契約法」明治義塾法学講義筆記、六七～七二頁。「契約法判決例」、三一頁）。

(27) 一八八五年前の英米法の教科書としては、山田喜之助の『英米親族法』『英米代理法』『英国私犯法』は、東京専門学校の講義にもとづくものであり、合川正道の『英米契約法講義』（一八八三年）はポロックの書に依って専修学校で講義したと記されている。専修学校の刊行物については、『専修大学百年史』、上巻、一九八一年、二九二～三一〇頁参照。

(28) 一八五二年コモンロー訴訟手続法には、不法行為は契約と関係ない不法な行為と定めている。

(29) J. G. Fleming, *Introduction to the Law of Tort,* 2nd ed., Oxford, 1985, pp. 1-6. 望月礼二郎『英米法』(新版)、九九年、一三九〜四四頁参照。

(30) 奥田義人「私犯法」、一八八七年度、六頁。

(31) この草案は『不法行為法原理』に付録として掲載された。ポロックはこれをインド総督府の要請によって作成したが、これが法律として制定されるに至らなかった。ポロックはこの草案の起草を契機として不法行為法の著書を著わした。

(32) A. Underhill, *Summary of the Law of Tort or Wrongs independent of Contract,* 1873.

(33) 山田喜之助は八六年にはその三版を出版した(九春堂)。

(34) この書のタイトルは、*The Law of Torts : A Treatise on the Principles of Obligations arising from Civil Wrongs in the Common Law* である。この書には、不法行為の性質の説明からはじまって、その責任の原理、人の能力、免責、救済、ついで各論に移り、人身、名誉毀損、財産、トレスパス、ニューサンス、ネグリジェンスについて述べている。なお、末包留三良氏はこの書について紹介している(「ポロック・英法における不法行為の一環」、『英法の基本問題 下』、成文堂、一九七五年)。

(35) この講義録は『英国私犯法論綱』(博聞社、一八八七年)として刊行された。

(36) 伊藤正己『イギリス法研究』、東京大学出版会、一九七八年、四八〜九頁参照。

(37) 渡辺安積『安遜氏契約法』、緒言。穂積陳重は、山田の『英米親族法』『英米私犯法』と奥田の『英国私犯法』の書評で、「英米の法律は最も判決例を尚ぶが故に」、再版のときには判例の数を増して法の適用を示すことを望んだ(『穂積陳重遺文集』、第一冊、五〇一、六五二頁)。

(38) 本書のA表の判決例の欄を参照。判決例の授業では、学生に英文の判決文を読ませて、その重要な点を教えて、判決を読むことに慣れさせることが大切であるが、学生の英語の能力を考慮して、すべて日本語で講義せざるを得なかった。

(39) 増島は一八八四年度に東京大学法学部で契約法を講義し、また明治義塾でも契約法を講義している。英吉利法律学校では、八七年度に松野貞一郎の判決例の講義を途中から引継ぎ、判例を紹介することなく、契約の思想と題して概説を講義した。これは八八年度の授業で判例の講義のまえに繰り返し述べられた。八八年度の講義録は八九年度に再び印刷し配布している。かれはその後もイギリス契約法に関心を持ち続け、一九三五年には Elementary Principles of the English Law of Contract と題して学生のための英文入門書を著わした。それは判決を中心として説明した簡単なものである。また不法行為法については、東京に滞在したイギリスの法律家ヘイワードを助けて同様の入門書をつくった。S. P. Hayward, *The Law of Tort, A compendium of the English law of civil liabilities*, with the collaboration of R. Masuzima, Tokyo, 1934.

(40)「契約法判決例」、一八八九年度、二〇頁。八八年度の文には不明な点があるので、八九年度の文によった。

(41)「契約法判決例」、一八八八年度、一二頁。

(42) 増島は、一八八八年度、憲法が公布されると、半学年間、憲法判決例を講義し、翌年度にはその講義録を再び印刷した。これは国王、政府、議会に対する国民の権利と義務について、一六世紀以後の一七ほどの判決を紹介して、イギリス憲法の一側面を教えたものである。この講義はかれの「契約法判決例」の講義とちがって、どのように裁判がおこなわれるかを教えるよりも、日本の憲法の条文と関係する問題について、イギリスの判例を説明したものであるが、体系的ではなく、かれが関心をもって読んだ判例について講義したように思われる。

(43) Cf. W. Holdsworth, *op. cit.*, pp. 254-65. Nathaniel Lindley, The history of the law reports, *Law Quarterly Review*, Vol. 1, 1885, pp. 137-49. ポロックは判例集に強い関心を抱いた人であって、かれが編集した Law Quarterly Review のなかで判決の批評を継続的におこない、九五年には Law Reports の総編集人となり、一九三五年までその職にあった。cf. F. Pollock, English law reporting, Essays in the Law, pp. 241-57. またかれは一七八五年から一八六六年までの判決文から実際に有用と考えられるものを選んで、一五二巻を一八九一年から三〇年かかって刊行した。

(44) 望月礼二郎『英米法（新版）』、一〇三〜一一二頁参照。

(45)『法学協会雑誌』（第五一号）には、増島の『裁判粋誌』の発行に際して、かれの企画について、つぎのような記事が記されている。「追々には諸法律学校卒業生又は代言人諸氏よりの報告に係る裁判例をも掲載して、増島君自ら之れを解析し、法理の在る所並に実地裁判の手続等に関し、其便否を察し改良の方法等を示し、傍ら各件の訴名、相手代言人の陳述に係る論旨、事実、論点、裁判所実用の事項等を報告し、其他全国代言人の宿処、姓名、開業年月、履歴、法律書目、代言事務に関する広告、府下諸裁判所の開廷対審期日等、苟も法律の実務に必要の事項は務めて之に掲載すべし」。この記事によって、増島は判例集の紙面に弁護士が必要とする情報を掲載する意図であったことが知られる。それは実現しなかったが、この判例雑誌は弁護士を読者の主要な対象として発刊され、弁護士の学識と地位の向上を図ったことは明らかである。

(46) 金城法史（中橋徳五郎）「裁判粋誌批評」、法学協会雑誌、第五二号、一八八八年、二三七〜四五頁。この判例雑誌には、

弁護士の姓名を掲げて、裁判官の姓名が記されていないことをあげて、それは大審院や控訴院では複数の裁判官が合議して裁判するためと思われるが、判事名を掲載するように改良すべきと記している。これとは別に、増島は、大審院などの判決が多数意見のみを言い渡して、裁判官の少数意見が知られないことを改めて、裁判官の少数意見を公表すべきことを提言している（『裁判粋誌』、報告、一五～六頁）。

（47）『裁判粋誌』については、復刻版の第一一巻（三九一～四六〇頁）に、小森恵氏が解説を書き、復刻版に所収された判決の事件のリストを掲載している。

（48）長谷川如是閑は、法典編纂に際して英法学派が不文法主義を徹底して主張しなかった態度を批判している（『ある心の自叙伝』（一九五〇年）（講談社学術文庫、一九八四年、一九〇～三頁）。この点については、伊藤正己氏は、つぎのように述べている。「法典施行の延期論はまさに延期の主張にほかならないのであって、イギリス法学派も、法の歴史性を強調しつつも、結局は西洋法を摂取すること自体に反対するものではなかった。この学派によっても、日本の固有法は、封建的旧制にしばられたものであって、近代法たりうる資格を欠くのである。したがって、西洋の近代法を基礎として法典を編纂することは避けられないところであった。いわんや条約改正という国家の要求によって促された近代法制の確立の必要が背後にある以上、法典を絶対的に阻止することは到底考えられず、法典編纂についての慎重論にとどまったのも当然であった。」（『イギリス法研究』、五三頁）。

（49）この意見書の作成は法学士会という東京大学法学部の出身者の会合で決められ、山田喜之助を中心として起草し、作成後、大臣をはじめ諸方面に運動した（法理精華、第二巻）。増島六一郎は早速この意見に賛意を表わし（法学協会雑誌、第六〇号、一八八九年）、また穂積陳重は九〇年三月に刊行した『法典論』のなかで、この全文を引用して解説している（二一一～八頁）。

三　訴訟法・証拠法

増島六一郎の訴訟法講義

裁判所制度と訴訟手続について一応の知識をもつことは、法を理解するために必要であり、重要なことである。とりわけイギリス法はその大部分が裁判所の判例によって形成されたので、判例をよく知るには、この知識は不可欠である。そのため、イギリスでは、法を学ぶ学生に対して、「イギリス法制度」（The English Legal System）は最初に教える科目であり、そこで裁判所の構成、管轄、および権限と、民事・刑事裁判について教えるのである。わが国の司法制度はイギリスのそれと大きくちがっているので、今日でもイギリスの制度の教育の必要性は大きいが、明治期にイギリス法教育をはじめたときには、この問題を扱う訴訟法の科目は非常に重要であったといえよう(1)。

訴訟法は民事と刑事とに分かれる。一八九〇年（明治二三年）に民事訴訟法と刑事訴訟法が公布されるまで、刑事訴訟法は治罪法といわれて、八〇年に制定された治罪法が刑法とともに実施されていた。これに対して、民事訴訟法は単に訴訟法といわれた。英吉利法律学校では、第二学年にわが国の刑法と治罪法を講義し、それとともにイギリスの民事と刑事の訴訟法を講義した。

その授業を担当したのは増島六一郎である(2)。かれは学生のときから弁護士を一生の職とする決意した人で、ロンドンのミドル・テンプルに留学してバリスターの資格を取得し、そのあとバリスターの事務所だけでなく、ソリシターの事務所で訴訟の実務を習得した。この経験から、帰国後の講義では、実体法（主法）と訴訟法（助法）との関係を説いて、「救済ヲ以テ人民ノ権利ヲ保護スルノ道全カラスンハ、其所謂法律モ亦無用ノ長物ニ帰センノミ」(3)、換言すれば、「法律ノ用ハ訴訟ヲ救治スルニ在リ」と述べ(4)、人びとの権利を救済する法が不十分であれば、権利の法を実現できないので、権利の救済の手続を定めた訴訟法の重要性を力説した。とりわけイギリス法の長所は実地応用の術が巧妙であり、この巧妙さは訴訟法と証拠法の優秀なことによると述べた(5)。

かれによれば、イギリスの訴訟法はヨーロッパ諸国のなかで最も完全なものである。この訴訟法は大陸のそれとはかなり相違があり(6)、イギリスの裁判において特有の発展を遂げ、その規則がしだいに改善されてきた。そのうえ一八七五年に裁判所の訴訟手続規則を改正して、厳格な手続を緩和し簡素化した(7)。こうしてイギリスの裁判は手続が簡単で、審理が迅速におこなわれている。それを実地に見たかれが感銘したのは、司法の独立と、裁判官としての地位が保障され、裁判官も弁護士も品格、学識、法の運用が際立ってすぐれており、国民から尊敬されていることであって、かれはイギリスの法律家を尊敬して、コモンローの精神を終生の信条としたのである。

しかるに、イギリスとちがって、わが国では訴訟手続が未発達で、はなはだ不備であり、弁護士が未熟で、社会的地位も著しく低い。そのため裁判が大いに遅滞して、判決までに一年ないし数年を要している(8)。かれはこのように認識して、イギリス訴訟法の講義では、イギリスの裁判の実情について、わが国の裁判に役立つことをめざして説明したのであり、わが国の訴訟手続に対する改善の提案を多く述べた。こうしてこの講義録はまったく独自なもので、かれの本領がよく表現されている(9)。かれの講義録の代表作といえよう。

かれの講義録を見ると、年度によって相違があるが、訴訟法の全体にわたっている(10)。裁判所、裁判官、弁護士について述べたあと、原告の訴状、被告の答弁状、それに対する原告の訴答状といったプリーディング (pleading 訴答)を説明する。それは、法廷での弁論審理に先立って、訴訟当事者の間で争点を定めるためにおこなわれる手続であって、イギリスの裁判の特色である。ついで法廷における審理について、事実の問題と法律の問題、弁護士の弁論、挙証責任、証人の尋問と反対尋問、証明の手続、陪審の評決と裁判官の判決について教えた。そこでは宣誓の重要性や中間手続の有用性について言及しており、略式裁判（summary trial）の手続についても述べている。最後に裁判の執行と上訴の手続についてイギリスの特異性を注意している。

かれは、八六年度の講義の補足として、「訴答法規」と題して、訴答書類の書き方の規則を説明して、プリーディング（訴答）の重要性を熱心に説いた。[11] 翌年度にはこのプリーディングの部分は、訴訟法の講義のなかに取り入れられ、「訴答法規ノ全章ハ我ガ講義科目ノ骨髄」と述べるほど、[12] かれの講義の中核部分となった。イギリス訴答法規は四、五百年にわたって実験を積み重ね、法律家が詳細に論議して定めたのであって、イギリス法学の固有のものである。そこで、「英吉利法律ヲ学フノ益ハ多クハ此学ヲ講スルニアリトス。故ニ此規則ヲ学得セハ、大ニ法律ヲ修ムル者ノ論理力ヲ研磨シ、且ツ訴訟ノ争点ヲ定ムルニ瞬速ナルノ術ニ長シ、莫大ノ利益アルヤ明カナリ」[13] と、この講義の意義と学習の効果を述べている。

イギリスの裁判の特色は、穂積陳重のことばを借りれば、自治（autonomical）主義である。[14] まず訴状は原告側が所定の書類に事項を記入し、それを裁判所に提出してその証印を捺してもらい、謄本の一通を裁判所に残して、一通を被告に送付する。同様に被告側も答弁書を裁判所に提出して一通を原告に送付する。原告側がそれに対して訴答状を送ると、ふつう両当事者間で訴訟事件の争点（issue）が決まる。これによって事実の問題と法律の問題が明瞭になる。争点を定めることは、法廷での審理の前に、両当事者側によってなすべきことである。裁判所は訴状などの書類に裁判所の印を捺して公的権威を与えるだけであって、その送付はソリシターがおこなうのである。増島はプリーディングの講義において、訴訟事件の争点を適切に求めること、争点は単一であること、争点に関する必要事項は詳細に記すこと、争点には混乱がないようにし、それによって文章が冗長になって遅滞をもたらさないことなどをあげて、わが国の実情に照らして、逐一例をあげて丁寧に説明した[15]。

かれによれば、わが国では、官民ともに訴訟手続と証拠法について知識が乏しいので、弁護士が十分に調査しないで起訴して、その後になって証拠を集めることがあり、また争点を定めることを知らないので、争点に関係のない無用な点について主張を述べ、不必要な証拠を提出し、あるいは事実を隠蔽して速やかに述べないため、裁判が著しく遅滞し、費用がかかっている。その改善のための提案を、かれは講義のなかで繰り返し説いたのである[16]。

この講義では、かれは訴状をはじめとする訴答書類の雛形の例を示して、書類を完全に作成すべきことを教えた。そのうえ、イギリスの不動産譲渡を専門とする弁護士（conveyancer）の職務を説明して[17]、契約を結ぶにあたって、弁護士が文書を作成しあるいは文書を点検していることを紹介した。弁護士に法律書類の作成を依頼して完全に作成すれば、権利と義務が明確になって、訴訟が提起されない。たとえ訴訟が提起されることがあっても、事実の問題で争うことなく、弁論は法律の問題に終始するのであって、裁判が迅速におこなわれるという。かれは法律書類の作成の重要性を説いた論文を『法学協会雑誌』に掲載して識者に訴え[18]、八八年には三〇余の雛形を書いて『法律立案雛形集』を刊行した[19]。

この法律書類の作成は、法廷における弁論と並んで、弁護士の重要な任務である。増島はこう考えて、イギリスでバリスターとソリシターがそれぞれ職務を明確に分けているが、わが国では弁護士が両種の職務をおこなうべきであると述べた[20]。弁護士の任務としては、「抑モ代言人ノ職タル訴訟ヲ提起スルヲ主トスルモノニアラスシテ、其害ヲ防遏シ、其害ノ大ナルモノハ之ヲ小ナラシムルヲ務メ、万巳ムヲ得サルノ時ニ至リ始テ訴訟ヲ提起スヘキモノトス」といい、さらに、「人智ノ進ムニ従ヒ衛生其途ヲ得ルト同シク、法律ニ関シテモ亦予防ノ策ヲ講シ無用ノ争ヒ無カラシムルコソ、人生ノ要訣ナリ。人予メ法律家ニ謀リテ事ヲ為シ業ヲ興スノ正道ナルヲ忘ル可ラス」と述べた[21]。このように契約などの書類を完全に作成して、訴訟が起こらないように努めることが、弁護士のひとつの任務であると力説したのであり、かれは予防法学を主張した最初の人である。このあと、かれは法廷の弁論よりも、法廷外の法律事務に多くの労力を傾けたといわれる[22]。

この訴答の講義に比べて、法廷での裁判審理については簡単に述べられている。そのなかで、ロンドンの法廷を経験した増島が感嘆したのは、法廷審理の無駄のない迅速さと判決の優秀さである。イギリスの裁判の特色は当事者主義（adversary system）である。弁護士は裁判官とともに正義を実現する人であって、裁判官は熟達したすぐれた弁護士（バリスター）のなかから任じられることはよく知られている。増島によれば、イギリスの弁護士の多くは貴顕の子孫であって、大学を卒業してインズ・オブ・コートで法を学んで、事件に対する法の適用に熟達している[23]。弁護士は事件の事実を確かめ、証拠を集め、これを総括し分析して、その事実の争点と関係するか否かを検討しておく。法廷では事実を陳述して、証拠をもってそれが真実であることを証明し、そのうえでこれに該当する判例を示して、その適用を要求するのである。これに対して、裁判官は法廷審理の前に訴訟の書類を調べ、事件の争点を理解しておき、法廷では弁護士の弁論を聞き、証人尋問のあとに原告側と被告側の最終弁論が終わると、直ちに判決を言い渡す。その判決では事件に関する事実をもらさず説明して、その適用する法をあますことなく論述する。そのため一、二時間で審理は終了する。裁判官は弁護士の弁論を聞いて、それを採用し、あるいはそれに触発されて法の論理を説くことが多いので、判決の優秀さには弁護士が大きく寄与している[24]。

「法律家の要格」

士族出身の増島が弁護士を志したのは、このイギリスの弁護士に憧憬したからである。かれは同じ彦根藩出身の田部密に諭されて、漢学をやめて英学を学び、イギリス法が実地応用で最もすぐれ、イギリスの弁護士が人びとの権利を擁護する高潔な職業であることを知って、わが国でも弁護士が士人（サムライ）に適した一生の職務であると悟ったという[25]。かれは七九年七月に大学を卒業すると、馬場辰猪・小野梓たちの啓蒙運動の結社「共存同衆」に参加して、その講談会で「法律家の要格」と題して、法律家、とくに弁護士が備えるべき品格について講演した[26]。しかも留学後の八八年七月に前述の判例雑誌『裁判粋誌』（第一号）が刊行されると、その「報告」の欄にこの文章は繰り返し記されている[27]。それはかれの弁護士観を率直に記しているので、ここに述べておきたい。

法律家は学事（学識）と行事（倫理）を備えなければならない。学事としては、「法律ノ全典ニ明ニシテ其ノ使用ニ熟練ス、法例（判例のこと）ノ一斑ヲ暗ス、法理ノ大要ヲ知ル、法律ノ沿革ニ通ス」の四項を掲げた。法律全般に通暁し、法を事件に適用することに熟練し、判例をよく知って、重要な判例を記憶し、そのうえ、オースティン流の分析法理学とメインの沿革法理学に通暁するという、当時のイギリス法を習得した法律家が具備する学識を記している。この法例（判例のこと）については、「法例ハ法律ヲ応用シタルノ実事ヲ証スルモノニシテ、法律ノ講明ヲ助クルノ大具ナリ。凡ソ法律ヲ知ルト云フヘキモノハ、法律ニ応シテ之ニ適切ノ法例ニ通スルノ人コレノミ」と述べて、イギリスの法律家のように、判例をよく知って、依頼人の事件に対して判例を調べて適用する能力を備えるべきであるという。かれが早くから判例に注目して、法の実地応用を重視したのである。

増島六一郎編集の雑誌　『裁判粋誌』（右）と『法律政紀』（左）

行事は「信、義、勇」の三項である。信とは、訴訟事件を扱うには「信実剛直」であることである。依頼人に対しては言行が忠実で、訴訟事件について証拠を分析して陳述して、法律に従って真実の存在を証拠によって論じ、その権利を保護し弁明することである。義とは、冤罪者の嫌疑を晴らし、権利者の権利を争論し、弱き者を助け貧しい者を救う義心を抱いて、依頼人の利益を図ることであって、決して私利を企ててはならない。この義は志気の勇であって、学識をもって練磨するものである。訴訟は権利の争いであるから、権利は法律によって定まり、訴訟人の社会的地位によって差異があるのではない。貴顕の人からの依頼も権利がなければ、応ずべきではないという。

このように、かれは弁護士が高度の学識をもち高潔な品位を備えるべきことを説いた。このことは講義でも論文でも熱心に訴えたことである。『裁判粋誌』の「報告」には、友人の高橋一勝が弁護士として優れたことを賞賛し、また横浜始審裁判所長の岡村輝彦が裁判所における弁護士の処遇を改善したことをたたえている。[28]かれは三百代言と蔑視された弁護士の能力と社会的地位の改善を期待して、西欧に匹敵するほどの司法の発展を望んだのである。

刑事訴訟法

増島は、「訴訟法」と並んで、「英吉利治罪法」についても講義した。この講義録には、イギリスの刑事裁判所について述べたあと、正式起訴犯罪（indictable offences）の事件について、容疑者の逮捕、治安判事（magistrate）の予備審問、大陪審（grand jury　起訴陪審）とその起訴状、被告に対する召喚状、罪状認否（arraignment）、法廷の裁判審理と小陪審（petty jury　審理陪審）、刑事裁判の証拠、判決と再審を講義し、最後に非正式起訴犯罪事件の治安判事の略式裁判について説明している。しかし、「英吉利治罪法」は随意科目であって、半学年の講義として「訴訟法」の半分の時間数であった。ここでは、かれはイギリス刑事裁判の特質を強調することもなく、日本の刑事裁判について批判的な意見や改善の提案も述べなかったので、「訴訟法」の講義録と比べると精彩を欠いている。[29]

この講義では、増島はハリス（Seymour F. Harris）の『刑事法原理』[30]（一八七七年初版）を参考にしたように思われる。この書は英吉利法律学校で翻刻され、刑法と刑事訴訟法について弁護士向けの分厚い実用書に代わって、学生向きに平易に著わした書である。イギリス刑法を講義した渋谷慥爾が参考にしたのは、ハリスとスティーヴンの書である。スティーヴンの書は当時イギリスの有名な刑事法の論著である。[31]かれが一八六三年に発表した『イングランド刑事法概論』は、弁護士の参考書でも学生向けの書でもなく、刑事法の歴史、犯罪、刑罰、訴訟法、証拠の問題について斬新に論述し、ベンサムの改革論を受けて、現行の制度を批判した書であり、[32]これによってかれは刑法学者として有名となった。六九年から二年間半、かれはインド総督府の法律参事として、メインのあとを継いで、契約法、証拠法、刑事訴訟法改正などの重要な法律の制定に尽力して、インド法の歴史において大きな役割を果たした。七二年に帰国すると、かれはイギリス法の熱心な法典化論者として論説を書き、後述の『証拠法摘要』に続いて、七七年に『イングランド刑法摘要』を著わして、法典化を目指して、刑法の規則を論理的に体系化して条文をつくり、各条に説明を付した(33)。その八月、大法官ケアンズ（Lord Cairns）から刑事法案の作成の依頼を受けると、短期間に法案の条文を完成して、七八年六月にそれは議会に上程された。この「刑事法典（正式起訴犯罪）案」（Criminal Code (Indictable Offences) Bill）は王立委員会（Royal Commission）で審理され、かれは三人の裁判官とともにそのメンバーとなって論議し、七か月後に報告書を提出した。その一週間後にイングランド首席判事コックバーン（Sir Alexander Cockburn）の強い反対意見が公表されたため、それは頓挫して、政権の交代によって、この法案は議会で審議されることがなかった。このあと、八三年には刑事訴訟法の部分は議員によって法案として議会に上程されたが、それも反対が多く審議が進まず流産した。法律家の間では、コモンローの不文法の伝統を尊重して、法典化に対する根強い反対があったのである。この刑事訴訟法については、八三年、スティーヴンは長男と共著で『刑事訴訟法摘要』を刊行した。これは、『刑法摘要』と同様に、条文として三三三条を掲げ、それを解説したものである(34)。このスティーヴンの刑事法の法典化が失敗に帰したことは、インズ・オブ・コートでかれの講義を聞いた穂積陳重などによってよく知られていた(35)。

ところで、イギリスの刑事裁判はすぐれた特徴がある。その特徴として、容疑者を有罪の判決まで人権を尊重して犯人として扱わないこと、「合理的疑いの余地なく」（beyond a reasonable doubt）証明されない限り、被告人は有罪とされないこと、検事というキャリアーの職がなく、訴追は国や地方機関から委任された弁護士がおこない、その裁判は民事事件と同じく当事者主義であり、集中して審議されて迅速に処理されることがあげられよう。この刑事裁判については、馬場辰猪が八二年に著わした『法律一斑』で明解に述べている。[36] かれは容疑者の逮捕、留置所から判決、恩赦まで見聞を交えて平易に述べ、一人の無辜の人を殺すより百人の有罪の人が免れる方がよいといわれることと、仁慈を刑法の基本とすることを強調して、わが国での容疑者に対する苛酷なる扱いを非難した。ついで裁判官、陪審員、弁護士のそれぞれの職務を具体的に紹介して、わが国の裁判官の態度や弁護士の学識の改善を促した。ややあとになるが、一九一〇年には、穂積陳重はこの刑事裁判の特質と弁護士の役割を要領よく述べて広く紹介している。[37]

よく知られているのは陪審審理である。[38] 大陪審はわが国では注目されなかったが、[39] 小陪審は「自由の砦」といわれ、国民の生命と財産の保護者として、イギリス人が大いに尊重したことは、わが国のイギリス法を学んだ人たちは熟知していた。[40] わが国では、一八八〇年の治罪法の制定にあたって、ボアソナードの原案には重罪事件について陪審によって審理するという条文が記され、それは元老院で支持されたが、最終段階で井上毅らの反対によって削除された。[41] このため、増島は陪審審理について講義したが、わが国には陪審制度の詳しい講義は必要でないと述べ、[42] 岡村輝彦は、「証拠法」の講義で、法廷における裁判官と陪審員の職務について具体的に説明したが、[43] 陪審の導入については消極的であった。[44][45]

証拠法

つぎに証拠法に移ろう。イギリスの証拠法は訴訟法の一部であるが、民事と刑事にわたるひとつの法分野として扱われ、法学教育では独自の科目として教えられた。その法は民事・刑事事件において陪審審理によって事実の問題が評決されたことと関係して発展した。陪審員は元来事件を知りうる近隣の人であったが、地域の一定の資産ある人

（名望家）たちが務めるようになった。さらに法廷に提出された証拠のみにもとづいて評決するようになると、一七世紀から、陪審員が不当な誤りを犯さないように、不適切な証拠を排斥する規則がしだいにつくられて、証拠法は独自の発達を遂げた。一九世紀にはベンサムを中心として熱心に法の改革が唱えられて、その影響から訴訟手続が改革されて、合理的で論理的な法がつくられたのである(46)。

わが国では、明治初年以来、旧来の刑事裁判の手続を踏襲して、一八七三年の「改正律例」には「凡罪ヲ断スルハ口供結案ニ依ル」と定め、被疑者の自白にもとづいて有罪を決定したのであり、自白させるために拷問が認められた。近代的な裁判所制度が樹立されると、有識者の間で拷問を廃止する意見が強くなり、ボアソナードがその禁止を政府に訴えたのが契機となって、七六年に政府はこれを禁止した。ついで「凡罪ヲ断スルハ証ニ依ル」と改めて、自白に代わって証拠によって裁判すると定め、「証拠ニ依リ罪ヲ断スルハ専ラ裁判官ノ信認スル所ニアリ」と、自由心証主義が定められた。八〇年の治罪法には、刑事事件の裁判が公開されることになって、被告人に弁護士がつけられて、弁護士の立会いなしには刑が言い渡されないことが定められた(47)。これにともなって、どの事実について、どのような証拠でどのように立証するかという証拠法の知識が切実に求められて、フランスやイギリスの論著がつぎつぎに紹介された(48)。

この時期に翻訳されたイギリス証拠法の論著は、テイラー（J. Pitt Taylor）の『証拠法論』(49)、ベスト（W. M. Best）の『証拠法原理論』(50)、およびスティーヴンの『証拠法摘要』(51)である。テイラーとベストの書は浩瀚な実用書であって、一八四〇年代末に刊行されて以来、弁護士の間で好評を博して版を重ねた。それに対して、スティーヴンの書は七五年に刊行され、一四二条の条文のなかに現行法をまとめて、各条に解説を記したものである。穂積陳重は、「余の嘗て笈を英国に負ふや、常にスチーブン氏の講筵に侍し、又ベスト氏の著書を攻究し、未だ嘗て英国証拠法の美制を欽慕せずんばあらざりしなり」と述べて、「蓋しスチーブン氏の書は簡明にして厳正、而も疎漏に陥らず。ベスト氏の書は周到にして精確、而も冗長に流れず」と評している。[52][53]

スティーヴンは一八七二年にインド証拠法（Indian Evidence Act）の制定に尽力し、そこにはイギリス法の規則が一六七条にわたって成文化されて、植民地インドの法律として定められた。[54] これは争点との関連性（relevancy）に重点を置いて、法の原理を論理的に体系化しており、かれはテイラーの大著のなかの法の規則を網羅したと自負しており、この法律は高く評価された。七二年に帰国した直後、かれは法務総裁コールリッジ（J. K. Coleridge）から証拠法案の起草の依頼を受けて、法務総裁が指示した修正点を含めて法案を書いた。しかし、それについては、議会の会期末に法務総裁が演説しただけで終わった。かれは七五年にインズ・オブ・コートの教授になると、この法案を教材として証拠法を講義し、それを基礎として、『証拠法適要』を著わしたのである。

英吉利法律学校で証拠法の授業を担当したのは、岡村輝彦である。かれは東京大学や明治法律学校でもこの科目を教え、その講義にもとづいて、八九年に『英国証拠法』の六〇〇頁の大冊を出版した（丸善商社）。[55] かれはスティーヴンの講義を聴講した人で、主として『証拠法摘要』にもとづいて講義したというが、[56] 多くの英文法律書を参照して独自の構想で平易に述べた。まず証拠がどのようなものであるかを述べ、争点の事実や争点に関係する事実の証拠について説明して、伝聞や意見は証拠として認められるか否か、刑事事件の自白や民事事件における自分で認めたことはどう証明する必要があるかを教えた。ついで証人の能力と証人尋問、文書の種類と解釈について詳しく解説し、最後に挙証責任について述べた。証拠法の規則ばかりでなく、最近の判例やベンサムなど法理論を紹介した詳細な論著である。横浜始審裁判所長として多忙であった岡村の唯一の著作であり、わが国の証拠法の先駆的著書である。

このように、英吉利法律学校では、イギリス法の多くの科目を講義したうえ、とくに訴訟法と証拠法の授業によって訴訟手続を具体的に教えた。イギリスの裁判が非常にすぐれているので、講師たちは判決例の授業で具体的に弁護士の弁論、裁判官の判決を紹介して、法の適用（実地応用）の術を教え、模擬裁判（擬律擬判）の授業では学生に裁判の実習をおこなわせた。授業外では、学生たちは法律討論会や模擬裁判をしばしば開催して、法律の学識を培って実地応用の術を訓練した。(57) こうしてこの学校では、法学と裁判の実務の双方を教育して、法律家の養成に努めたのである。

イギリス法を学んだ弁護士は、高橋一勝や岡山兼吉のように、弁護士界の最も有力なメンバーとして活躍し、大審院や東京控訴院で多くの事件を担当して、法廷でのかれらの弁論は有名となり、司法界に影響を与えたと思われる。ついで英吉利法律学校の卒業生の多くが弁護士になると、かれらはこれを引き継いで、わが国における司法の発展に寄与したのである。(58)

（1）江木衷は一八八七年度に法学通論を担当したとき、この科目の通例の講義が法の概念からはじめるのとはちがって、イギリス法を教える学校であるから、実体法（主法）に先立って訴訟法（助法）を講義するのがよいといって、裁判所の構成、権限、管轄権を説明したあと、訴状、答弁書、争点、法廷での証人尋問、判決とその執行、上訴という訴訟手続の概略を講義した。

（2）本節では増島六一郎の講義録について主として述べる。増島の生涯については、わたくしは利谷信義氏の評伝（潮見俊隆編『日本の弁護士』、日本評論社、一九七〇年所収）から教示を受けた。残念ながら、増島の伝記はもとより、年譜も著作目録も刊行されていない。かれは大審院や行政裁判所の判例集や『日本法令索引総覧』などの索引といった多種の編著を刊行し、一八九〇年前に限っていっても、かれは『明法志林』『法学協会雑誌』『法理精華』『法学新報』などに多くの論文を寄稿した。八八年七月にかれが判例雑誌『裁判粋誌』を発刊すると、毎月、各号の末尾に「報告」の欄を設けて、短い文章の評論を書いた。その「報告」は第一巻で終わったようであるが、八九年七月にかれが編集する法律評論の月刊雑誌『法律政紀』

を刊行して、多くの論文と評論を発表した。それらは弁護士、法律学校、法律書類や、民商法延期論といった法と司法に関する論説であり、かれはこの分野で最も精力的に執筆した法律家である。『法律政紀』は東京大学法学部明治新聞雑誌文庫に第二五号〜六八号（九〇年四月一〇日〜九三年二月一〇日）、中央大学図書館には第五八〜六八号（九一年四月一〇日〜九二年二月一〇日）が所蔵されている。

（3）増島六一郎「訴訟法」、一八八八年度講義、二頁。また、「凡ソ訴訟法ノ目的トスル所ハ、第一訴訟人ノ請求スル点ヲ明ニ審判スルニアリト雖モ、傍ラ訴訟ノ審判ヲ速カニシ、入費ヲ省キ、且其手数ヲシテ簡易ナラシムルヲ勉ムヘキナリ」と記し（「訴訟法」、一八八六年度、二頁）、講義のなかでも、訴訟の迅速、費用の削減、手続の簡素化の必要を述べている。

（4）「訴訟法」、山本勝助編輯、一八八七年度、一一頁。

（5）「訴訟法」、一八八七年度、三頁。

（6）イギリス法とフランス法との相違については、R. David, *English Law and French Law*, pp. 101-34. この相違が生まれた歴史については、小山貞夫「陪審制と職権的糺問手続への史的岐路」（『絶対王政期イングランド法制史抄説』、創文社、一九九二年所収）参照。

（7）一八七五年の裁判所法にもとづいて、最高法院規則（Rules of Supreme Court）として訴訟手続規則が制定された。Cf. W. Holdsworth, *A History of English Law*, Vol. 15, pp. 128-38. 高橋捨六は「英国訴訟法」を専修学校で八七〜八九年度に講義しており、この訴訟手続規則にもとづいて訴答について説明した。この講義録には、付録として、この規則から、講義に関係する条文を七二頁にわたって訳出している。

（8）「訴訟法」、一八八七年度、一六頁。

（9）増島六一郎は、西欧の書によって法律を教育する目的について、わが国の実情をよく認識して、西洋の法をそのまま翻訳して教えるのではなく、その法がわが国の状況に合致して応用できるか、わが国の弊害を是正できるかを検討して教えるべきと説いた。

（10）八六年度の講義録はつぎの一〇章からなる。一、総論、裁判所の構成・権限および管轄、二、召喚状、三、訴答状、四、宣誓証拠書、五、中間手続、六、対審、七、対審後の手続並びに裁判言渡、八、略式の裁判手続、九、裁判の執行、一〇、上訴手続。この講義録は博聞社から刊行された（石山弥平筆記）。そのまえの八五年にかれは明治義塾で訴訟法を講義している。

(11) この講義録は単行書として刊行された（『訴答法規』、中山和吉筆記、博聞社、一八八七年）。
(12) 「訴訟法」、一八八七年度、六一頁。
(13) 『訴答法規』、九頁、「訴訟法」、一八八七年度、六三頁。
(14) この自治主義について、裁判のうえでは、「英国に於ける裁判所は、請求書其他の訴訟書類、召喚状、其他令状等に裁判所の公力を附するを以て足れりとし、其作成発送等ソリシターの事務なり。裁判執行の手続に関しても、裁判所は唯其権力を附するのみを以て足れりとす」といい、「法は自己のものなりとの思想は、到る所に表はれたり」と記している（穂積陳重「英法の特色」（一九〇三年）（『穂積陳重遺文集』、第二冊、五八九頁）。
(15) 「訴訟法」、一八八七年度、一〇四〜九〇頁。増島は、このプリーディングの講義について「英国ノ訴答書記載方規則中、吾国ニ適用シテ利益アルモノノミヲ講セシナリ」と述べている（同、一八八頁）。
(16) 「訴訟法」、一八八七年度、一六、三九、五一、六一、八三、九一、一〇三〜四頁。『訴答法規』（二六頁）には、「方今一般代言人ノ訴答書類ヲ視ルニ、第一冗長ナルノ弊アリ。第二譏謗又ハ過言ニ失スルノ弊アリ。第三架空虚言ノ弊アリ。又法廷審理ノ際ニ於テ其陳述ノ模様ヲ視ルニ、議論カマシク高言スルノ弊アリ」と、弁護士の欠点を端的に鋭く指摘している。
(17) 「訴訟法」、一八八七年度、五〜七頁。conveyancer は、「常ニ其事務所ニアリテ人ノ相談ヲ受ケ、契約書、財産譲渡書、其他権利義務ヲ他人ニ移転スル等ノ事務ヲ扱」う者である。増島はバリスターがこの職務を担当するというが（同、二〇頁）、ソリシターも担当する。
(18) 増島六一郎「法律書類立案要規」、法学協会雑誌、第五六〜八号、一八八八〜九年。ここでは、かれが作成した火災保険会社会則と火災保険会規則を例として記して、書類作成の要領を説明している。
(19) 『法律立案雛形集』、日芳法律書院、一八八九年。この一五九頁の書は増補されて、一九〇〇年と〇一年に二冊、合わせて四三五頁として刊行された（裁判粋誌社）。
(20) 「代言人ヲ論ス」、明法志林、第一〇一号、一八八五年八月一日、一八九〜九〇頁。
(21) 前掲「代言人ヲ論ス」、一九四頁。『訴答法規』、四六〜七頁、「訴訟法」、一八八七年度、三一頁。
(22) 増島の近くにいた右田政夫氏は、つぎのように述べている。「増島先生は、訟庭における闘士としてよりも、むしろ、英国のソリシターの如く、訟庭外の事務によって、日本の産業の発展と向上のために、人と人を結び、組織を創り、その活動の基盤を定める方面の仕事に携わることに、より多くの意義と興味を見出しこれに全力を傾倒したようである。」（「増島六一郎」、『法曹百年史』、法曹公論社、一九六九年、七六二～五頁）。

（23） 前掲「代言人ヲ論ス」、一八五～六頁。

（24） 「訴訟法」、一八八七年度、六、一二～四頁。「訴訟法」、一八八八年度、一七九～八〇、一八五～九頁。

（25） 「既に英吉利法律を修めたる事とて、其私人の権利を敬視して止まず。英吉利法律の弁護士は憲法により国家と臣民の権利を保障するの活機として誠に有力なるものなる事を学得したるが故、弁護士として立身せんと決したるなり。依て以て衣食を求めんと欲したるにあらざりしなり。士人として身を立て道を行はんが為に外ならざりしなり。」増島六一郎「弁護士の品位」、日本弁護士協会録事、第二三〇号、一九一八年。（『中央大学百年史』、資料編、九～一〇頁所収）。

（26） 増島六一郎「法律家の要格」、共存雑誌、第四六・四七号、一八七九年一一月。この論文は、かれがオースティンの法理学を紹介した他の論文「法律真理学」（第五〇、五一、六四号、一八七九年一二月～八〇年四月、未完）とともに、吉井蒼生夫『近代日本の国家形成と法』（日本評論社、一九九六年、三六八～七一頁）に紹介されている。

（27） 『裁判粋誌』、第一巻、報告、一～九頁。ここでは文章の順序を変えて要点のみを記している。この「報告」には、訴答をはじめとして訴訟手続の改善や弁護士の処遇の改善を提言し、訴訟事件について評論し、『裁判粋誌』の改良などについて記されている。

（28） 『裁判粋誌』、第一巻、報告、七、一〇頁。本書、第二章第三節参照。

（29） 増島自身、この講義に不満足であったようで、八八年度の講義録の末尾には、余暇を得て、わが国の治罪法を講義したいと記している。しかしその講義は実現されなかった。

（30） S. F. Harris, *Principles of the Criminal Law, a concise exposition of the nature of crime, the various offences punishable by the English law, the law of criminal procedure, and the law of summary conviction.* この書は簡潔な概論書として版を重ね、最近まで改訂版が刊行された。この書の初版の序文には、スティーヴンの著書からしばしば引用し援用したと記しており、それは後掲の『イングランド刑事法概論』である。

（31） スティーヴンについては、*Oxford Dictionary of National Biography*, Vol. 52, 2004, pp. 439-43 (per K.M. Smith) を参照。かれ

は一九世紀イギリスの最も著名な刑法学者であり、法典化のために顕著な仕事を果たした人である。かれの刑事法の貢献については、Leon Radzinowicz, *Sir James Fitzjames Stephen, 1829-1894, and his contribution to the development of criminal law,* London, 1957, pp. 18-22. Rupert Cross, The making of English criminal law, (6) Sir James Fitzjames Stephen, *Criminal Law Journal*, 1978, pp. 652-61.（この論文は大野真義氏等によって紹介されている。阪大法学、第一三一号、一九八四年）参照。また、かれの功利主義、保守主義、植民地主義の思想については、J. A. Calaiaco, *James Fitzjames Stephen, and the Crisis of Victorian Thought*, London, 1983. K. J. M. Smith, *James Fitzjames Stephen, Portrait of a Victorian Rationalist*, Cambridge, 1988 などの多くの研究がある。

（32）J. F. Stephen, *A General View on the Criminal Law of England*, London, 1863. Cf. W. Holdsworth, *A History of English Law*, Vol. 15, p. 290. Leslie Stephen, The *Life of Sir James Fitzjames Stephen*, London, 1895, pp. 203-21. かれは『刑法摘要』と『刑事訴訟法摘要』や、刑法史の大著（A History of the Criminal Law of England, 3 Vols., 1883）を刊行したあと、この書を全面的に書き改めて、九〇年に第二版を出版した。

（33）J. F. Stephen, *A Digest of the Criminal Law (Crime and Punishment)*, 1877. のちにはかれの長男と三男によって版が重ねられた。

（34）J. F. Stephen and Herbert Stephen, *A Digest of the Law of Criminal Procedure in Indictable Offences*, London, 1883. スティーヴンは一八七二年インド刑事訴訟改正法を制定した。この法律は一八六一年の刑事訴訟法典を全面的に改正したものである。そのときかれは法案を作成したうえ、インドの事情に精通した三人の高官とともに、毎週五日、一日五時間、数ヶ月間法案の条文を検討したという。Cf. Leslie Stephen, *op. cit.*, pp. 268-71.

（35）穂積陳重『法典論』、哲学書院、一八九〇年、一六九〜七一、二〇二〜三頁。

（36）馬場辰猪「法律一斑」、一八七八年（『馬場辰猪全集』、第一巻、岩波書店、一九八七年所収）。

（37）穂積陳重「英国の弁護士と公判」（一九一〇年）（『穂積陳重遺文集』、第三冊、四六〇〜七三頁）。かれは日本の裁判と異なる点を指摘して、つぎのように要約している。「法廷外に於ても法廷内に於ても自治主義に依ること、公判に於ける事実証明即ち証拠調べは原被告相互の対等訊問に依るものなること、公判を連続して行ふこと、弁護士一体主義を取ること、無報酬の弁護士無きが故に多数の弁護士に依頼することなきこと、公判終結の後直ちに判事が口頭にて裁判言渡を為すこと等なり。

是等は総て法律家の徳義高く、学識深く、法術は熟達するに非ざれば行はるべからざるものなり」（四七二頁）。

(38) イギリスの陪審の歴史と実情については、穂積陳重「英国の陪審制度」（一九一〇年）、（『穂積陳重遺文集』、第三冊、四〇九〜五一頁）に説明されている。

(39) 大陪審については、増島「英吉利治罪法」、一八八七年度、二八〜三四頁。馬場辰猪は、むかしイギリス王が暴政を振るい、政府に反対する者が捕えられたとき、大陪審が人民の干城となって、無罪の人を救ったが、いまはその重要性がなくなったと記している（『法律一斑』、二二〜三頁）。大陪審はインドでは一八六五年に廃止され、イギリスでは一九三三年に廃止された。

(40) 例えば、江木衷は、「此レ其政府ノ専権ニ対シ、人民各箇ノ自由及ヒ権利ヲ保護スル所ノ最モ安全ナル保証ノ一トシテ、殊ニ貴重セラルル所ノ者ナリトス。是故ニ合衆国及其連邦各州ノ憲法ニ於テハ特ニ之ヲ書載セリ。然リ而テ其人民カ今日ニ至迄、其数多ノ瑕疵アルニ関セス、只管恋愛ヲ以テ之ヲ墨守スルハ稍々迷信ニ出ルナキニ非スト雖モ、蓋此理ニ外ナラス」と記している（「法学通論」、一八八七年度、一一頁）。合川正道も、「憲法」の講義のなかでつぎのように述べている。「英国ニ於テハ法官ニ独立不覊ノ思想アルカ上ニ、官職ニ干係ナキ十二名ノ陪審官ノ設ケアリテ、以テ犯罪事件ヲ審判スレハ、人民ノ自由権ハ確乎トシテ成立シ決シテ侵害セラルルコトナシ。故ニ陪審官ノ制度タル英国ノ施政上ニ於テハ尤モ必要ナルモノニシテ、人民ノ自由権ノ振起スルモ必ス之ニ職由スルモノナリ。」そしてイギリス人が法律を尊重する思想がさかんなのは、陪審制度が一つの理由であり、「英国人民ノ法律ヲ尊重スル思想ノ盛ナルハ復タ以テ自由制度ノ成立スル所以ノ秘訣ナリ。蓋シ尊法心ノ薄弱ナルトキハ、到底真正ノ自由制度ハ期ス可カラサルナリ」と述べている（一八八七年度講義、七〇、七二頁）。

(41) 利谷信義「天皇制法体制と陪審制度」、日本近代史研究会編『日本近代国家の法構造』、木鐸社、一九八三年、五一七〜七〇頁。三谷太一郎『政治制度としての陪審制—近代日本の司法権と政治—』、東京大学出版会、二〇〇一年参照。

(42) 増島六一郎「訴訟法」、一八八七年度、一〇〇頁。「英吉利治罪法」、一八八七年度、六八頁。

(43) 岡村輝彦の「証拠法」（八六年度）の講義録（田中恒馬筆記）には、付録として、「裁判官及陪審官ノ職掌」についての講義が掲載されたが（二四九〜六五頁）、翌年度から講義のなかに入れられた。

(44) 岡村輝彦は、最近、民事事件でとくに陪審を望まない場合、裁判官のみが裁判すると定められたと聞き、刑事事件の場合でも、「陪審裁判ヲ廃スルノ期近キニアランカ」と記している（「証拠法」、一八八八年度、四〇頁）。しかし、一八八三年の刑事事件の陪審の評決は、一一、三四七人が有罪とされたのに対して、二、七二三人が無罪とされた。F. W. Maitland, *Justice and Police*, London, 1885. p. 169, n. 2. 今日、陪審審理は刑事の正式起訴犯罪事件の裁判でおこなわれているが、民事事件の裁判ではきわめて少ない。

(45) 馬場辰猪は、陪審は人民の干城、民権の守護神と賛美されたが、今日ではそれほど緊要ではないといい、陪審審理には得失があるが、「是非トモ法廷ニハ判事ノ外別ニ罪ノ有無ヲ判決スル者ヲ設置セザルベカラザルナリ」と記しているのは、注目されよう。前掲書、三四～五頁。

(46) W. Holdsworth, *A History of English Law*, Vol. 13, pp. 83-6, Vol. 15, pp. 138-42. 田中和夫「英米証拠法の沿革」、法政研究（九州大学）、一五～一・二、三・四、一九四七～四八年参照。

(47) 団藤重光「近代的司法制度の成立」（『刑法の近代的展開』、弘文堂、一九四八年所収）。松尾浩也『刑事訴訟法　下』、弘文堂、一九九三年、三～八頁。小田中聰樹『刑事訴訟法の歴史的分析』、日本評論社、一九七六年、第三章。大久保恭甫『ボアソナアド』、九八～一一二頁参照。

(48) イギリス法の訳書は、手塚豊「明治前期におけるイギリス証拠法の導入とその歴史的意義」（『手塚豊著作集』、第一〇巻、一九九四年、二四五～八五頁）に紹介されている。

(49) J. Pitt Taylor, *A Treatise on the Law of Evidence*, London, 1848. 山田喜之助訳『英国証拠法』、博聞社、一八九二年。この訳書は八五年の八版の原書からの訳であって、千頁に近い大著である。戦前にイギリス法を研究した峯岸治三氏は、この訳書を後述の岡村輝彦の著書と並んで、この時期のすぐれた証拠法の書と賞賛している（『イギリス証拠法研究』、有斐閣、一九三八年、序）。テイラーははじめアメリカのアーチボルト（J. F. Archbold）の書のイギリス版をつくることを考えたが、かれ自身で著作したという。アーチボルトの書は出浦力雄によって一八八三年に訳された（『英国刑事訴訟手続』、司法省）。

(50) W. M. Best, *A Treatises on the Principles of the Law of Evidence*, London, 1849. 岸小三郎・高山圭三訳『証拠法論綱』、博聞社、一八八六年。テイラーとベストの両著については、W. Holdsworth, *History of English Law*, Vol. 15, pp. 307-8 参照。

(51) J. F. Stephen, *A Digest of the Law of Evidence*, London, 1876. 岸小三郎訳、『英国証拠法』、一八八四年。秋山源蔵訳、北畠秀雄記『英国証拠法詳解』、一八八五年。

(52) 穂積陳重「証拠法論綱序」、一八八六年（『穂積陳重遺文集』、第一冊、四八六〜七頁）。

(53) このほか、フィリップの『情況証拠誤判録』（高橋健三訳）は、情況証拠（circumstantial evidence）に依拠した判決の誤りの例を記して、好評を博したといわれる（司法省、一八八四年）（『明治文化全集』、第九巻法律篇所収）。英吉利法律学校で翻刻したのは、E. Powell, *Principles and Practice of the Law of Evidence* (3rd ed., by J. Cutler and E. Fuller, London, 1885) である。なお、馬場辰猪は、一八八〇年に『英国証拠法述義』を著わした。これは未完成であって、草稿は司法省図書館に保管されていたが、一九八六年に『馬場辰猪全集』（第一巻）に収録された。小沢隆司氏がこの論著について詳しく論じ、証拠法の部分は前述のテイラーの著書にもとづいて書かれたことを明らかにした（「馬場辰猪と証拠法――『英国証拠法述義』の論理と論理――（上・下）」、早稲田大学大学院法研論集、七三、七四、一九九五年）。

(54) インド証拠法については、W. Stokes, *Anglo-Indian Codes*, Vol. 2, Adjective Law, Oxford, 1888, pp. 811-936. Cf. W. Rankin, *op. cit.*, pp. 111-34. この法律は坂野英雄氏によって訳されている。『印度及海峡植民地証拠法（附印度証拠法概説）』、司法資料、二八四、一九四三年。この法律は、インドで不明瞭の点が多かった証拠法を大きく改善した。この法律の最初の法案は一八六八年に第三次インド法律委員会が作成した六三条からなる条文で、メインによってインド総督府立法評議会に法案として上程されたが、それはインド政庁側によって規定が不十分であると批判されて、審議が遅滞した。スティーヴンは法律参事就任後に法案を全く書き改めて、一八七二年に制定した。かれは、帰国直後、インド証拠法を解説し、その構成と論理を説明した書を刊行した。J. F. Stephen, *An Introduction to the Indian Evidence Act, the principle of judicial evidence*, Calcutta, 1872. (Reprinted ed., Calcutta, 1904). この書評の形をとって、メインはインドにおける司法の果たした役割とこの証拠法の意義を論じた有名な論文を発表した。H. S. Maine, The theory of evidence, *Fortnightly Review*, Vol. 13, 1873, pp. 51-67（*Village Communities in the East and West*, 4th ed., London, 1881, pp. 295-329 所収）。

(55) この書はかれの没後の一九一一年に穂積陳重の序文を附して再版された。

(56) この序文によれば、スティーヴンの書は法を論理的に解説したが、文章が簡単であって、その理由が十分に理解できないので、それを補って記したという。

(57) 『中央大学百年史』、通史編上巻、二一一〜三頁参照。

(58) 牧野英一氏は、法典編纂前には、フランス法やイギリス法を学んだ裁判官がそれぞれ習得した法で裁判したという（『日本の法学』、日本評論社、一九五〇年、四九頁）。イギリス法を習得した東京大学卒業生の裁判官は少数であり、大審院と控訴院は合議制の裁判がおこなわれていたので、裁判手続と法解釈で、かれらが大きな影響を与えたとは思えない。むしろイギリス法を学んだ人が多かった有力な弁護士の方が影響を与えたのであるまいか。

第五章　むすび

東京法学校への改称

一八八九年（明治二二年）一〇月一日、英吉利法律学校は東京法学院と改称し、校名からイギリス法の名が消えた。わずか四年の歴史であった。その前の八八年七月に校則は改められて、「本院ハ帝国法律ノ実地応用ヲ練習セシムルヲ目的トシ、本邦制定ノ法律ヲ教授スルノ外、広ク法理ヲ通達スル為メ、邦語又ハ英語ヲ以テ法律学ヲ講授スルモノトス」と定められた。イギリス法の実地応用に代わって、わが国の法律の実地応用を教育することが主目的となり、イギリス法は副次的地位におとされた。ついで八九年二月には大日本帝国憲法が発布されて、国家主義教育の理念が強まり、政府の法律学校に対する統制が強化された。そのうえ、不平等条約改正の交渉が進み、民法や商法などの主要な法典の編纂が急がれていた。このとき、特別認可学校として、この学校はイギリス法を教育するという創立の目的を改めざるをえなかったのである。

このころ、校長の増島六一郎らは、杉浦重剛らの東京文学院と樫村清徳・佐藤清一郎らの東京医学院と一緒になって、東京学院聯合を設立し、官立大学の東京帝国大学に対して、私立の大学（東京大学聯合）の組織を構想した(1)。そのために、他の学校と名称をそろえて、英吉利法律学校は東京法学院と改称したといわれる。東京文学院は英吉利法律学校と同じ敷地にあった東京英語学校を基礎として創立し、東京医学院は近くの同朋町にあった東京医学校を改称した学校である。この学院聯合の設立は実現に至らなかった。

翌九〇年になると、主要な法律がつぎつぎに公布された。すなわち、二月一〇日に裁判所構成法、四月二一日に民法の財産編、財産取得編（第一部）、債権担保編、証拠編、同日に民事訴訟法が制定され、つづいて四月二六日に商法が制定された。その草案の起草者はいずれもフランス人かドイツ人の法律家であって、裁判所構成法はドイツ人ルドルフ（Carl Rudolf）、民法の財産編などはフランス人ボアソナード（G. E. Boissonade）、民事訴訟法はドイツ人テヒヨー（Herman Techow）、商法はドイツ人レースラー（K. F. Roesler）であった。これらの草案は司法省の専門委員によって検討されたのちに制定された。そのあと、一〇月七日に刑事訴訟法、同日には民法の人事編、財産取得編（第二部）が制定された。この民法の家族法の部分はわが国特有の慣行があるので、当初から日本人によって起草、審議されたのである。このうち、裁判所構成法と刑事訴訟法は一一月一日に施行されたが、商法と民事訴訟法は九一年一月一日に施行すると定められ、民法は九三年一月一日に施行すると定められた(2)。

これらの法律は国会開設を前にして、政府の権限で急いで制定されたものである。このため、諸法律には拙速につくられた条文があり、とくに民法の物権と債権はフランス人、商法はドイツ人が起草して、両者の間の調整がよくおこなわれなかった。しかも民法と商法はそれぞれ一〇〇〇条を越す大きな法典であり、国民にとっては新奇な法律用語が多く記されていた。これらの法律はその重要な点すら国民に知らされていなかったが、短期間に一斉に公布され、それらの施行までに多くの日数がなかった。このような事情から、とくに民法と商法に対する非難が起こり、それらの施行を延期すべきことが唱えられた。この批判の先駆の役割を果たし、延期運動の中心となって活躍したのは、イギリス法を学んだ人たちであり、英吉利法律学校の講師たちであった。かれらは批判の論説を発表して世論に訴え、

学校の講義でも新法律の欠陥を説いたのである。(3)

九〇年度の授業科目

このように主要な法律が相継いで公布されると、九〇年九月の新学年度には、帝国大学の法律学科はこれらの法律を中心として授業することに改め、別に参考科目として英法、仏法、独法の三科を設けて、外国法を教育することにした。(4)それまで外国法を中心として授業してきたが、これによって外国法の授業時間は著しく減少した。同様に私立法律学校は一斉に授業科目を全面的に改めて、(5)新しい法律の授業をおこない、英米法あるいはフランス法の授業を最小限にした。ここにわが国の最初の法学教育の時期、つまり英米法あるいはフランス法をもっぱら教育した時期が終わったのである。

いま東京法学院の九〇年度の邦語法学科の授業科目をみると、校則（九〇年八月制定）によれば、つぎのとおりである。

第一学年

法学通論、日本刑法、日本民法財産編第一部、同第二部、日本民法人事編、日本刑事訴訟法、帝国憲法、英国契約法、英国私犯法、羅馬法、論理学、民法及び商法原理。以上毎週二四時間以内。

第二学年

日本民法財産取得編、日本民法証拠編、日本商法第一編、日本刑事訴訟法、日本民事訴訟法、法例、英国商法、擬律擬判、訴訟演習、羅馬法、日本行政法、英国証拠法。以上毎週二六時間以内。

第三学年

日本民法債権担保編、日本商法第二・第三編、日本裁判所構成法、国際公法、国際私法、羅馬法、擬律擬判、法理学、訴訟演習、行政法、法律解釈学、法律書類立案原論、英国衡平法。以上毎週二〇時間以内。(6)

このように新たに公布された民法、商法、民事訴訟法、刑事訴訟法などのわが国の法律の授業が中心となって、イギリス法の授業は契約法、私犯法、商法、証拠法、衡平法、法理学と、国際公法、国際私法の八科目となった。これまで日本の刑法と治罪法を除く全科目についてイギリス法を講義したのに対して、イギリスの民商法の多くの科目は廃止され、商法はまとめて一科目とした。契約法、不法行為法、証拠法、衡平法の四科目はなおわが国で参考すべき科目と考えられたのである。

これと同様に、英文法律書を用いて教育する英語法学科でも、授業科目はつぎのように大幅に改正された。

第一学年

法学通論、日本民法人事編、日本刑事訴訟法、日本刑法、日本民法財産編第一部、同第二部、日本憲法、アンソン氏英国契約法、ポロック氏英国私犯法、羅馬法、フオーレル氏論理学、民法及商法原理。以上毎週二四時間以内。

第二学年

日本民法財産取得編、日本民法証拠編、日本商法第一編、日本民事訴訟法、英国商法、日本刑事訴訟法、法例、擬律擬判、訴訟演習、羅馬法、行政法、パーウエル氏英国証拠法、ポロック氏英国契約法。以上毎週二六時間以内。

第三学年

日本民法債権担保編、日本商法第二・第三編、ホール氏国際私法、日本裁判所構成法、フート氏国際私法、羅馬法、法理学（マアクビー氏法律論綱、ホルランド氏法理学、メイン氏沿革法理）、擬律擬判、訴訟演習、行政法、法律解釈学、法律書類立案原論、スネル氏英国衡平法。以上毎週二〇時間以内。

ここでは、わが国の法律を講義する科目は大部分を占め、前年度と同じく英文法律書を使用して教える科目は八科目であった。その英文教科書は、第一学年のアンスンの契約法、ポロックの私犯法、フォーレの論理学、第二学年のポロックの契約法、第三学年のホールの国際公法、フォートの国際公法、スネルの衡平法であり、それに加えて、法理学として、マークビーの法律論綱、ホランドの法理学、メインの沿革法理（『古代法』）が指定された。このようにこの学校の五年間に及ぶイギリス法教育は著しく後退した。これが八九年度までを本書の考察の対象とした所以である。

ついで九一年四月、創立以来五年以上にわたって校長・院長の職を務めた増島六一郎は辞任した。増島は、ミドル・テンプルに倣って、人格が高潔で、法律の学識と実地応用にすぐれた法律家を育成することを目指して、イギリス法教育を熱心に推進してきた。しかし、フランス・ドイツ法を母法とする諸法律にもとづいて教育することになって、かれの理想の実現の望みは失われたのである(7)。増島に代わって、東京法学院の院長には菊池武夫が就任し、新しい法学教育の道を歩むことになった。

ま と め

以上、英吉利法律学校とその教育について、イギリス法の受容の問題を中心として考察した。むすびとして、この学校がわが国の法学教育において果たした役割について改めて述べておきたい。
一、わが国は、明治維新以来、近代国家の建設、資本主義経済体制の樹立に向かって歩み、西欧の制度と文物の摂取に精力を注いだ。そのひとつは近代的な法典を整備し司法制度を確立することであった。そのため、法をつくりそれを運用する法律家の人材を養成することが大きな課題であった。政府はフランスの法典がわが国の模範になると考えて、フランス民法典を翻訳させるとともに、フランスの制度に倣って裁判所機構を樹立し、ついで一八八〇年にはボアソナードの草案を基礎として刑法と治罪法を制定した。それと並んで、七二年に設立された司法省法学校では、語学教育を含めて八年の課程で、フランス人法律家が法律を本格的に教育し、その卒業生は判事・検事となって司法を担った。これに対して、イギリス法を教育したのは東京大学である。七三年にその前身の開成学校が専攻科として法学科を設けたとき、学生の多数が英語を習っているという理由から、イギリス人が法律を教え、東京大学法学部はそれを引き継いだ。ここでは、日本やフランスの法を教えたが、学生はイギリス法の学習に多大な時間を注ぎ、イギリス法理学も勉強して、広い学識を習得したのであって、卒業後には多くの者が行政官・司法官となった。このように新しい法学教育は政府の手によってはじめられた。
八五年までの卒業生は、司法省法学校では七六年と八四年とで合わせて六一人、東京大学法学部では七年間で六四人に過ぎず、きわめて少数であった。かれらはきびしい選抜によって入学し、刻苦勉励して西欧の法を習得したエリートである。そのほか、法学を修めた判事・検事が緊急に必要になったため、司法省は三年の課程の速成科を設けて、日本語でフランス法を教え、七九年と八三年とで合わせて一四八人を卒業させた。東京大学でも八三年に別課法学科を設け、それはイギリス法などの法律を日本語で教育する三年の課程の学科であったが、二年後の八五年にその廃止が決まった。しかし、この官立の学校の少数の卒業生では判事・検事の職を充足できなかったのであり、弁護士の養成はまったく民間に任された。

弁護士はわが国では新たに誕生した職業である。七四年には代言人規則が制定されて、代言人とよばれた弁護士が誕生すると、元田直の法律学舎をはじめとして、業務の傍らに訴訟手続と法規を教えて青年を養成する学舎が設けられたが、それは法学を体系的に教育するものではなかった。弁護士の学識も資質もはなはだ劣っていたため、八〇年にはこの規則が改正されて、法律の学科試験がおこなわれることになり、それとともに、弁護士の組合が設けられて、その職務について統制し、あわせて弁護士が学舎を設けて教育することを禁じた。そのため弁護士の法律学舎はほとんど消滅した。それに代わって、八〇年に専修学校と明治法律学校が設立されて、つづいて東京法学校と東京専門学校、そのあとに英吉利法律学校が創立された。これらの学校は五大法律学校とよばれた。

五大法律学校は一七歳以上の青年に対して、三年の課程で、日本語でフランス法あるいはイギリス法を教育した学校である。その講師たちは欧米に留学して法律を勉学した人や、司法省法学校・東京大学法学部の卒業生であって、この時期に西欧の法律を教える能力を備えた講師が誕生したのである。かれらは国恩に報いる精神をもって学校を設立して、習得した学問を学生に教えた。多数の青年に法律を教えるには外国語ではなく日本語でなければならなかったが、フランス法やイギリス法の用語について、かれらと先駆者たちが苦心して訳語をつくり、ようやく西欧の法律を日本語によって授業できるようになっていた。

二、英吉利法律学校は、八五年九月に、東京大学法学部の卒業生が協力して、政府や有力者の援助なしに独力で創立した。その中心となったのは、設立準備委員の高橋一勝、増島六一郎、岡山兼吉の三人の弁護士と官吏の高橋健三であった。弁護士が学校の創立と運営を担ったことは注目されよう。教育の目的はイギリス法の全科目を講義して、有為な法律家を育成することであった。講師たちは弁護士、司法官、行政官、大学教授であって、かれらは余暇の時間を割いて、午後三時から八時まで授業をおこない、授業科目は三〇を越え、講師は二〇人以上にのぼった。その教育は法律学校のなかで最も充実したものである。翌八六年度には、この第一科（邦語法学科）に加えて、英文法律書を使用して授業する第二科（英語法学科）を設けて、イギリス法教育の進展を目指した。校舎はもとの旗本屋敷であって、入学生は年を追って著しく増加したので、八六年に校舎を増築し、八八年には煉瓦造りの立派な校舎を建築した。そのうえ、開校当初から校外生の制度を設けて、通学できない人たちに対して、通信教育をおこない、数百人が入学して非常に好評であった。こうして学校の経営は順調におこなわれた。八七〜九〇年間には司法省から毎年五千円の交付を受けて学校の財政は安定したので、英語法学科の教材として、各科目につき一冊を原則として、全部で二八冊の英文法律書を翻刻し刊行することができ、それらは一般に安価で販売された。

英吉利法律学校の講師たちは、イギリス法について、形態が整っていないが、実体ではフランス法よりすぐれており、とりわけ裁判が公平でかつ迅速であって、法の適用（実地応用）では際立っていると考え、裁判官の判決文を読んで、長年積み重ねられたコモンセンスの叡智が発揮されていると感銘したのである。かれらはわが国の実情に照らしてイギリス法をどのように学ぶべきかを考え、とくに契約法、不法行為法、商法、証拠法をわが国に受容できる法として研究した。この観点から、この学校の授業では、イギリス法の原理と精神を教え、学生の法の学識とそれを実際に運用する能力を養うことに努めたのである。

授業科目では、民商法に重点を置き、契約法と不法行為法は法学通論と並んで基礎的な科目として位置づけて、他の科目より時間を多くとって授業した。これに対して、土地法、婚姻法、相続法はイギリスでは重要な分野であるが、わが国とは事情が異なるので、学生には難解であって、重視しなかった。イギリス憲法は年度によって統治機構と人権について講義したが、八九年二月に帝国憲法が公布されると、直ちに各学年でそれを解説した。わが国の刑法と刑事訴訟法は法律家を志望する学生にとって大事な科目であるので、時間数を多くして授業し、それとともにイギリスの刑事法について日本の法と比較する意味で教えた。異色なのはイギリス法理学とローマ法の授業である。法理学で近代法のあり方を講義し、法が発展した歴史を論理的に説明して、法に対する基本的知識と考え方を教え、また西欧の法の源泉であるローマ法の知識を授け、そこから、イギリス法とフランス・ドイツの法とを比較考察して、学生に対して法を広く考える素地を培ったのである。さらに民事訴訟法や証拠法は裁判の実務で求められていたため、講師たちは熱心に講義した。それに加えて、イギリス法が判例を中心として形成されたので、判決例という授業で、イギリスの裁判がどのようにおこなわれているかを教え、擬律擬判（模擬裁判）の授業で、学生に裁判の仕方を実習させて指導した。このような法の「実地応用」の教育は校長の増島六一郎などが強調したことであって、この学校の特色である。

この学校では、すべての科目の講義は速記にとって原稿がつくられ、講師がそれを補正して印刷に付された。この講義録は校外生に配布されて通信教育の教材としたのであり、それとともに校内生もこれを購入して勉強した。参考書が乏しい当時では、講義を聴くだけではイギリス法の理解がおぼつかないので、講義録は学生にとって非常に有用であったことであろう。法律の講義録は八四年に明治義塾で最初に刊行された。英吉利法律学校がこれを継承して好評を博したので、そのあと専修学校、明治法律学校、東京専門学校が同様に講義録を刊行して、全体として万を数える部数が配布され、法律の普及に大いに役立ったのである。

英吉利法律学校・東京法学院の八五年から八九年までの五年間の講義録は、一六〇冊ほどが中央大学図書館などに所蔵されており、それは刊行物全体の九〇％を越えると思われる。これによって、当時のイギリス法教育の実情を知ることができる。それらを見ると、講師たちは数冊の法律書を調べて、法の一般理論と個々の法の規則を研究して、各課目とも一年間で終了するように工夫して、学生が理解できるように平易に講義している。講義の内容は相当に高度であって、そのなかには岡村輝彦の「証拠法」のようなすぐれた講義録が見られる。この時期には、西欧の法の知識が求められていたので、これらの講義録の多くは単行書として出版され、またイギリス法の論著もさかんに翻訳された。この時期ほど、イギリス法の多くの分野の書が刊行されたことはなかったのである。

当時のイギリスでは、大学での法学の研究と教育が本格化した時期であって、古典的な名著といわれるポロックやアンスンなどの卓越した法学者の著書があいついで刊行された。講師たちはこれらによってイギリスの法理を理解したのであり、そこから進んで判例を読んで法の適用について学んだのである。これらの著書がほぼ揃ったあとに、英吉利法律学校が開校したのであるから、まさによい時期にわが国のイギリス法教育がはじまったといえよう。

三、英吉利法律学校の創立のときは、わが国の国家主義的な教育体制が樹立した時期にあたっている。創立の翌年の八六年三月には、政府は大学から小学校までの教育制度を改革した。ついで八月には、私立法律学校をこの体制のなかに組み込んで、東京帝国大学の監督下に置いて、授業科目を学年別に指定し、入学と卒業などについて細かに定めた。五大法律学校はこの体制に入ったが、英吉利法律学校の授業内容は変わらなかった。法律学校全体としていえば、法律の授業内容が画一化して、各学校の創立の理想が失われたが、外国法を授業する講師が限られていたので、講師は二校あるいは三校に出講して、授業内容が一段と充実した。この画一化と並んで、政府は法律学校の卒業生を司法官に採用することを意図して、八七年一一月には東京大学で優秀な学生に対して試験を実施して、一八名を判事補として採用した。さらに司法官ばかりでなく行政官にも採用する目的で、八八年五月には法律学、政治学を教育する専門学校を選んで、文部省の直接の統制下に置くことを決めて、五大法律学校に加えて二校を特別認可学校とした。その卒業生に対しては、行政官の普通試験を免除し、高等試験の受験資格を与え、さらに徴兵猶予の特典を与えた。

ついで九〇年には民法、商法などの主要な法律が公布されると、帝国大学法科大学や五大法律学校では、これまでのイギリス法やフランス法を主とする教育を改めて、わが国の法律を教えることになり、外国法の授業は大幅に減少した。これによってわが国の最初期の外国法教育を中心とする教育は終わりを告げて、新たな法学教育が発足することになった。

四、つぎに学生と卒業生について述べよう。英吉利法律学校が設立されたのは、自由民権運動が頂点に達したあと、国家主義の風潮がさかんになったときであり、青年の間では立身出世の気運が広まったときである。学校に通って実学を修めることが出世と結びつき、法律が最も役立つ学問であると考えられたので、東京にある五大法律学校に全国から多数の学生が集まった。英吉利法律学校・東京法学院の卒業生の出身地を見ると、関東・中部地方が半数を占めたが、全国各県にわたっている。

五大法律学校の入学者の人数がわからないが、卒業生の人数は知られている。その人数は八五年には八一人であったが、そのあと急増して、八八年には二三九人、八九年には四六二人、九〇年には九八三人となった。毎年驚くべき増加数である。そのなかでは、英吉利法律学校・東京法学院の卒業生は、八八年に五一人、八九年には一四三人に増え、九〇年には三〇九人である。それは明治法律学校に次ぐ人数であって、法律学校全体の三分の一を占めた。

法律学校は入学がやさしく、卒業がむずかしいといわれた。学生はまったく未知のイギリス法やフランス法に接して驚きと感銘を受けて真摯に勉強した。一学年の履修試験が難関であって、脱落するものが多かったが、それを無事に通過できると、二、三学年では法律の勉強に慣れて、大部分の学生が卒業できた。学校の課題は入学資格であって、法律の学習には中等教育を履修した学力が必要であるので、入学者の資格を厳しくすることを政府から要請された。中学校が全国で八五年に一〇五校、八六年に五四校であって、中等教育ははなはだ不備であり、整理、充実が進められるときであった。このため中学校卒業生は少数であって、法律学校にはこの卒業生を無試験で入学させたのであり、八八年度からはかれらは特別認可学生として前述の特典を与えられた。それ以外の学生は普通学生とよばれた。かれらは法律学校に通学する傍ら、東京英語学校や予備校に通って、試験を受けて中学校卒業と同等の学力を認められて、特別認可学生となった者が多かった。東京法学院では、卒業生のなかで特別認可学生は、八九年には四〇・六%、九〇年には五七・六%であった。

英吉利法律学校・東京法学院が五年間にわたってイギリス法の全科目を教育したことは、わが国の法学教育史のなかで格段に際立っている。学生は三年間の課程でイギリス法を通じて近代法の原理を勉強したほか、仲間と論議し、法律討論会や模擬裁判に参加して、見違えるほどに成長して、法律の学識と法の「実地応用」の能力を備えるようになった。卒業後には、弁護士、判事、検事のほか、中央や地方の官吏、議員、新聞記者、教員など、多くの分野で活躍した。

この学校が養成に力を注いだ法律家についていえば、判事登用試験でも、それに倣って弁護士の試験でも、八七年から刑法・治罪法とイギリス法やフランス法の試験がおこなわれて、法律家の学識と資質が向上したのであり、このむずかしい試験に合格した者は法律学校の卒業生に限られるようになった。九四年七月の『法学新報』(第三九号)に掲載された英吉利法律学校・東京法学院の卒業生名簿によれば、弁護士は一九六人、判事・検事が七四人であって、この学校が明治法律学校と並んで多数の法律家を育成したことが知られる。こうしてこの学校の講師と卒業生は、法廷の内外の活躍によって、弁護士の社会的地位を高め、裁判所における待遇を改善するとともに、司法の発達に大きな寄与をしたのである(8)。

（1）『中央大学百年史』、通史編上巻、二一一～三頁参照。

（2）一八九〇年発布の法律については、福島正夫『日本資本主義の発達と私法』、東京大学出版会、一九八八年。利谷信義「近代法体系の成立」（『岩波講座日本歴史』、一六、岩波書店、一九七六年）。兼子一「民事訴訟法の制定―テッヒヨー草案を中心として―」（『民事法研究』、第二巻、酒井書店、一九五〇年所収）参照。

（3）これについては、『中央大学二十年史』の「法典実施延期問題」の章で詳しく記述されており（一三六～八八頁）、また『中央大学百年史』には新しい視点から論述されている（通史編上巻、一四二～五六頁）。法典論争については本書の範囲外である。この問題は多くの法学者によって論じられており、歴史研究者の論文としては、遠山茂樹「民法典論争の政治的考察」（『遠山茂樹著作集』、第四巻、岩波書店、一九九二年所収）、大島美津子「村と家の法制度」（海野福寿・大島美津子編『家と村』、日本近代思想体系、二〇、岩波書店、一九八九年、解説）があげられよう。その資料集としては、星野通編著『民法典論争資料集』（日本評論社、一九六九年）がある。

（4）東京帝国大学法科大学法律科の一八九〇年度の授業科目を見ると、参考科のイギリス法の授業科目は、第一学年は契約法（毎週四時間）、私犯法（二時間）、第二学年は訴訟法（四時間）、国際私法（一時間）、第三学年は証拠法（二時間）、衡平法（二時間）である。九一年度には就学年数が三年から四年となって、イギリス法の授業科目は、第一学年は契約法（四時間）、私犯法（二時間）、第二学年は財産法（二時間）、商法（四時間）、第三学年は商法（二時間）、訴訟法（二時間）、私犯法（二時間）、第四学年は衡平法（三時間）に改められた。『東京帝国大学五十年史』、上冊、一九三二年、一一三〇、一一三三～五頁。『東京大学百年史』部局史一、法学部、五四、五六～七頁参照。

（5）『専修大学百年史』、上巻、五五九～六一、六六～七頁。『早稲田大学百年史』、別巻Ⅰ、二八七～九一頁。『法律学の夜明けと法政大学』、法政大学出版局、一九九三年、一四六～五一頁参照。

（6）九一年度の授業科目は九〇年度と同様であった（『中央大学百年史』、通史編上巻、二二二～三頁）。「羅馬法」が三年にわたって記されているのは、新しい諸法律が公布されたため、フランス・ドイツの法の理解を容易にするためであろうが、実際に三年間連続して授業したことは確かめられない。「法律書類立案原論」は増島が「訴訟法」に代わって設けた科目であろう。

（7）増島は、後年、「英国より帰朝するや、友人と共に英吉利法律学校を設立したり。時恰も我法律界の新記録を興し得べきの機なりしにも似ず、今日の如く其学校は創立の精神を失し、其教ふる所の法律学は実に現状の如きものあるに止るは、果して誰人の罪なるや、慨歎止らざるなり」と記している（『中央大学百年史』、資料編、九〜一〇頁）。

（8）『図説　中央大学一八八五―一九八五』には、理事長渋谷健一氏の「刊行のことば」があり、そこには創立者の精神としてつぎのように記されている。「本学の創設者は、イギリス風の堅実で穏健な自由主義を建学の精神として、経験を尊び実際を重んずる学風を育て、個人の自由と自助の確立、実証精神と在野精神の涵養、自由闊達な進取の精神などを強く訴えたのであります。この精神は、今日に至るまで脈々と承け継がれ、研究・教育活動の中に生かされております。」

A表　英吉利法律学校の講義録　1885-89年度

（1889年10月に英吉利法律学校は東京法学院と改称したので、89年度は東京法学院の刊行である）

所蔵機関の略称：図＝中央大学図書館、資＝中央大学史編纂課、東＝東京大学法学部研究室、社＝東京大学社会科学研究所図書室、国＝国会図書館。

第一学年の1885年度「法学通論」と「羅馬法」、および86年度「法学通論」の三冊は早稲田大学図書館が所蔵していることが判明したので、所蔵機関の略称を早大として掲載する。

第一学年

科　目	1885年度 講師（編集者） 頁数所蔵機関	1886年度 講師（編集者） 頁数所蔵機関	1887年度 講師（編集者） 頁数所蔵機関	1888年度 講師（編集者） 頁数所蔵機関	1889年度 講師（編集者） 頁数所蔵機関
法学通論	菊池（小林） 268p. 早大	山田（畔上） 269p. 早大	江木（山本） 184p. 図資東国	奥田 814p. 図国	奥田（永瀧） 800p. 図国
契約法	土方（小林） 513p. 図	土方（山口） 512p. 資	山田（山本） 285p. 図資東社	山田 302p. 国	山田（結城） 257p. 国
私犯法	奥田（小林） 364p. 図 山田（小林） 288p. 図	奥田（畔上） 352p. 図資国	奥田（三浦） 277p. 図資東社	奥田 315p. 国	奥田（鳥居） 482p. 図国
親族法	山田（小林） 204p. 図	山田（山口） 230p. 図資	高橋捨（三浦） 163p. 図資東社	高橋捨 194p. 国	高橋捨（鳥居） 198p. 図国
日本刑法	岡山（田中成美） 178p. 図	岡山（田中） 171p. 図	岡山（三浦） 140p. 図資東社		
日本刑法汎論		江木（畔上） 145p. 資	江木（三浦） 316p. 図資東社	江木 294p. 図国	江木（鳥居） 366p. 国
代理法	渋谷（小林） 171p. 図	山田（横井） 251p. 図	菊池（三浦） 101p. 図資東社	松野 164, 34p. 東国	岡野（永瀧） 153p. 図国
組合法	渋谷（小林） 221p. 図	松野（畔上） 292p. 資	松野（山本） 182p. 図資東社	戸水 119p. 東国	戸水（結城） 102p. 国
動産委託法	元田（上野） 391p. 図	元田（山口） 322p. 図資	元田（三浦） 304p. 図資東社	元田 300p. 図資東国	元田（永瀧） 297p. 図
英国刑法	馬場（田中成美） 114p. 図		渋谷（山本） 194p. 図資東社	渋谷 230p. 国	
羅馬法	渋谷（小林） 203p. 早大	渡辺（山口） 84p. 図資 戸水（山口） 151p. 図資			

第二学年

第二学年の講義録は1886年度からはじまった。1885年度の欄には、第一学年の講義として刊行されたと考えられる「財産法」と「訴訟法」を便宜的に記した。

科目	1885年度 講師(編集者) 頁数所蔵機関	1886年度 講師(編集者) 頁数所蔵機関	1887年度 講師(編集者) 頁数所蔵機関	1888年度 講師(編集者) 頁数所蔵機関	1889年度 講師(編集者) 頁数所蔵機関
売買法		高橋捨・藤田(中山) 258p. 図	高橋捨(山口) 253p. 図資社	高橋捨 199p. 図東国	松野(荒井) 192p. 東
財産法	増島(田中成美) 281p. 図	増島(中山) 140p. 図			
動産法		山田(石山) 173p. 資社	高橋捨(畔上) 114p. 資社	高橋捨・岡野 82, 42p. 図東国	岸(永瀧) 103p. 図東
不動産法		伊藤(石山) 232p. 図	伊藤(山口) 252p. 資社	伊藤 196p. 図資東国	伊藤(永瀧) 137p. 図東
会社法		植村(石山) 350p. 図	宮岡(山口) 206p. 資社	宮岡 345p. 図東	宮岡(荒井) 209p. 図東
流通証書法		土方(森脇) 573p. 図	中橋(網倉) 251p. 図資	中橋 211p. 図国	岡野(永瀧) 188p. 東
商船法		高橋健(中山) 208p. 図	高橋健(網倉) 291p. 資社	高橋健(結城) 346p. 図東国	朝倉(結城) 261p. 東国
日本刑法各論			江木(川村) 183p. 図資	江木 259p. 図資東国	江木(鳥居) 233p. 図国
治罪法		松野(石山) 92p. 図	春日(山口) 549p. 資社	春日 62p. 東 江木 221p. 図資東	江木(岩波) 166p. 図国
訴訟法	増島(上野) 190, 27p. 図	増島(石山) 340p. 図資	増島(山本) 202p. 図資東社	増島 235p. 図資東国	増島(窪田) 312, 32p. 図
証拠法		岡村(田中) 265p. 図	岡村(山口) 482p. 資社	岡村 362p. 図東国	岡村(岩波) 251p. 図資東国
英国治罪法		増島(粟生) 125p. 図資	増島(粟生) 104p. 図社	増島 95p. 図東国	増島(北岡) 133p. 国
帝国憲法				渋谷 131p. 図東国	合川 138p. 図資

第三学年

第三学年の講義録は1887年度からはじまった。1886年度の欄には、第一学年と第二学年の講義として刊行された講義録を便宜的に記した。

科　目	1885年度 講師(編集者) 頁数所蔵機関	1886年度 講師(編集者) 頁数所蔵機関	1887年度 講師(編集者) 頁数所蔵機関	1888年度 講師(編集者) 頁数所蔵機関	1889年度 講師(編集者) 頁数所蔵機関
法理学 (分析法理学)			戸水（石山） 243p. 図	塩谷 359p. 資	塩谷（岩波） 382p. 図国
法律沿革論		増島（山口） 286, 366p. 図	増島（山口） 121p. 図社	増島 394p. 図国	増島（北岡） 386p. 図国
憲　法			合川（石山） 72p. 図資	渋谷 131p. 東国	
行政法		江木（田中） 158p. 図資	江木（田中） 119p. 図資東社	斯波 175p. 図	斯波（岩波） 197p. 図国
破産法		中橋（田中） 171p. 図資	中橋（結城） 257p. 図	中橋 153p. 図資国	田中（永瀧） 171p. 図
保険法		伊藤（中山） 139p. 図	馬場（田中） 212p. 図	馬場 252p. 図資国	馬場（結城） 259p. 図国
衡平法		戸水（山口） 203p. 図	戸水（石山） 403p. 図	戸水＊ 450p. 図	戸水（荒井） 270p. 図国
羅馬法			東三条(田中) 154p. 図資	渋谷 163p. 図資国	朝倉（窪田） 199p. 図国
国際公法				三崎 340p. 図資国	山田（鳥居） 312p. 図国
国際私法				伊藤 207p. 図資国	伊藤（窪田） 309p. 図国
帝国憲法				穂積八 136p. 図資国	穂積八(荒井) 155p. 図
国法学				穂積八 104p. 図資国	穂積八(永瀧) 82p. 図国

判決例

	渡辺（中山）	10p.（未完）	図	86年度第二学年
	植村（畔上）	116p.	図	86年度第二学年
	渋谷（上野）	57p.	図	86年度第二学年
契約法	松野（山口）	57p.	図資東社	87年度第二学年
	増島（浦部）	33p.	図資	87年度第二学年
私犯法	藤田（畔上）	121p.	図資社	87年度第二学年
雑	戸水（田中）	129p.	図資東社	87年度第三学年
契約法	増島	550p.	図東	88年度第二学年
私犯法	奥田	109p.	図東	88年度第二学年
憲法	増島	100p.	資	88年度第三学年
契約法	増島（窪田）	310p.	図	89年度第二学年
憲法	増島（窪田）	108p.	図	89年度第三学年

擬律擬判

菊池・畠山・東三条（田中）	131p.	図資	86年度第二学年

科外講義

86年度

亜米利加法律	シドモール 渋谷通訳（横井）	120p.	図
差押権	リッチフィールド 増島通訳（小林）	52p.	図

87年度

損害賠償法	合川（山口）	107p.	図資社
英羅両法異同弁	東三条（田中）	141p.	図資東
合衆国領事裁判	シドモール 渋谷通訳（三浦）	105p.	図社
住居法	ホール 山田通訳（田中）	47p.	資社
商法通論	奥田（三浦）	72p.	図資

88年度

懈怠論	戸水	31p.	図東
習慣法	宮岡	53p.	図国
保証法	平沼	49p.	資東国
占有論	戸水	35p.	東

89年度

裁判所構成法	樋山（永瀧）	141p.	図資東
地役法	岡野（永瀧）	86p.	図国
条件論	岡野（荒井）	119p.	図資国

注記

1．講師についてアイウエオ順に氏名を記すと、つぎのとおりである。
合川正道、朝倉外茂鉄、磯部醇、伊藤悌治、植村俊平、江木衷、大谷木備一郎、岡野敬次郎、岡村輝彦、岡山兼吉、奥田義人、春日粛、菊池武夫、岸清一、小村寿太郎、塩谷恒太郎、シドモール（シドモア）、斯波淳六郎、渋谷慥爾、関直彦、高橋一勝、高橋健三、高橋捨六、田中隆三、戸水寛人、中橋徳五郎、西川鉄次郎、畠山重明、馬場愿治、東三条公恭、土方寧、樋山資之、平沼騏一郎、藤田隆三郎、穂積陳重、穂積八束、ホール、増島六一郎、松野貞一郎、三崎亀之助、宮岡恒次郎、元田肇、山田喜之助、リッチフィールド、渡辺安積
（表では、講師には高橋が三人いるので、名前の最初の字をあげておいた。）

2．講義録の各冊がどの年度のものであるかについては、つぎの方法で推定した。

1）講義録の年度を決める基準となるのは、中央大学史資料課所蔵の豊田喜三郎旧蔵書である。豊田の在籍、卒業について、中央大学の資料からは確かめることができないが、1886年度（明治19年度）の第一学年、87年度の第二学年、88年度の第三学年の講義録を所持していた。かれは科目ごとに講義録をまとめて1冊とし、配布された講義録の厚手の表紙を用いて製本した。この表紙に記された年月などから、各冊の年度を確かめることができる。この豊田喜三郎の旧蔵書については、『中央大学百年史編集ニュース』第30号に記されている。

ただし、馬場辰猪の「法律史」と増島六一郎の「契約法」は、この学校の86年度講義録の表紙がつけられているが、英吉利法律学校の講義録とは明らかに紙型が異なり、明治義塾法律研究所の講義録である。

また、国会図書館所蔵本には、内務省から移管された年月日と、蔵書登録したと思われる年月日の印が捺されており、講義録の年度を確かめることができる。

2）講義録の紙型には、1行30字、1頁12行のものと、1行35字、1頁14行のものとがある。前者は85年度と86年度のものと、87年度の第二、三学年の大部分である。これらでは、各頁の本文の四方を枠（子持ち罫）で囲んでいる。後者はそれらの後のものである。

87年度には、第一学年の全部と、第二、三学年の若干の講義録は、1行35字、1頁14行として、各頁の四方の枠（子持ち罫）は残した。これによって頁は大きくなった。

88年度以後には各頁の枠を取り去って、本文は35字、14行の字数とし、本文の上に横罫を引き、その上に注が記された。これが87年度以前と88年度以後との相違点であり、この紙型が一見して年度を判断できる基準である。頭注では、章・節・パラグラフの題目、本文でひらがな書きした英語の原語が記されたが、これは編集者によって精粗がいちじるしい。概していえば、この頭注は後の年度ほど多く記されている。

85年度以来、奇数頁の左側の柱に科目名と頁が記されており、91年以後には、この科目名に加えて、章・節の名が記された。

3）88年度の講義録には特徴がある。講義録の第1頁には、講師と並んで筆記・編集した人の名が記されているが、この編集者の欄がない年度があり、それは88年度のものである。そのうえ、第1頁の科目名の下にその英語を括弧内に記した。しかし、編集者の名を出さないことには反対があったようで、89年度には編集者の名を記すことになった。

4）講義録の年度を推定するもうひとつの重要な点は、講義録の編集者の卒業年次である。概してかれらは英吉利法律学校卒業後の年度から担当したと思われるから、卒業年次を確かめておくことは必要であろう。

編集者たちについては、各年度ごとにアイウエオ順に記し、各人の英吉利法律学校卒業年次と、参考のために、その後の職業を括弧内に付記しておこう。

85年度：上野喜永次（東京専門学校卒）、小林定修（東京専門学校卒）、田中成美（経歴不明）

86年度：畔上啓策（85・86両年卒、新聞記者）、石山弥平（85・86両年卒、弁護士）、浦部章三（東京専門学校卒）、田中恒馬（専修学校卒）、中山和夫（東京専門学校卒）、森脇籌（教務掛、経歴不明）、山口正毅（85・86両年卒、判事）

87年度：畔上啓策（前出）、網倉兵作（87年卒）、粟生誠太郎（88年卒）、石山弥平（前出）、

川村鋼太郎（87年卒、銀行員）、田中恒馬（前出）、三浦大之助（87年卒）、山口正毅（前出）、山本勝助（87年卒、弁護士）、結城朝陽（88年卒、弁護士）、横井鍬太郎（編輯掛、ついで教務掛、東京専門学校卒）、米原光太郎（87年卒、弁護士）

米原光太郎は88年１月から、前任者に代わって、元田「動産委託法」、高橋捨「親族法」、松野「組合法」、山田「契約法」、菊池「代理法」、岡山「日本刑法」、渋谷「英国刑法」の編集を担当した。

88年度：編集者の記載なし。87年度の編集者の何人かに加えて、88年卒業の窪田欽太郎、鳥居錦次郎、花井卓蔵などが担当したのであろう。

89年度：荒井操（89年卒、判事）、岩波一郎（89年卒、判事）、窪田欽太郎（88年卒）、鳥居錦次郎（88年卒、弁護士）、北岡保定（89年卒、判事）、永瀧久吉（89年卒、外交官）、結城朝陽（前出）

かれらのなかで、卒業前に編輯を担当したのは、粟生誠太郎と結城朝陽である。

5)　講義録のなかには、講師がこの講義が何年目であると述べたり、前年度の自分や他人の講義に言及したり、あるいは89年２月に発布された憲法、90年３月に公布された民法の条文を述べるといったように、講義録が何年度であるかを推定できることがある。

6)　専修学校と東京専門学校はこの時期に英米法の講義録を刊行していた。英吉利法律学校の講師たちの多くが両校に出講して、同じ科目を担当することが少なくなかった。両校の講義録は英吉利法律学校の講義録とは紙型がちがっており、講義を筆記・編集した人が異なっているので、同じ講師が同じ科目を講義した場合でも、容易に区別することができる。

３．講義録のなかには、補記すべき点や、今後調ぶべき疑問点があるので、つぎに年度順、科目ごとに記しておきたい。

85年度

第一学年の法学通論は、菊池が担当したが、途中で渋谷が代わった。

第一学年の私犯法と組合法は、奥田の担当であったが、かれの旅行のために、それぞれ山田と渋谷に代わった。

渋谷の羅馬法は、86年度にも印刷配布された。畔上編輯、203頁、図資。

第二学年に記した増島の財産法と訴訟法については、「訴訟法、財産法ハ第二三年級ノ課目ナルカ故ニ、第一年級ノ講義録ニ載ス可キモノニ非ラサレトモ、右ハ極メテ困難ナル課目ナルヲ以テ、校内生ノ便ヲ計リ、訴訟法ト財産法ヲ隔号ニ登録スルコトトナレリ」と記されている。この二つの講義録はそれぞれ上野と田中成美が編輯しており、この二人は85年度の編集者である。

86年度

第二学年の動産法は、山田が人産法という科目で講義し、それが87年度に再び印刷し直して配布されたと推定される（石山編輯 175頁。社資）。87年度には山田と高橋捨六の二つの講義録が配布されたことは確実である。

同学年の売買法は、高橋捨六が担当し、途中で、藤田が代わった。

同学年の証拠法については、岡村が講義の終了のあと、付録として陪審審理を説明している（18頁）。またこの科目は渡辺が講義し（森脇筆記、50頁）、かれの没後、菊池が引き継いで講義した（田中恒馬編輯 14頁。中央大学図書館蔵）。これは第三学年の講義であろう。

同学年の増島の訴訟法には、「訴答法規」（中山和吉筆記、東京大学法学部蔵）が付録として講義された。この内容は次年度以後には訴訟法の講義のなかに入れられた。

増島の訴訟法（石山編集）は豊田旧蔵書にあり、87年度に刊行されたことは確かである。山本編集の訴訟法も存在し、石山と山本の卒業年次を考えると、石山編集の方が先に刊行されたように思われる。

87年度

第一学年の山田の契約法の講義では、かれの旅行中、戸水が取引概論を講義した（24頁）。

第二学年の会社法には、大谷木備一郎の講義録が最初の10頁発見された（中山和吉編輯、中央大学図書館蔵）。

第二学年の商船法については、高橋健三の講義録を掲げておいた。これには、この年度の他の講義録には見られない編集者の名が記されている。これは89年度のものであろうか。そうであるとすれば、89年度の欄に掲げた朝倉の講義録と並んで刊行されたのであろう。90年度にはイギリス商船法の授業科目はない。

第三学年の合川の憲法は88年度にも再び印刷し直されて配布されたと考えられる（結城編輯54頁、図東社）。渋谷の講義がイギリスの統治機構に限られたので、人権を講義した合川の前年度のもので補われたのであろうか。

同学年の破産法には、中橋が翻訳した1883年の「英国倒産法条例」（Bankruptcy Act）が掲載された。

88年度

第一学年の組合法は、戸水がロンドンに留学したため、そのあと菊池が引き継いで講義した。

第二学年の動産法は、高橋捨六が担当したが、途中で岡野に代わった（42頁）。

第三学年の衡平法については、戸水の講義録が発見されていない。かれの「英国衡平法」が単行本として90年に刊行されたので、それを＊印を付して掲げた。

判決例

86年度には、渡辺が担当したが、かれが死亡したので、植村に代わった。

87年度には、松野が契約法を担当したが、途中で増島に代わり、増島は判例の面から契約法を講義した。この87年度の「判決例」講義録は88年度に再び印刷された。松野（山口）43頁、藤田（畔上）91頁、資社。戸水（田中）152頁、資。

※

講義録のなかで、発見できなかったものは、以下のとおりである。

85年、１学年。江木「刑法汎論」

86年、１学年。「英国刑法」

　　　２学年。江木「刑法各論」

87年、３学年。松野「国際公法」。伊藤「国際私法」

89年、１学年。「英国刑法」。山田「帝国憲法」

　　　３学年。渋谷「英国憲法」

B表　英吉利法律学校　第一科　授業科目と講師　1885-89年度

＊印は参考科目、＃印は科外科目、数字は一週間あたりの授業時間数

第一学年

授業科目	1885年度	1886年度	1887年度	1888年度	1889年度
法学通論	菊池	山田　2	江木　2	奥田　2	奥田　2
契約法	土方	土方　3	山田　3	山田　2	山田　2
私犯法	奥田	奥田　1	奥田　1	奥田　1	奥田　2
親族法	山田	山田　1	高橋捨　1	高橋捨　1	高橋捨　1
日本刑法	岡山	岡山　1 江木　1	岡山　1 江木　2	江木　3	江木　3
代理法	山田	山田　1	菊池　1	松野　1	岡野　1
組合法	山田・渋谷	松野　1	松野　1	戸水　1	戸水　1
動産委託法	元田	元田　1	元田　1	元田　1	元田　1
米国法律	シドモール	＊同　1	＊同　1		
英国刑法	馬場	＊渋谷　1	＊渋谷　1	＊渋谷　1	1
羅馬法	渋谷	＃渡辺・戸水			
判決例	渋谷	＃植村			
論理学	井上円了	＊坪井九馬三　1	＊高橋健 1	＊高橋健 1	1
理財学		＃駒井重格　1			
財政学		＊　1			
帝国憲法					山田　1

第二学年

授業科目	1885年度	1886年度	1887年度	1888年度	1889年度
売買法	高橋捨	高橋捨　1	高橋捨　1	高橋捨　1	松野　1
財産法	増島	＊増島　隔	＊増島　隔		
動産法		山田　1	高橋捨　1	高橋捨　1	岸　1
不動産法		伊藤　1	伊藤　1	伊藤　1	伊藤　1
会社法	高橋一	植村　1	宮岡　2	宮岡　2	宮岡　2
流通証書法	土方	土方　1	中橋　1	中橋　1	岡野　1
商船法	高橋健	高橋健　1	高橋健　1	高橋健　1	高橋健　1
日本刑法各論		江木　1	江木　2	江木　2	江木　2
治罪法	鶴丈一郎	松野　2	春日　2	江木・春日　3	江木　3
訴訟法	増島	増島　1	増島　1	増島　1	増島　1
証拠法	岡村	岡村　1	岡村　2	岡村　1	岡村　2
訴訟演習		＊三阪・工藤　2	＊同　2	＊同　2	2
擬律擬判		菊池・藤田　1	東三条　1	2	2
判決例		＊植村　1	松野・畠山　2	増島　2	増島　2
米国法律	＊シドモール	＊同　1	同　1		
保険法	山田	#伊藤			
国際公法	高橋捨	#植村			
法理学	関	#奥田			
損害賠償法			＊合川　1		
英国治罪法		#増島　1	＊増島　1	増島　1	増島　1
英羅両法異同弁			＊東三条　1		
帝国憲法				渋谷	合川　1

第三学年

授業科目	1885年度	1886年度	1887年度	1888年度	1889年度
財　産　法		＊増島　隔	＊増島　隔		
破　産　法	中橋	中橋　1	中橋　1	中橋　1	中橋　1
証　拠　法	岡村				
国際公法	岡山	松野　1	松野　1	三崎　1	山田　2
国際私法	穂積	山田　1	伊藤　1	伊藤　1	伊藤　1
法　理　学	穂積	奥田　1			
分析法理学	関	関　1	戸水　1	塩谷　1	塩谷　1
法律沿革論	増島	増島　1	増島　1	増島　1	増島　1
憲　　法	奥田	＊植村　1	＊合川　1	＊渋谷　1	渋谷　1
行　政　法	江木	＊江木　1	江木　1	＊斯波　1	斯波　1
保　険　法		伊藤　1	馬場　1	馬場　1	馬場　1
訴　訟　法	増島	増島　隔	増島　1	増島　1	増島　1
羅　馬　法		戸水	東三条　1	渋谷　1	朝倉　1
衡　平　法		戸水　1	戸水　1	戸水　2	戸水　2
訴訟演習		＊三阪・工藤　1	中村・寺島　1	＊同　2	2
擬律擬判		菊池・畠山　1	東三条　1	1	2
判　決　例		＊植村　1	戸水　1	植村・宮岡　1	2
憲法判決例				＊増島　1	増島　1
米国法律	＊シドモール	＊同　1	＊同　1		
動産差押法	＊リッチフィールド	＊同	＊同　1	＊同・宮岡　1	
英羅両法異同弁			＊東三条　1		
帝国憲法					穂積八　1
国　法　学					穂積八　1

C表　英吉利法律学校　第二科　授業科目
英文教科書と講師　1886-89年度

第二科は1886年度からはじまった。括弧内は講師の名。＊印は参考科目、数字は一週間あたりの授業時間数。

第一学年

授業科目	1886年度	1887年度	1888年度	1889年度
英法註釈	ブラックストン(渡辺)　1	1	同（藤田）　3	同　2
英法註釈	ブルーム(山田)　1	1		
法学原論	テリー(渋谷・藤田)　1	同（藤田）　1		
契約法	アンソン(土方・大谷木)　2	同（山田）　1	同　2	同　2
私犯法	アンダーヒル(菊池)　2	同（畠山）　1	同（奥田）　2	同　2
親族法	ケント(山田)　1	同（菊池）　1	同（藤田）　2	同　2
代理法	ストリー(菊池)　1	同（小村）　1	同　2	同　2
組合法	ポロック(松野)　1	同（松野）　1	同（渋谷）　1	同　1
動産委託法	ストリー(元田)　1	同（馬場）　1	同（松野）　1	同　1
刑　法	(江木・岡山)　1	同　3	同　3	同　3
英国刑法	＊ハリス(渋谷)　1	＊同(渋谷)　1	＊同　1	同
論理学	＊セボン(坪井)　1	＊同――　1	＊フォーレル(江木)　1	同　1
訴訟法	＊スミス(増島)　1			
商　法	スミス(馬場)　1			
法理学	マークビー(伊藤)　1	1		
理財学		1		
財政学				
帝国憲法				1

第二学年

授業科目	1886年度	1887年度	1888年度	1889年度
売買法	ベンジャミン(高橋捨)	同（奥田） 1	同（藤田） 1	同 1
財産法	ウイリアムズ(元田)	同（藤田） 1	同(小村・伊藤) 1	同 2
不動産法			1	1
証拠法	スチーブン(渡辺)	バウエル(菊池) 1	同 1	同 1
会社法	ポロック(奥田)	ケント（奥田） 1	同（宮岡） 1	同 1
流通証書法	バイル（土方)	チャールマース(大谷木) 1	同（菊池） 1	同 1
商船法	オリバー(高橋健)	同 1	同 1	同 1
治罪法	——	(春日) 2	(江木・春日) 3	3
訴訟法	スミス（増島)	同 1	同 1	同 1
擬律擬判		(東三条) 1	(松野) 2	同 2
判決例		(戸水) 1	1	
訴訟演習		＊ 1	(楠) 2	2
理財学		＊ 1		
財政学		＊		
国際公法	ウールシー(岡山)			
法理学	ホルランド(江木)			
米国法律		＊(シドモール)1		
契約法		アンソン(山田)1 ポロック(高橋健) 1	同（大谷木） 1	1
私犯法		アンダーヒル(畠山) 1		
代理法	ストリー(山田)	同（小村)		
日本刑法		(江木)		
英国治罪法			ハリス（藤田）1	同 1
羅馬法				1
行政法				1
日本憲法				1

第三学年

授業科目	1886年度	1887年度	1888年度	1889年度
財　産　法	(増島)	——		
破　産　法	(増島)	——	(馬場)　1	リングウード 1
保　険　法		——	(中橋)　1	ニューソン　1
衡　平　法	スネル（小村）	同	同（戸水）　2	同　2
訴　訟　法		スミス	同（増島）　1	同　1
法　理　学	ホルランド(江木)	同	同（植村）　2	同　2
法理原論		マークビー	同（山田）　2	同　2
法律沿革論	メイン(高橋健)	同	同　1	同　1
羅　馬　法		ハンター		——　1
国際公法		ホール	同（三崎）　1	同　2
国際私法	ウエストレーキ(渡辺)	同	同（伊藤）　1	フート　1
憲　　法	アモス（伊藤）	*	*（渋谷）　1	
行　政　法		*	*（斯波）　1	——　1
訴訟演習		*	(楠)　2	——　2
擬律擬判			——　2	——　2
理　財　学		——		
財　政　学		——		
帝国憲法				1

D表　英吉利法律学校刊行の英文法律書　1886-90年

英文法律書のそれぞれの版数は原書のものであり、刊行年と頁数は英吉利法律学校の刊行書のものである。
8)と9)、および14)と15)は、それぞれ一冊の原書を二分して刊行したものである。

1) W. R. Anson, Principles of the English Law of Contract and of Agency in its Relation to Contract, 3rd ed., 1886, 33, 357p.
2) William Blackstone, Commentaries on the Laws of England, abridged and adopted to the present state of the law, by Robert Malcolm Kerr, 2 vols., 1886, 21, 687p. (The Student's Blackstone)
3) Herbert Broom, Commentaries on the Common Law, designed as introductory to its study, 5th ed., 1886, 432p.
4) M. D. Chalmers, A Digest of the Law of Bills of Exchange, Promissory Notes and Checks, rewritten and adapted to the law as it exists in the United States, by W. E. Benjamin, 1887, 46, 341p.
5) J. A. Foote, A Concise Treatise on Private International Jurisprudence, based on the decisions in the English Courts, 31, 532p. 1889.
6) Thomas Fowler, The Elements of Deductive Logic, designed mainly for the use of junior students in the university, 5th ed., 1887, 16, 144p.
7) W. E. Hall, A Treatise on the International Law, 2nd ed. 1889. 23, 707p.
8) Seymour F. Harris, Principles of the Criminal Law, a concise exposition of the nature of crime, the various offences punishable by the English Law, the law of criminal procedure, and the law of summary convictions, 1887, 270p.
9) Seymour F. Harris, The Law of Criminal Procedure, 1887, 296, 32p.
10) James Kent, Corporation, extract from Commentaries on American Law, 11th ed., by George F. Comstock, 1887, 94p. [Lecture 33 of the Rights of Persons]
11) James Kent, Law of Domestic Relations, ed., by George F. Comstock, 1887, 305p. [James Kent's Comentaries, Part 4, 11th ed.)
12) H. S. Maine, Ancient Law, its conection with the early history of society and its relation to modern ideas, 11th ed., 1889, 8, 289p.
13) William Markby, Elements of Law, considered with reference to principles of general jurisprudence, 3rd ed., 1886, 12, 10, 427p.
14) Harry Newson, A Digest of the Law of Shipping, 2nd ed., 1887, 9, 205p.
15) Harry Newson, A Digest of the Law of Marine Insurance, 2nd ed., 1887, pp. 207-420.
16) F. Pollock, Principles of the Contract, being a treatise on the general principles concerning the validity of agreements in the law of England, 4th ed., 1887, 92, 744p.
17) F. Pollock, A Digest of the Law of Partnership, 3rd ed., 1886, 45, 166p.

18) F. Pollock, The Law of Tort, A treatise on the principles of obligations arising from civil wrongs in the common law, 1890, 38, 467p.

19) Edmund Powell, Law of Evidence, 3rd ed. by J. Cutler & E. Fuller, 1887, 25, 537p.

20) Richard Ringwood, The Principles of Bankruptcy, 4th ed., 1887, 22, 366p.

21) G. H. Scidmore, Outline Lectures on the History, Organization, Jurisdiction, and Practice of the Ministerial and Consular Courts of United States of America in Japan, 1887, 245, 20p.

22) J. W. Smith, Elementary View of the Proceedings in an Action at Law, adapted to the practice of the Supreme Court, 12th ed., by W. D. I. Foulkes, 1886, 13, 411p.

23) J. W. Smith, A Compendium of Mercantile Law, 3rd ed., by J. P. Holcombe and W. Y. Gholson, 1886, 8, 348p.

24) E. H. T. Snell, The Principles of Equity, intended for the use of students and profession, 8th ed., by Archibald Brown, 1889, 56, 830p.

25) J. Story, Commentaries on the Law of Agency, as a branch of commercial and maritime jurisprudence, 8th ed., by N. St. John Green, 1888, 44, 752p.

26) Arthur Underhill, A Summary of the Law of Torts or Wrongs independent of contract, 4th ed., 1886, 5, 238p.

27) Joshua Williams, Principles of the Law of Personal Property, intended for the use of students in conveyancing, 9th ed., 1887, 51, 519p.

28) K. Yamada, The Law of Sales, abridged from the Treatise of J. P. Benjamin, Q. C. and recent cases in the "Law Journal" and other Reports, 1887, 4, 162p.

あとがき

本書は、一八八五年（明治一八年）に開校した英吉利法律学校に関して、とくにイギリス法教育の理念と実情、および明治前期におけるイギリス法の受容を考察したものである。

英吉利法律学校（中央大学）は、専修学校（専修大学）、東京法学校（法政大学）、明治法律学校（明治大学）、東京専門学校（早稲田大学）と並んで、最初期に設立された法律学校の一つである。これらの法律学校は一八八〇年からあいついで開校し、一七歳以上の多数の青年に対して、三年間、日本語で教育した。当時、わが国では新しい法典が制定されていなかったので、イギリス法あるいはフランス法を教育した（アメリカ法はイギリス法と大きな相違がないと考えられており、両者は英米法として一緒に教育された）。

英吉利法律学校は、イギリス法を修得した三〇歳前後の、一八人に及ぶ多くの若者たちが設立に参加して教育にあたった。かれらの多くは東京大学を卒業した人であって、イギリスやアメリカに留学して、実地に法と裁判を見て賛美した人も加わった。学校の設立には、高橋一勝、増島六一郎、岡山兼吉の弁護士と、官報編集の官吏、高橋健三という四人が委員となって尽力し、校長は増島六一郎、会計は岡山兼吉が務めたので、主として弁護士たちが学校を運営したといえよう。講師たちは、弁護士、裁判官、行政官、大学教授であって、法と司法を担う法律家を育成する使命感を抱いて、夕方から、無報酬で、熱心に教えたのである。授業科目はイギリス法の全科目にわたり、三学年で、日本の刑法と刑事訴訟法を含めて、民商法を中心として二〇数科目、科外講義を入れると三〇科目を超え、法律学校のなかで最充実した教育であった。

わが国が近代国家を建設するにあたって、法律家を育成することが、法典の制定や裁判機構の樹立と並んで、緊急の重要な課題であったことはいうまでもない。その教育の実情は、とくにイギリス法教育については、よく解明されていない。幸いにも、英吉利法律学校では、開校当初から、学校に通学できない人たちを校外生として入学させて、かれらに対して通信教育をおこなったので、その教材となった講義録は、八九年度まで五年分で、一六〇冊ほどが中央大学図書館などに所蔵されている。また八六年度から、英語法学科（第二科）という英文法律書を用いて授業する学科が設けられ、その教科書として二八点の書がつぎつぎに翻刻され、これらの全冊を見ることができる。この講義録と英文法律書によって、百年以上前に、どのようにイギリス法を教えたかを知ることができよう。

イギリスでは民法や刑法の法典がなかったので、判例によって法の大部分がつくられていた。その裁判所制度は、フランスの制度をモデルとして樹立したわが国の制度とは大きく異なっていた。このため、英吉利法律学校の講師たちは、大学で教師から習ったほか、英文の法律書を熟読して、多大な努力を払ってイギリス法を修得したにちがいない。英文の法律書の多くは、判例から法の規則を取り出して体系的に整理して論述した書である。かれらはこの学校で教えるにあたって、最新の良書を選んで教科書とした。このときは、一八七三・七五年にイギリスの裁判所制度が改革されたあとであって、オックスフォード大学などで、法律の学問的研究が活発におこなわれ、法理学やローマ法の研究書や、契約法などの分野の新しい法学書がつぎつぎに刊行された時期である。講師たちはこれらの書をよく利用して、イギリス法のすぐれた点を学生に伝えたのである。

英吉利法律学校の講義録を読むと、各科目について、講師たちが高度な内容を学生に理解できるように苦心して講義したことに感心する。かれらが目指したことは、学生に対して、西欧の近代法のあり方と法が発展してきた原理を教えて、わが国の法秩序の樹立に向かって、法がどのようなものであり、法をどのように運用するかを理解させることであって、それによって権利思想を培い、権利の侵害に対する法の救済の道を習得させることであった。とくに「法律の実地応用」を重視して、イギリスの判決文の読み方を教え、また模擬裁判をおこなって、具体的に法と法の運用を教えたのである。こうしてこの学校は法律学校として名声を博し、学生が全国から上京して集まり、開校わずか五年後には三〇〇人を超す卒業生を出すほどに発展した。多数の卒業生が弁護士、判事、検事となって、わが国の司法の発展に寄与したことは、改めていうまでもない。

この時期は、政府が国家主義的な教育を標榜して、大学から小学校までの教育体制を樹立した時期である。法律学校に対しても、その一環に組み入れて、政府の監督と統制を強化して、入学の資格を定め、各学年の授業科目を指定して、法学教育の画一化をはかった。この状況のなかで、八九年一〇月、英吉利法律学校は校名を東京法学校と改称したが、イギリス法全科目の授業は九〇年七月まで続けられた。しかし、九〇年九月からの新学年では、新たに制定された民法や商法などについて講義することになったので、イギリス法の授業は非常に少なくなった。わが国の法学教育の歴史において、もっぱら西欧の法を授業する最初の時期はここで終わったのである。この点から、本書の対象は八五年度から八九年度までの五年間とした。

わたくしは、中央大学の駿河台旧校舎の近くに生まれ育ち、子供のときから本学について親しみを抱いてきた。幸いにも、一九九三年から七年間、本学に奉職することができた。この間、『中央大学二十年史』をはじめとする本学の歴史書をひもといて、一世紀にわたる栄光と苦難の歩みを知ることができた。とりわけ、本学の創立期の英吉利法律学校時代、若き法律家が自分の修得したイギリス法を後進の青年に熱心に教えた熱意に感銘を受けた。

そのころ、わたくしは、一九世紀後半のインドの歴史を研究していた。イギリスのインド植民地支配がどのようにおこなわれたか、その支配のもとで、インドの法律家がどのようにイギリス法を摂取して、インドの政治と社会の改革のために、どのように運動したか。これが研究のテーマであった。植民地インドとわが国とでは、政治と法の事情は非常に異なっていたが、その相違を考察することによって、植民地の問題を明瞭に把握できる点があった。

英吉利法律学校の講師たちが熱心に読んだ法律書を見ると、メインとスティーヴンは、イギリスのインド植民地の最高統治機関であったインド総督参事会において、法律参事という立法の要職を務めた人である。またポロックはインド不法行為法案の起草者であって、インド支配における法の役割を高く評価した人である。わたくしはかれらの論説を読んでいたので、この学校のイギリス法教育を無縁な問題とは思えなかった。

問題はイギリス法である。文学部出身者にとって、イギリス法ははなはだむずかしい。わたくしは東京大学社会科学研究所におられた内田力蔵先生から、イギリス法の手ほどきを受けた。一九六〇年代後半、先生が主宰された「インド憲法を読む会」に参加して以来、いろいろと教えていただいた。先生は一九九〇年に八〇歳でなくなられる直前まで、イギリスの判例集を愛読されて、つねにコモンローの叡智を賛美されていた。先生のイギリス法の読み方は、デニング卿著『法の修練』の訳書（一九九一年、東京大学出版会）に表われている。この先生の読み方を見ていたので、百年前の英吉利法律学校の先学たちの読み方を理解できると思ったのである。

わたくしが英吉利法律学校について調べたのは、二〇〇〇年に中央大学を停年退職したあとである。退職の翌年に、待望の『中央大学百年史』（通史編上巻）が刊行され、英吉利法律学校について新しい見方で詳細に書かれているので、大いに励まされた。そのあとで、この学校の講義録を調査して、明治前期におけるイギリス法の教育と受容について勉強した。そして、この問題を調べる楽しみを味わいながら、原稿を苦心して書き上げて、「英吉利法律学校覚書——イギリス法の受容をめぐって——」と題して、『中央大学文学部紀要』（史学科　四八号、四九号、五二号）（二〇〇三年、〇四年、〇七年）に、三回に分けて掲載していただいた。本書はこの論文を補正したものである。論文に見られた多くの誤植と誤りを訂正し、また文意をいっそう明瞭にするために、随所で文章を補った。

この書を書くにあたって、多くの方々のお世話になった。中央大学に奉職しなければ、英吉利法律学校のことについて書くことがなかったにちがいない。中央大学文学部、とくに東洋史学科の池田雄一先生をはじめとする皆さんに対して、思い出の多い幸福な学園生活を送ったことを感謝いたしたい。英吉利法律学校の講義録の閲覧については、中央大学中央図書館の太田澄子さん（停年退職）と横内美佐子さん（現大学史編纂課）、大学史編纂課の沖田哲雄氏に大変お世話になった。また東京大学の総合図書館や学部・研究所の図書室では、多くの関係文献を閲覧した。早稲田大学図書館と明治大学図書館では、貴重な書を見せていただいた。本書の出版にあたっては、中央大学出版部の大沢雅範氏に一方ならぬご厄介になった。沖田哲雄氏には、面倒な校正をお願いし、英吉利法律学校の講師の生没年などの不明な点を調べていただいた。これらの方々と図書館に対して、感謝の意を表したい。

本書が中央大学創立一二五年記念事業の一環として出版されるのは、中央大学学長永井和之先生のご高配のおかげである。文学部日本史学科の松尾正人先生には、『文学部紀要』に掲載されたときから本書の出版までいくたびも相談にのっていただいた。末尾となったが、お二人に厚くお礼を申しあげる。

二〇一〇年五月二七日

山崎利男

人名索引
事項索引

人名索引

（日本人）

あ 行

か 行

さ 行

た 行

な 行

は 行

ま　行

や　行

わ　行

(外国人)

あ　行

か　行

さ　行

た　行

は　行

ま　行

ら　行

わ　行

事項索引

あ行

か行

さ行

た行

は　行

ま　行

ら　行

著者略歴

山崎利男（やまざき　としお）

1929年　東京にて生まれる
1954年　東京大学文学部東洋史学科卒業（旧制）
東京大学教授、東洋文化研究所所長、中央大学文学部教授を歴任
東京大学名誉教授

著書：『悠久のインド』（講談社）など
訳書：コーサンビー著『インド古代史』（岩波書店、1966年）
　　　シャルマ著『古代インドの歴史』（共訳）（山川出版社、1985年）
専攻：インド古代史、インド法制史

英吉利法律学校覚書

2010年11月4日　初版第1刷発行

著　者　山崎利男
発行者　玉造竹彦

発行所　中央大学出版部
東京都八王子市東中野742番地1
郵便番号　192-0393
電　話　042(674)2351　FAX 042(674)2354

印刷／製本・大森印刷

ISBN978-4-8057-4148-1